NEW EDITION

No. 31

Compendium of statistics on illiteracy - 1990 Edition

Compendium des statistiques relatives à l'analphabétisme - Édition 1990

Compendio de estadísticas relativas al analfabetismo - Edición 1990

statistical reports and studies
rapports et études statistiques
informes y estudios estadísticos

Unesco

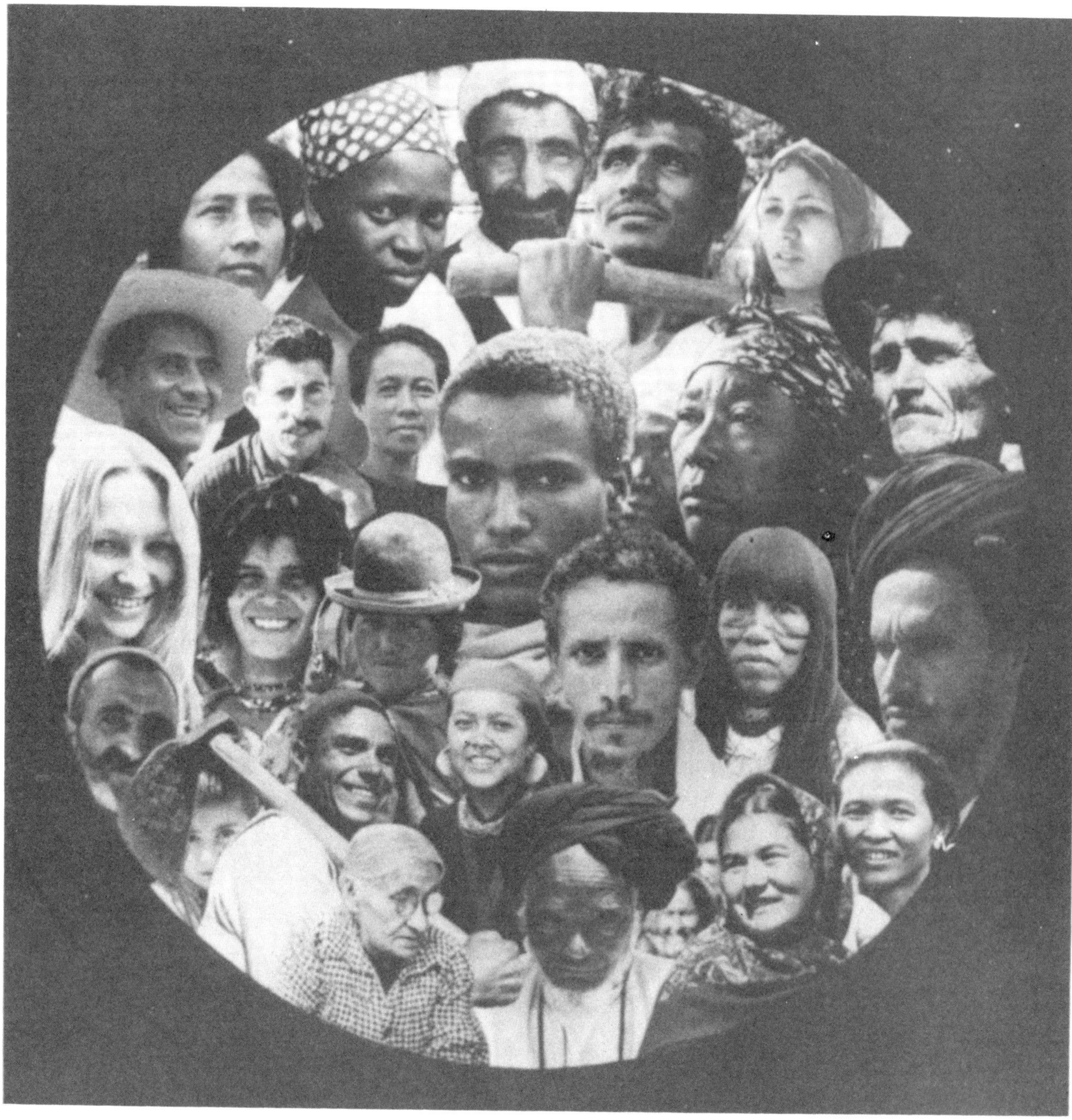

 1990 - International Literacy Year

No. 31

Compendium of statistics on illiteracy - 1990 Edition

Compendium des statistiques relatives à l'analphabétisme - Edition 1990

Compendio de estadísticas relativas al analfabetismo - Edición 1990

Division of Statistics on Education
Office of Statistics - Paris, 1990

Prepared for the International Conference on Education,
42nd session, Geneva, 3-8 September 1990

Préparé pour la Conférence Internationale de l'Education,
42e session, Genève, 3-8 Septembre 1990

Preparado para la Conferencia Internacional de Educación,
42a reunión, Ginebra, 3-8 Setiembre 1990

Unesco

The designations used and the way the material is presented in this document do not imply the expression of any opinion whatsoever on the part of the Unesco Secretariat concerning the legal status of any country or territory or of its authorities, or concerning the delimitations of its frontiers. The names used for countries and territories are those which were in force when the report was prepared.

Les dénominations employées et la présentation adoptée dans cette publication en ce qui concerne les différents pays ou territoires n'impliquent aucune prise de position du Secrétariat de l'Unesco sur leur statut légal, leur régime ou le tracé de leurs frontières. Les noms des pays et des territoires sont ceux qui étaient en vigueur au moment de la préparation du présent rapport.

Las denominaciones empleadas en esta publicación y la forma en que aparecen presentados los datos que contiene no implican, por parte de la Secretaría de la Unesco, juicio alguno sobre la condición jurídica de los países o territorios citados o de sus autoridades, ni respecto a la delimitación de sus fronteras. Se emplean los nombres que tenían los países y territorios cuando se preparó el presente informe.

ISBN 92-3-002709-X

Published in 1990
by the United Nations Educational,
Scientific and Cultural Organization
7, place de Fontenoy, 75700 Paris, France

Printed in the workshops of Unesco

© Unesco 1990
Printed in France

Table of contents

Introduction — 2
Data sources — 2
Definitions — 2

Part one :
Estimates and projections of illiteracy — 3

Preliminary remarks — 3
Classification of countries — 3
Trends and prospects at the world and regional level — 4
Trends and prospects by country — 9

Part two :
Illiteracy by country, censuses and surveys since 1960 — 38

Table des matières

Introduction — 14
Source des données — 14
Définitions — 14

Première partie :
Estimations et projections de l'analphabétisme — 15

Remarques préliminaires — 15
Classification des pays — 15
Tendances et perspectives à l'échelle mondiale et régionale — 16
Tendances et perspectives par pays — 21

Deuxième partie :
L'analphabétisme par pays, recensement et enquêtes depuis 1960 — 39

Indice

Introducción — 26
Fuente de los datos — 26
Definiciones — 26

Primera parte :
Estimaciones y proyecciones del analfabetismo — 27

Notas preliminares — 27
Clasificación de los países — 27
Tendencias y perspectivas a escala mundial y regional — 28
Tendencias y perspectivas por país — 33

Segunda parte :
El analfabetismo por país, censos y encuestas desde 1960 — 40

INTRODUCTION

The 1988 edition of the "Compendium of statistics on illiteracy" became rapidly out of print, and instead of reprinting, the Unesco Office of Statistics took the opportunity to up-date it and present the results of recent work on estimates and projections of illiteracy.

The first part of the Compendium presents these revised estimates together with illiteracy projections for the World, by region and by country.

The second part presents statistics on illiteracy by country since 1960. These data generally come from population censuses and cover more than 150 countries and territories. For data before 1960, the reader is referred to the previous edition of the Compendium.

Data sources

Most of the actual country data are supplied by the United Nations Statistical Office. These data are collected either by questionnaire covering population census results, or by sample surveys. Some of these data have already been printed in national publications and in the various editions of the Unesco Statistical Yearbook and the United Nations Demographic Yearbook.

The estimates and projections were prepared by Unesco and their reliability varies considerably depending on the availability of data coming from national censuses.

Definitions

The concepts and definitions of illiteracy, underlying the information presented below, have been defined by each country for statistical purposes. While the criteria used to determine whether a person is literate or not can differ between countries, there is a clear trend for the countries to use the definition recommended by Unesco whereby an illiterate is a person "who cannot with understanding both read and write a short, simple statement on his everyday life". As a rule, it is on the basis of a simple statement on the part of the individual concerned that the condition of literate or illiterate is determined. This method of self-evaluation does facilitate the introduction of an element of subjectivity into replies.

PART ONE:
ESTIMATES AND PROJECTIONS OF ILLITERACY

Preliminary remarks

These illiteracy estimates and projections, prepared in 1989 by the Unesco Office of Statistics, replace those of 1985 which were published in the previous Compendium.

The differences between the two assessments are mainly due to three factors. Firstly, new data have recently become available in many countries. Secondly, the latest demographic estimates and projections prepared by the United Nations Population Division (1988 revision) have been used. Finally, modifications have been made to the Unesco model in order to improve the comparison of results.

Some preliminary results were given in the publication *"Basic Education and Literacy: World Statistical Indicators"*, Unesco 1990, which differ slightly (in particular for regional figures and the World) from the final figures hereby published in this Compendium.

It is not possible here to explain in detail the technical and methodological elements used in the estimation and projection of the illiteracy rates. It should however be noted that the methodology used is basically an extrapolation and an interpolation of the illiteracy rates observed in the past. These rates are studied and projected by generation, as it has to be taken into account that the younger generations are more literate than the older generations, mainly due to the progress made in numbers enrolled at school.

These projections, based on the continuation of past trends are therefore conditional. They do not, for example, take into account the impact of literacy campaigns which are currently taking place, or which are likely to be carried out, in several countries. It is clear that the trends could be drastically changed by the launching of intensive programmes for education planned to substantially reduce, indeed, wipe out, illiteracy.

The estimates and projections shown for the World and by region have been calculated using data by country. If the necessary data were not available, the model could not be used. Therefore, for a few countries estimates have been made, based on rather simplified assumptions. Such estimates have been included in regional totals and the World, but are not shown in the tables by country.

Classification of countries

Two different classifications have been used to group the countries.

The first classification separates the *Developed Countries* and *the Developing Countries*. The Developed Countries include all European countries (except Yugoslavia), U.S.S.R., Canada, United States of America, Israel, Japan, Australia, New Zealand and South Africa. All remaining countries are classified as Developing Countries.

Specific groups of Developing Countries are also presented: Sub-Saharan Africa, Arab States, Latin America and the Caribbean, Eastern Asia and Southern Asia. Data are also shown for the 42 least developed countries. It should be noted that some countries are classified both as Sub-Saharan Africa and Arab States and that the 42 least developed countries are also shown in their respective regions. For the composition of these groups of countries, please see Table 4.

The second classification is geographical and the countries are thus presented within the 5 continents: Africa, America, Asia, Europe and U.S.S.R., Oceania.

Trends and prospects at the world and regional level

Significant facts

- Of the 4294 million inhabitants aged 15 and over living on our planet in 2000, almost 1 billion, or 21.8%, will know neither how to read nor to write.

- Between 1970 and 1985 the number of illiterates grew by approximately 59 million. Since 1985, the number has remained stable, and there should only be a slight decrease by 2000.

- Relatively speaking, compared to the adult population, this stability in the number of illiterates means a decrease in the rate of illiteracy: 38.5% in 1970, 26.5% in 1990 and 21.8% in 2000.

- Almost all the illiterate population is found, indeed, will continue to be found, in the developing countries: 917 million in 1990 or 34.9% of the adult population in these countries.

- At least according to its simplest definition (the inability to read and write a simple text), the amount of illiteracy in developed countries can be considered as negligible: less than 5% of the adult population.

It is therefore preferable, and more appropriate, in terms of numerical importance, to concentrate the analysis of illiteracy on developing countries.

The Developing Countries

- In 1990 in the developing countries taken as a whole, 35 of every 100 adults are illiterate; this proportion which was above 50% in 1970 could decrease to 28% in 2000.

- Taking the least developed countries on their own, the size of the illiteracy rate will not decrease very quickly and in 2000 one of every 2 adults will still be illiterate in these countries.

- The numerical predominance of Eastern Asian and Southern Asian developing countries is evident: 677 million illiterates in 1990, that is, 71% of the world's total, a relative figure which should last until the year 2000. If these two sub-regions are considered separately, *Eastern Asian* countries will experience a drop in the number of illiterates and in the rate of illiteracy, to 23.8% in 1990 and 17.2% by the year 2000. Of course, this evolution is mainly attributable to demographic trends and the development of schooling in China which, because of its size, is predominant in this sub-region.

- In *Southern Asia*, where demographically important countries are also to be found, one adult out of two is illiterate; despite a significant decrease between 1985 and the year 2000, the illiteracy rate (45.9%) will still be higher than in all other regions.

- *Sub-Saharan Africa* in 1990 will have 139 million illiterate inhabitants, representing more than 14% of the world's total. Concerning the adult population, here as in Southern Asia, one adult out of two is illiterate. However, if the trends revealed by this assessment are confirmed, this region's illiteracy rate will experience the largest decrease: 40.3% in the year 2000 as opposed to 59.2% in 1985.

- Although the 61 million illiterates in the *Arab States* account for only 6% of the world total, they represent nearly 50% of the adult population of this group of countries. As in the case of Sub-Saharan Africa, this rate should drop sharply to 38% by the year 2000.

- Lastly, of the developing countries, the region of *Latin America and the Caribbean* has the smallest number of illiterates and the lowest illiteracy rate, that is, only 11.5% by the year 2000.

- In terms of perspectives for the year 2000, these figures indicate that although the illiteracy rates will drop to a relatively low level in Latin America and the Caribbean, and in Eastern Asia, the magnitude of the problem will persist in other regions (Southern Asia, Sub-Saharan Africa and the Arab States).

Table 1 : Total and illiterate population aged 15 years and over (in millions)

	TOTAL POPULATION AGED 15 YEARS AND OVER				ILLITERATES			
	1970	1985	1990	2000	1970	1985	1990	2000
WORLD	2 311.5	3 226.2	3 580.7	4 293.6	890.1	949.5	948.1	935.4
DEVELOPING COUNTRIES	1 540.7	2 307.6	2 626.1	3 272.7	842.3	907.2	916.6	919.7
Sub-Saharan Africa	148.6	226.1	263.4	364.4	115.0	133.9	138.8	146.8
Arab States	67.6	107.5	125.4	172.7	49.7	58.6	61.1	65.6
Latin America/Caribbean	164.0	252.1	286.9	362.7	43.0	44.6	43.9	41.7
Eastern Asia	692.5	1 036.3	1 171.3	1 375.1	324.1	295.3	278.8	236.5
Southern Asia	440.0	648.4	738.6	952.2	302.3	374.8	398.1	437.1
Least developed countries	135.2	212.3	245.4	333.4	104.8	138.4	148.2	170.1
DEVELOPED COUNTRIES	770.8	918.6	954.6	1 020.9	47.8	42.3	31.5	15.7
CLASSIFICATION BY CONTINENTS								
AFRICA	200.3	305.2	354.3	485.5	152.6	171.8	177.5	186.4
AMERICA	326.0	459.4	503.6	598.1	52.8	54.7	50.4	42.5
ASIA	1 253.9	1 846.8	2 088.7	2 538.3	652.0	694.4	699.7	695.5
EUROPE AND USSR	518.1	597.0	614.6	649.3	31.1	26.9	19.1	9.7
OCEANIA	13.1	17.8	19.4	22.3	1.5	1.7	1.4	1.2

Figure 1 : Developing countries illiterate population aged 15 years and over (in millions)

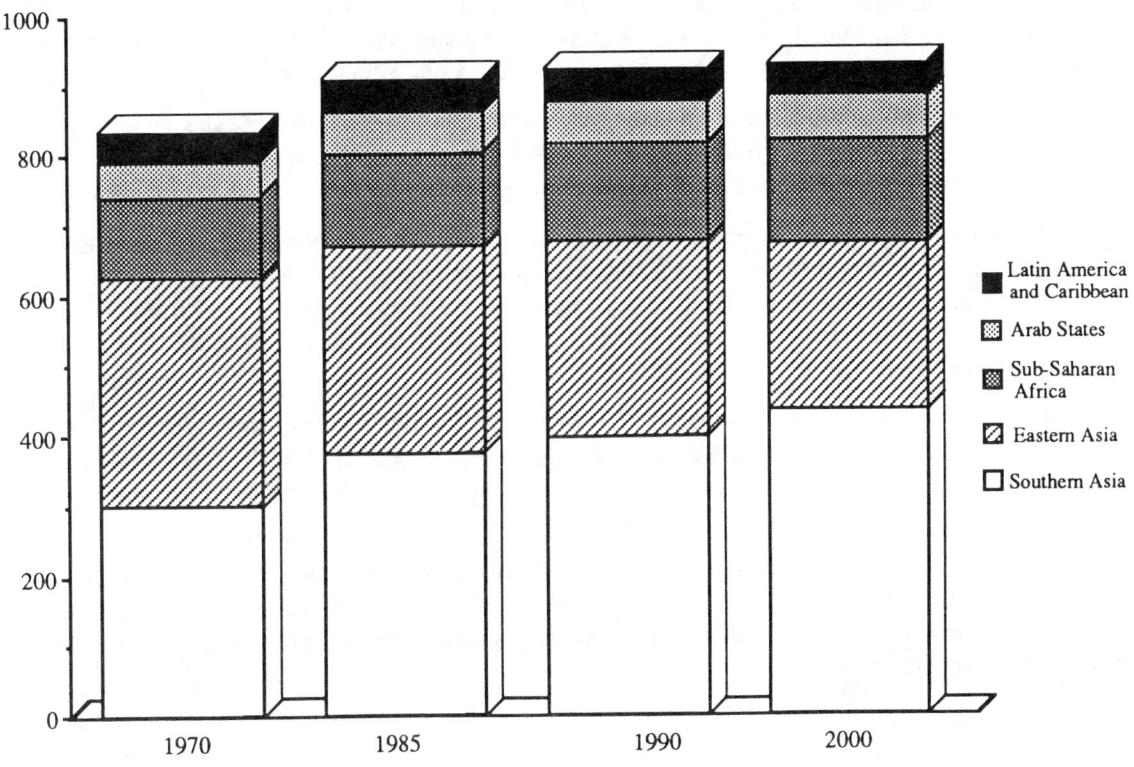

Illiteracy by sex

- Invariably women represent the largest share of the illiterate population and will continue to do so. As shown in Table 2, in 1990 for the developing countries taken as a whole, the female illiteracy rate is 45% compared with 25.1% for males. The disparities vary however, between the different groups of countries.

- The smallest disparity occurs in Latin America and the Caribbean where the rate for females is gradually catching up with that for males.

- Although the illiteracy rates in Eastern Asia are generally smaller than in the other regions the disparity between the sexes is higher than in any other region apart from Latin America and the Caribbean : the rate for females (33.6%) is more than twice that for males (14.3%).

- In Sub-Saharan Africa, the Arab States and Southern Asia the female illiteracy rates are presently above 60% while the rate for males varies between 35% and 41%. If current trends continue, in 2000 one female adult out of 2 will still be illiterate in these three regions. In Southern Asia the projected female illiteracy rate for 2000 will still be higher than that observed for males thirty years earlier in 1970.

Illiteracy by age

The amount of illiteracy varies a great deal between the different generations. Table 3 attempts to illustrate this phenomenon by presenting illiteracy rates by age group in developing countries. The base data have been divided into four age groups of different sizes : 15 to 19 years, 20 to 24 years, 25 to 44 years, 45 years and over.

- Of course the older generations have the highest illiteracy rates as they have not profited from the possibilities of schooling given only recently to the younger generations. Unless present trends are altered by an intensive effort to educate adults, the illiteracy rate of persons aged 45 and over risks to stay at a high level until 2000, particularly in Sub-Saharan Africa, the Arab States and Southern Asia : women in this age group will be particularly affected by this situation with an illiteracy rate of around 80% in 2000.

- There have been important reductions (in some cases substantial) in the illiteracy rates for the age groups 15-19 years and 20-24 years over the last 20 years and this should continue until 2000. This is the result of the great efforts made since 1960 in most of the developing countries to enrol children in primary school.

- Figure 3 clearly shows both the expected decrease in the illiteracy rates for the youngsters aged 15-19 years and the decrease in the disparity between the male and the female rates. The decreases are most important in the three regions which had very high illiteracy rates (especially for females) in 1970. For example, the illiteracy rate for females aged 15-19 years in the Arab States decreased by half between 1970 (70.5%) and 1990 (36.0%) and could decrease even further to 26.6% in 2000.

- The female illiteracy rate for the age group 15-19 years in Eastern Asia (a region which still has large disparities between the sexes in the global rate aged 15+) has rapidly decreased and by 2000 should be at about the same level as Latin America and the Caribbean. As for males, the illiteracy rate 15-19 years has always been lower in Eastern Asia than in the other regions.

- In some regions (Sub-Saharan Africa, Arab States, Southern Asia) the illiteracy rate for the age group 15-19 years projected for 2000 seems to be still very high and disturbing (over 20%). There is always the possibility that such trends could be changed following educational plans and politics decided as part of the programme concerning education for all.

Table 2 : Illiteracy rates by sex (%)

	BOTH SEXES				MALE				FEMALE			
	1970	1985	1990	2000	1970	1985	1990	2000	1970	1985	1990	2000
WORLD	38.5	29.4	26.5	21.8	30.4	21.9	19.4	15.4	46.5	36.9	33.6	28.2
DEVELOPING COUNTRIES of which	54.7	39.3	34.9	28.1	42.2	28.9	25.1	19.7	67.4	50.1	45.0	36.8
Sub-Saharan Africa	77.4	59.2	52.7	40.3	67.5	47.4	41.0	29.8	86.8	70.5	63.9	50.4
Arab States	73.5	54.5	48.7	38.0	60.5	40.8	35.7	26.9	86.3	68.5	62.0	49.4
Latin America/Caribbean	26.2	17.7	15.3	11.5	22.5	15.7	13.6	10.3	29.9	19.7	17.0	12.7
Eastern Asia	46.8	28.5	23.8	17.2	32.7	18.0	14.3	10.0	61.3	39.3	33.6	24.6
Southern Asia	68.7	57.8	53.9	45.9	55.2	44.4	40.9	33.8	83.1	72.1	67.8	58.8
Least developed countries	77.5	65.2	60.4	51.0	68.1	53.7	48.6	39.2	87.0	76.6	72.1	62.7
DEVELOPED COUNTRIES	6.2	4.6	3.3	1.5	5.0	3.4	2.6	1.0	7.3	5.7	3.9	2.0
CLASSIFICATION BY CONTINENTS												
AFRICA	76.2	56.3	50.1	38.4	65.3	44.2	38.3	28.1	86.6	68.0	61.5	48.4
AMERICA	16.2	11.9	10.0	7.1	14.0	10.8	9.2	6.5	18.3	13.0	10.8	7.7
ASIA	52.0	37.6	33.5	27.4	39.2	26.8	23.4	18.7	65.3	48.9	44.0	36.5
EUROPE AND USSR	6.0	4.5	3.1	1.5	4.3	3.4	2.3	1.0	7.5	5.5	3.8	2.0
OCEANIA	11.6	9.6	7.5	5.5	11.2	8.2	6.1	4.0	12.0	11.0	8.9	7.0

Figure 2 : Developing countries illiteracy rates by sex (%)

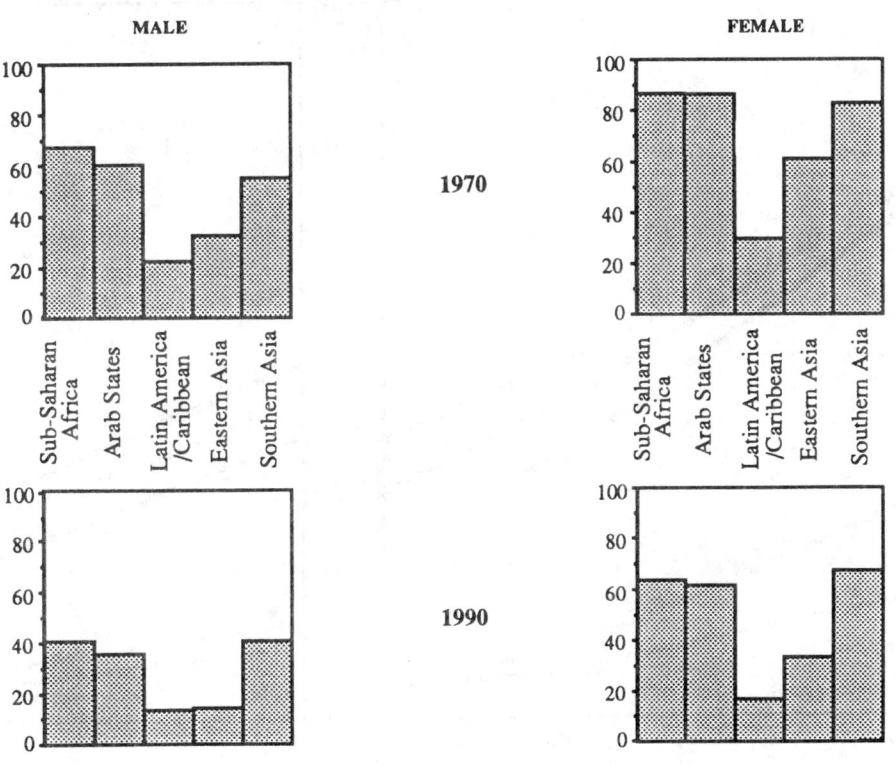

Table 3 : Adult illiteracy rates by age group in developing countries (%)

	Age group	TOTAL 1970	TOTAL 1990	TOTAL 2000	MALE 1970	MALE 1990	MALE 2000	FEMALE 1970	FEMALE 1990	FEMALE 2000
DEVELOPING COUNTRIES	15-19	33.9	19.1	16.1	23.7	13.9	11.8	44.5	24.7	20.6
	20-24	39.8	21.5	17.8	28.2	15.3	13.0	52.1	28.0	22.8
	25-44	52.9	30.9	23.2	39.3	21.6	16.4	67.2	40.6	30.2
	45+	74.4	57.0	45.9	62.2	42.6	32.3	86.4	71.3	59.2
Sub-Saharan Africa	15-19	61.8	35.9	26.4	49.9	28.5	20.9	73.5	43.3	31.9
	20-24	68.3	40.3	31.6	56.2	31.3	25.0	80.3	49.2	38.1
	25-44	79.8	55.5	42.4	69.0	43.2	32.7	90.1	67.2	51.8
	45+	92.6	82.0	72.5	86.6	71.6	59.9	97.8	91.5	83.7
Arab States	15-19	54.6	27.7	20.6	39.3	19.8	14.9	70.5	36.0	26.6
	20-24	61.8	32.9	23.7	45.1	23.3	17.0	78.5	43.1	30.7
	25-44	73.9	48.5	35.2	58.5	34.3	24.7	88.8	63.3	46.2
	45+	85.3	76.3	66.4	74.1	61.1	49.6	96.1	90.3	82.1
Latin America /Caribbean	15-19	14.6	6.2	4.1	13.3	6.1	4.2	16.0	6.3	4.0
	20-24	17.6	7.6	5.1	15.8	7.3	5.1	19.4	8.0	5.0
	25-44	24.9	12.7	8.5	21.4	11.6	8.0	28.3	13.7	8.9
	45+	37.3	27.5	21.4	31.0	23.1	18.2	43.3	31.5	24.3
Eastern Asia	15-19	19.5	6.3	3.6	10.3	4.0	2.5	29.2	8.8	4.8
	20-24	25.5	8.5	4.7	14.0	5.1	3.1	37.9	12.2	6.4
	25-44	43.8	16.8	9.8	27.9	9.0	5.5	61.0	25.0	14.2
	45+	78.0	51.8	36.2	63.5	34.1	20.9	91.6	69.4	51.3
Southern Asia	15-19	56.7	37.7	29.4	42.7	26.8	20.7	72.0	49.5	38.6
	20-24	61.1	42.3	33.4	46.7	30.4	23.7	76.2	55.3	44.0
	25-44	69.2	53.1	44.1	55.4	39.7	32.0	83.9	67.7	57.2
	45+	79.1	71.1	64.7	67.0	57.0	50.0	92.4	85.5	79.7

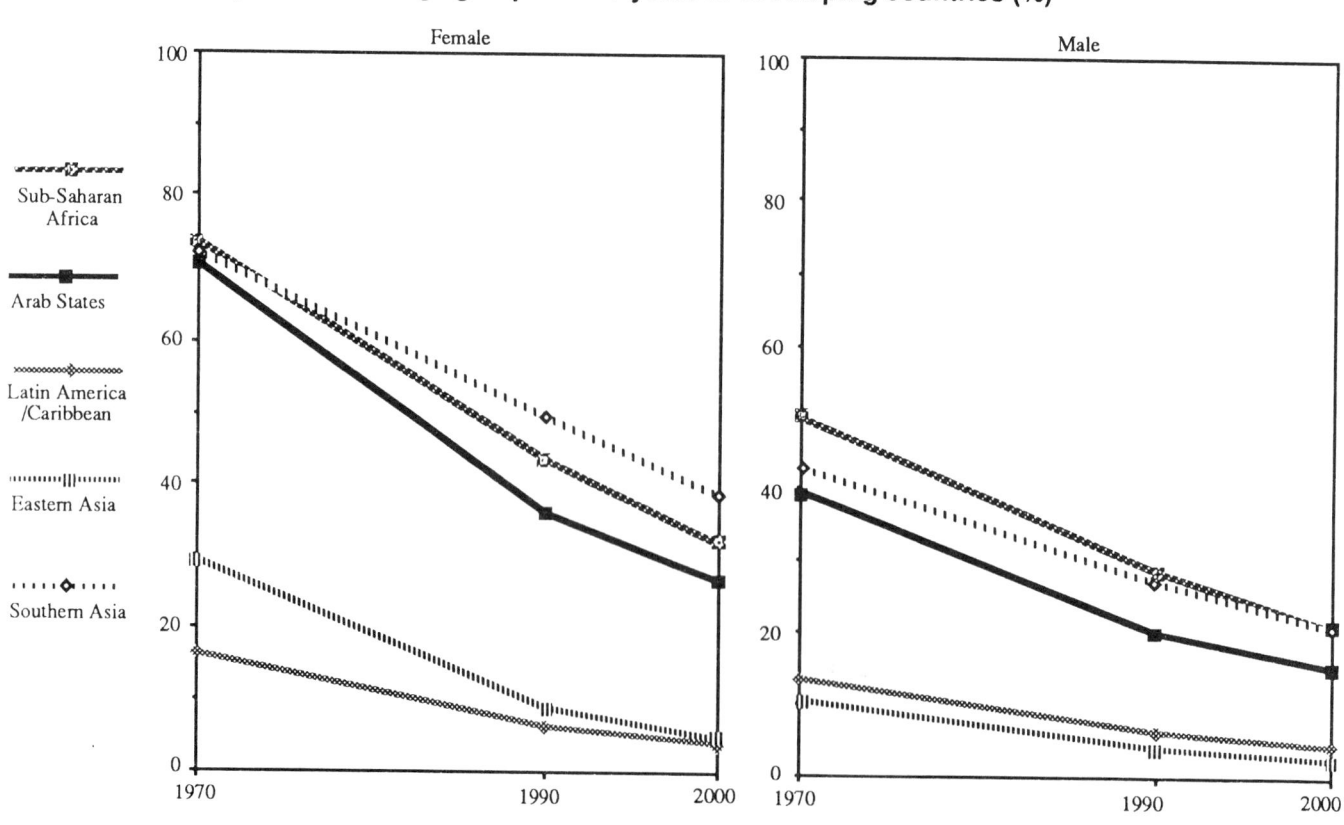

Figure 3 : Illiteracy rates in the age group 15 - 19 years in developing countries (%)

Trends and prospects by country

Table 4 presents the estimates and projections of illiteracy rates by country in 1985, 1990 and 2000, prepared by Unesco. The reader should keep in mind the conditional nature of these projections.

For countries providing the relevant information, the total rate of illiteracy was derived from an analysis of the rates by demographical generation. Following the rate of a cohort from one census to another gives a relatively stable curve : adjusting this statistical curve permits the estimation and projection of the illiteracy rates in a satisfying manner.

For some countries, with insufficient statistical information, an estimation of the global illiteracy rate (15 years and over) was made, without taking into account the generation rates. In this way, by using all the available data for all countries, a preliminary analysis was made to decide the most significant correlation between illiteracy and several socio-economic and educational variables. One multiple regression was finally decided upon with 3 explanatory variables : infant mortality, fertility rate and enrolment ratio in primary education. Following this procedure a certain number of rates were estimated, but due to the uncertainty of some of them, not all are included in this table.

Large decreases of the illiteracy rates are expected not only in those countries where enrolment has rapidly increased, but also in countries where important literacy campaigns have been carried out or are currently underway. These campaigns can completely change the illiteracy rates of certain cohorts, but due to insufficient information the impact of the more recent campaigns has not been reflected in these projections. Consequently, it was considered preferable not to present estimates for certain countries such as Ethiopia, Nicaragua, United Republic of Tanzania which have recently carried out important literacy campaigns.

Tables 5 and 6 clearly show the important differences existing between the developing countries, as concerns illiteracy.

- Of the 948 million illiterates estimated for 1990, 10 countries account for 705 million, or 74.3% of the World's illiterate population - 6 are in Asia, 3 in Africa and one in Latin America. As it is to be expected these are among the most populous countries in these regions;

- Of these 10 countries, India and China account for just over one-half of the World's illiterates in 1990;

- 7 of these 10 countries have illiteracy rates ranging from 46% to 73%;

- In 1990, the illiteracy rate is estimated to be higher than 40% in 48 countries, 29 of them in Sub-Saharan Africa. If the present trends continue, in the year 2000 there will still be 32 countries in the same situation, 21 of them in Sub-Saharan Africa;

- In 1990, 10 of the 14 countries with an illiteracy rate lower than 10% are in Latin America and the Caribbean. For 2000, 16 of the 23 countries in this category will be from this region;

- No country in Sub-Saharan Africa, Arab States and Southern Asia has an illiteracy rate of less than 10% in 1990.

Table 4 : Estimates and projections of illiteracy by country, population aged 15+ (M = males, F = females)

| | ILLITERATE POPULATION (in thousands) ||| ILLITERACY RATES (%) |||||||||
| | 1985 | 1990 | 2000 | 1985 ||| 1990 ||| 2000 |||
				TOTAL	M	F	TOTAL	M	F	TOTAL	M	F
DEVELOPING CONTRIES												
Sub-Saharan Africa												
ANGOLA	3 117	3 221	3 395	64.3	50.4	77.4	58.3	44.4	71.5	46.6	33.6	59.1
BENIN *	1 754	1 904	2 251	81.3	74.0	88.3	76.6	68.3	84.4	65.8	56.3	74.8
BOTSWANA *	168	175	189	30.0	18.5	39.6	26.4	16.3	34.9	19.9	12.4	26.5
BURKINA FASO *	3 791	4 137	4 813	85.5	77.0	93.8	81.8	72.1	91.1	72.3	60.9	83.3
BURUNDI *	1 508	1 482	1 386	57.9	46.6	68.2	50.0	39.1	60.2	34.6	25.4	43.3
CAMEROON	2 911	2 912	2 858	52.0	38.9	64.4	45.9	33.7	57.4	34.0	24.3	43.4
CENTRAL AFRICAN REP. *	1 014	1 028	1 062	68.5	55.0	80.7	62.3	48.2	75.1	49.9	36.5	62.4
CHAD *	2 230	2 280	2 354	77.0	66.0	87.5	70.2	57.8	82.1	56.6	43.3	69.4
CONGO	473	485	502	48.3	34.0	61.8	43.4	30.0	56.1	34.1	23.0	44.8
COTE D'IVOIRE	2 687	2 941	3 397	51.3	37.5	65.7	46.2	33.1	59.8	36.5	25.1	48.2
EQUATORIAL GUINEA *	127	127	128	55.1	40.6	68.8	49.8	35.9	63.0	39.5	27.4	51.1
GABON	284	311	297	43.9	30.1	56.9	39.3	26.5	51.5	30.7	20.3	40.7
GAMBIA *	336	350	368	79.7	69.6	89.5	72.8	61.0	84.0	58.7	45.5	71.3
GHANA	3 316	3 258	2 974	47.2	36.3	57.8	39.7	30.0	49.0	26.4	19.5	33.2
GUINEA *	2 879	2 947	3 060	83.2	74.5	91.6	76.0	65.1	86.6	61.5	48.5	73.9
GUINEA - BISSAU *	368	367	370	69.8	56.6	81.9	63.5	49.8	76.0	50.9	37.6	63.4
KENYA	3 473	3 728	4 360	35.0	22.9	46.8	31.0	20.2	41.5	23.8	15.4	32.0
LIBERIA	811	839	862	67.7	57.3	78.6	60.5	50.2	71.2	45.3	36.1	54.7
MADAGASCAR	1 309	1 305	1 303	23.1	14.2	31.6	19.8	12.3	27.1	14.5	9.0	19.7
MALI *	3 357	3 398	3 235	77.3	69.0	84.6	68.0	59.2	76.1	48.0	40.1	55.4
MAURITANIA *	715	740	785	72.5	60.2	84.2	66.0	52.9	78.6	53.1	39.7	65.9
MOZAMBIQUE *	5 593	5 880	6 377	72.4	60.6	83.6	67.1	54.9	78.7	55.4	43.4	66.9
NIGER *	2 558	2 683	2 945	78.5	67.9	88.7	71.6	59.6	83.2	57.7	44.5	70.6
NIGERIA	28 224	28 723	28 448	57.3	45.2	68.9	49.3	37.7	60.5	34.4	24.9	43.6
RWANDA *	1 701	1 838	2 149	54.6	40.7	67.9	49.8	36.1	62.9	40.9	28.5	52.8
SENEGAL	2 433	2 525	2 672	67.9	54.6	80.7	61.7	48.1	74.9	49.5	36.3	62.2
SIERRA LEONE *	1 783	1 830	1 909	86.7	79.2	93.8	79.3	69.3	88.7	64.2	51.5	76.2
SOMALIA *	2 877	3 003	3 235	83.1	73.3	91.2	75.9	63.9	86.0	61.3	47.9	73.5
SUDAN *	9 040	10 061	12 541	75.6	60.7	90.3	72.9	57.3	88.3	66.9	50.4	83.3
TOGO *	1 015	1 070	1 173	62.1	48.6	74.9	56.7	43.6	69.3	45.6	33.9	56.8
UGANDA *	4 600	4 908	5 545	57.2	42.9	71.0	51.7	37.8	65.1	41.1	28.8	53.0
ZAIRE	5 641	5 466	4 919	34.1	20.6	46.8	28.2	16.4	39.3	18.3	10.1	26.3
ZAMBIA	1 172	1 170	1 127	32.6	23.3	41.3	27.2	19.2	34.7	18.2	12.6	23.6
ZIMBABWE	1 683	1 776	1 900	37.7	30.2	45.0	33.1	26.3	39.7	25.4	20.0	30.6

* Countries belonging to the group of least developed countries

Table 4 : Estimates and projections of illiteracy by country, population aged 15+ (contd.)

	ILLITERATE POPULATION (in thousands)			ILLITERACY RATES (%)								
	1985	1990	2000	1985			1990			2000		
				TOTAL	M	F	TOTAL	M	F	TOTAL	M	F
Arab States												
ALGERIA	6 062	6 004	5 578	51.4	37.3	64.9	42.6	30.2	54.5	28.1	19.3	36.7
BAHRAIN	78	79	74	27.1	21.5	36.7	22.6	17.9	30.7	15.4	12.3	20.7
DEMOCRATIC YEMEN *	787	840	910	67.1	53.5	79.7	60.9	47.2	73.9	48.8	35.7	61.4
EGYPT	15 686	16 492	18 535	55.4	40.4	70.5	51.6	37.1	66.2	43.3	30.4	56.4
IRAQ	4 014	4 078	4 012	47.6	36.2	59.3	40.3	30.2	50.7	27.2	20.0	34.9
JORDAN	470	442	378	25.8	14.3	38.0	19.9	10.7	29.7	11.6	5.8	17.7
KUWAIT	302	346	414	29.4	24.7	36.8	27.0	22.9	33.3	22.8	19.6	27.5
LEBANON	386	382	347	23.2	14.1	31.2	19.9	12.2	26.9	14.5	8.9	19.7
LIBYAN ARAB JAMAHIRIYA	883	890	848	43.5	29.9	59.7	36.2	24.6	49.6	24.0	16.0	32.9
MAURITANIA *	715	740	785	72.5	60.2	84.2	66.0	52.9	78.6	53.1	39.7	65.9
MOROCCO	7 454	7 526	7 303	58.3	45.7	70.5	50.5	38.7	62.0	36.5	27.0	45.7
QATAR	65	...	...	24.3	23.2	27.5	...	...	...	...	...	...
SAUDI ARABIA	2 689	2 897	3 293	42.1	30.6	57.5	37.6	26.9	51.9	29.3	20.4	40.6
SOMALIA *	2 877	3 003	3 235	83.1	73.3	91.2	75.9	63.9	86.0	61.3	47.9	73.5
SUDAN *	9 040	10 061	12 541	75.6	60.7	90.3	72.9	57.3	88.3	66.9	50.4	83.3
SYRIAN ARAB REP.	2 218	2 304	2 435	40.9	25.8	56.5	35.5	21.7	49.2	25.5	15.3	35.9
TUNISIA	1 858	1 762	1 497	42.4	32.2	52.7	34.7	25.8	43.7	22.5	16.0	29.1
YEMEN *	2 423	2 559	2 881	67.7	52.9	79.5	61.5	46.7	73.7	49.3	35.5	61.4
Latin America /Caribbean												
ARGENTINA	1 097	1 065	976	5.2	4.9	5.6	4.7	4.5	4.9	3.7	3.6	3.8
BOLIVIA	985	923	780	27.5	19.1	35.5	22.5	15.3	29.3	14.2	9.4	18.8
BRAZIL	18 533	18 407	17 395	21.5	19.7	23.3	18.9	17.5	20.2	14.2	13.4	15.0
CHILE	648	603	518	7.8	7.4	8.1	6.6	6.5	6.8	4.8	4.9	4.8
COLOMBIA	2 761	2 702	2 532	15.3	14.2	16.3	13.3	12.5	14.1	9.9	9.6	10.2
COSTA RICA	136	139	133	8.2	8.4	8.0	7.2	7.4	6.9	5.3	5.7	5.0
CUBA	562	484	334	7.6	6.3	8.9	6.0	5.0	7.0	3.8	3.3	4.4
DOMINICAN REPUBLIC	759	744	690	19.6	17.8	21.5	16.7	15.2	18.2	12.1	11.3	12.9
ECUADOR	928	909	843	17.0	14.5	19.5	14.2	12.2	16.2	9.8	8.6	11.0
EL SALVADOR	803	787	780	31.2	27.4	34.7	27.0	23.8	30.0	19.8	17.4	21.9
GUATEMALA	2 072	2 253	2 685	48.1	40.0	56.2	44.9	36.9	52.9	38.5	31.1	45.9
GUYANA	28	25	18	4.6	3.3	5.9	3.6	2.5	4.6	2.1	1.5	2.7
HAITI *	1 847	1 858	1 812	52.1	45.7	58.1	47.0	40.9	52.6	37.2	32.3	41.7
HONDURAS	752	766	757	32.0	29.0	35.0	26.9	24.5	29.4	18.8	17.3	20.4
JAMAICA	30	27	20	2.0	2.2	1.8	1.6	1.8	1.4	1.0	1.3	0.9
MEXICO	7 175	7 066	6 488	15.3	12.5	18.0	12.7	10.5	14.9	9.0	7.5	10.5
PANAMA	185	187	180	13.6	13.5	13.8	11.9	11.9	11.8	9.1	9.2	9.0
PARAGUAY	255	252	239	11.7	9.1	14.2	9.9	7.9	11.9	7.0	5.8	8.2

* Countries belonging to the group of least developed countries

Table 4 : Estimates and projections of illiteracy by country, population aged 15+ (contd.)

	ILLITERATE POPULATION (in thousands)			ILLITERACY RATES (%)								
	1985	1990	2000	1985			1990			2000		
				TOTAL	M	F	TOTAL	M	F	TOTAL	M	F
Latin America /Caribbean (contd.)												
PERU	2 111	2 025	1 800	18.0	10.5	25.5	14.9	8.5	21.3	10.0	5.5	14.5
SURINAME	17	13	7	7.3	6.9	7.6	5.1	4.9	5.3	2.1	2.3	2.0
URUGUAY	104	88	61	4.7	4.4	4.9	3.8	3.4	4.1	2.4	2.0	2.8
VENEZUELA	1 498	1 450	1 280	14.3	16.2	12.5	11.9	13.3	10.4	7.9	8.7	7.1
Eastern Asia												
CAMBODIA	3 498	3 479	3 213	71.2	58.7	83.4	64.8	51.8	77.6	52.0	38.9	64.9
CHINA	236 741	223 727	188 263	31.8	19.6	44.7	26.7	15.9	38.2	19.7	10.9	29.0
INDONESIA	28 810	26 970	22 758	28.2	19.6	36.5	23.0	15.9	32.0	15.5	10.5	20.4
MALAYSIA	2 500	2 391	2 116	26.0	16.8	35.0	21.6	13.5	29.6	14.9	8.9	20.8
MYANMAR *	5 017	5 069	5 027	22.0	12.3	31.4	19.4	10.9	27.7	15.1	8.7	21.3
PHILIPPINES	3 993	3 852	3 561	12.3	11.8	12.7	10.3	10.0	10.5	7.2	7.3	7.1
KOREA, REP. OF	1 524	1 185	702	5.3	1.7	8.9	3.7	0.9	6.5	1.9	0.3	3.5
THAILAND	3 049	2 627	1 871	9.3	5.3	13.3	7.0	3.9	10.1	4.0	2.2	5.8
VIET NAM	5 563	5 061	4 654	15.6	10.4	20.3	12.4	8.0	16.4	8.7	5.5	11.7
Southern Asia												
AFGHANISTAN *	6 414	6 781	8 969	75.9	62.0	90.7	70.6	55.9	86.1	59.1	44.0	74.8
BANGLADESH *	37 226	41 961	52 164	67.8	55.5	81.0	64.7	52.9	78.0	58.3	45.8	71.6
BHUTAN *	553	564	565	67.8	55.2	81.1	61.6	48.7	75.4	49.4	37.0	62.8
INDIA	266 395	280 732	298 498	55.9	41.8	70.9	51.8	38.2	66.3	43.7	31.5	56.8
IRAN, ISL. REP. OF	14 155	14 604	14 421	52.3	40.9	63.7	46.0	35.5	56.7	34.0	25.6	42.7
NEPAL *	7 575	8 229	9 695	77.6	66.2	89.3	74.4	62.4	86.8	66.7	54.0	80.0
PAKISTAN	39 411	43 459	51 902	69.0	56.9	82.3	65.2	52.7	78.9	56.4	43.8	70.2
SRI LANKA	1 373	1 347	1 199	13.3	7.6	19.1	11.6	6.6	16.5	8.5	4.8	12.1
Other developing countries												
TURKEY	7 689	7 046	7 459	24.0	12.4	35.7	19.3	10.3	28.9	16.4	8.5	24.5
PAPUA NEW GUINEA	1 093	1 119	1 134	53.3	39.8	68.0	48.0	35.1	62.2	38.1	26.7	50.3
YUGOSLAVIA	1 614	1 342	942	9.2	3.5	14.6	7.3	2.6	11.9	4.7	1.3	7.9
DEVELOPED COUNTRIES												
GREECE	672	548	338	8.6	3.2	13.6	6.8	2.4	10.9	4.0	1.5	6.4
ITALY	1 700	1 378	966	3.7	2.7	4.5	2.9	2.2	3.6	2.0	1.6	2.5
PORTUGAL	1 429	1 215	829	18.4	13.6	22.8	15.0	11.2	18.5	9.7	6.8	12.3
SPAIN	1 697	1 440	1 063	5.7	3.1	8.0	4.6	2.6	6.6	3.2	1.9	4.4

* Countries belonging to the group of least developed countries

Table 5 : Distribution of developing countries according to illiteracy rates and number of illiterates

Number of Illiterates \ Illiteracy Rates	Year	Less than 10%	10% to 20%	20% to 30%	30% to 40%	40% to 50%	50% and above	Total Countries
Less than 500,000	1990	9	5	3	1	4	2	24
	2000	11	6	1	4	-	3	25
500,000 to 2 millions	1990	4	7	4	4	3	10	32
	2000	9	6	4	5	5	1	30
2 millions to 5 millions	1990	1	2	1	4	3	13	24
	2000	3	3	5	3	5	8	27
5 millions to 10 millions	1990	-	2	3	1	2	4	12
	2000	-	2	2	1	2	3	10
10 millions and above	1990	-	1	2	-	2	5	10
	2000	-	3	-	2	2	3	10
Total Countries	1990	14	17	13	10	14	34	102
	2000	23	20	12	15	14	18	102

Table 6 : Countries with 10 million and more illiterates aged 15 and over in 1990

Country	Illiteracy Rates (%)	Number of Illiterates (millions)	Proportion of World Total (%)	(cum. %)
India	51.8	281	29.6	29.6
China	26.7	224	23.6	53.2
Pakistan	65.2	43	4.5	57.7
Bangladesh	64.7	42	4.4	62.1
Nigeria	49.3	29	3.1	65.2
Indonesia	23.0	27	2.8	68.0
Brazil	18.9	18	1.9	69.9
Egypt	51.6	16	1.7	71.6
Iran	46.0	15	1.6	73.2
Sudan	72.9	10	1.1	74.3
Sub-total (10 countries)		705	74.3	
World Total		948		100

■ INTRODUCTION

L'édition 1988 du "Compendium des statistiques relatives à l'analphabétisme" a été rapidement épuisée et, au lieu de procéder à un nouveau tirage, l'Office des statistiques de l'Unesco a saisi l'occasion pour l'actualiser et pour présenter en même temps les résultats des travaux récents sur les estimations et les projections de l'analphabétisme.

La première partie de ce Compendium présente donc les estimations révisées ainsi que les projections de l'analphabétisme à l'échelle mondiale, régionale et nationale.

Dans la deuxième partie sont regroupées, par pays, les statistiques sur l'analphabétisme disponibles depuis 1960. Ces informations proviennent en général de recensements de la population et portent sur plus de 150 pays et territoires. Pour les années antérieures à 1960, le lecteur est prié de se référer à l'édition précédente de ce Compendium.

Source des données

La plupart des informations observées par pays ont été obtenues auprès du Bureau des statistiques des Nations Unies qui les recueille au moyen de questionnaires sur les résultats de recensements de la population ou d'enquêtes par sondage. Certaines de ces données ont déjà paru dans les publications nationales, dans diverses éditions de l'Annuaire statistique de l'Unesco et de l'Annuaire démographique des Nations Unies.

Les estimations et les projections ont été effectuées par l'Unesco et leur fiabilité varie considérablement en fonction notamment de la disponibilité des informations provenant des recensements nationaux.

Définitions

Les concepts et définitions d'analphabétisme sous-jacents dans les informations ici présentées ont été élaborés par chaque pays, à des fins statistiques. Bien que les critères utilisés pour déterminer si une personne est alphabétisée ou non diffèrent quelquefois d'un pays à l'autre, on constate une forte tendance à adopter la définition recommandée par l'Unesco, selon laquelle est analphabète toute "personne incapable de lire et écrire, en le comprenant, un exposé simple et bref de faits en rapport avec sa vie quotidienne". En règle générale, c'est sur simple déclaration de l'intéressé que l'on détermine sa condition d'alphabète ou d'analphabète. Cette méthode d'auto-évaluation facilite l'introduction d'un élément de subjectivité dans les réponses.

PREMIERE PARTIE:
ESTIMATIONS ET PROJECTIONS DE L'ANALPHABETISME

Remarques préliminaires

Ces estimations et projections de l'analphabétisme ont été effectuées en 1989 par l'Office des statistiques de l'Unesco et remplacent les estimations effectuées en 1985 publiées dans le précédent Compendium. Les différences entre les deux évaluations sont dues essentiellement à trois facteurs. Premièrement, des données plus récentes sont devenues disponibles dans beaucoup de pays. Deuxièmement, les nouvelles estimations et projections démographiques établies par la Division de la population des Nations Unies (évaluation 1988) ont été maintenant utilisées. Enfin, des modifications ont été introduites dans le modèle de l'Unesco dans le but d'améliorer la comparabilité des résultats.

Certains résultats préliminaires ont été présentés dans la publication *"Education de base et alphabétisation : indicateurs statistiques dans le monde"*, Unesco 1990, et diffèrent légèrement (surtout en ce qui concerne les chiffres régionaux et mondiaux) des résultats définitifs publiés maintenant dans ce Compendium.

Il n'est pas possible dans le cadre de cette publication d'exposer en détail les aspects techniques et méthodologiques des travaux d'estimation et de projection des taux d'analphabétisme. Il faut cependant avertir que la méthodologie utilisée a essentiellement comme base l'extrapolation et l'interpolation des taux d'analphabétisme observés dans le passé. Ces taux sont étudiés et projetés par génération car il faut tenir compte du fait que les jeunes générations sont, en raison notamment des progrès de la scolarisation, plus alphabétisées que les générations plus anciennes.

Ces projections fondées sur la continuation des tendances passées sont donc conditionnelles. Elles ne tiennent pas compte, par exemple, de l'impact des campagnes d'alphabétisation qui sont actuellement menées, ou qui pourraient l'être, dans plusieurs pays. Dans ce sens, les tendances ici présentées peuvent être radicalement modifiées par le lancement de programmes intensifs d'éducation ayant pour but une réduction substantielle, voire l'éradication de l'analphabétisme.

Les estimations et projections au niveau mondial et régional ont été calculées à partir des données par pays. Cependant, pour quelques pays, des estimations ont été établies sur la base d'hypothèses assez rudimentaires car, en l'absence des données requises, le modèle général ne pouvait pas être utilisé. Ces estimations, prises en compte dans les totaux du monde et des régions, ne sont pas publiées dans les tableaux par pays.

Classification des pays

Deux classifications différentes ont été utilisées pour le regroupement des pays.

La première classification distingue les *pays développés* des *pays en développement*. Les pays développés comprennent tous les pays d'Europe (sauf la Yougoslavie), l'URSS, les Etats-Unis, le Canada, le Japon, Israël, l'Australie, la Nouvelle-Zélande et l'Afrique du Sud. Tous les autres pays du monde sont considérés comme pays en développement.

Certains groupes de pays en développement sont également présentés: Afrique sub-saharienne, Etats arabes, Amérique latine et Caraïbes, Asie de l'Est et Asie du Sud; à ces groupes il faut aussi ajouter celui des 42 pays les moins avancés. Il convient de noter que certains pays font partie à la fois de l'Afrique sub-saharienne et des Etats arabes, et que les 42 pays les moins avancés appartiennent à plusieurs régions. Pour la composition de ces groupes de pays, voir Tableau 4.

Dans la deuxième classification, le critère géographique prime et les pays sont donc présentés selon les cinq continents : Afrique, Amérique, Asie, Europe et URSS, Océanie.

Tendances et perspectives à l'échelle mondiale et régionale

Faits significatifs

- Sur les 4 milliards 294 millions d'habitants âgés de 15 ans et plus qu'aura la planète en l'an 2000, un peu moins d'un milliard ne sauront ni lire ni écrire, soit 21,8%.

- Entre 1970 et 1985 le nombre d'analphabètes a augmenté d'environ 59 millions. Depuis 1985, le nombre total d'analphabètes reste stable et ne devrait baisser que légèrement en l'an 2000.

- D'une manière relative, c'est-à-dire par rapport à la population adulte totale, la stabilisation du nombre d'analphabètes entraîne le déclin des taux d'analphabétisme : 38,5% en 1970, 26,5% en 1990 et 21,8% en 2000.

- La presque totalité de la population analphabète se trouve et continuera de se trouver dans les pays en développement : 917 millions en 1990, soit 34,9% de leur population adulte.

- Au moins dans sa définition la plus simple (incapacité de lire et d'écrire un texte simple), l'analphabétisme peut être estimé comme négligeable dans les pays développés : moins de 5% de la population adulte.

Il est donc préférable et plus approprié, compte tenu de l'importance numérique, d'axer l'analyse de l'analphabétisme sur les pays en développement.

Les pays en développement

- En 1990, dans les pays en développement considérés d'une façon globale, 35 adultes sur 100 sont analphabètes; cette proportion qui était supérieure à 50% en 1970 pourrait baisser à 28% en l'an 2000.

- Si l'on considère séparément les *pays les moins avancés,* la réduction du taux d'analphabétisme risque d'être très lente et, en moyenne, en l'an 2000, un adulte sur deux serait encore analphabète dans ces pays.

- La prédominance numérique des pays en développement de l'Asie de l'Est et du Sud est évidente : 677 millions d'analphabètes en 1990, soit 71% du total mondial; cette importance relative se maintiendra en l'an 2000. Si l'on regarde séparément ces deux sous-régions, on peut dire que les pays de l'*Asie de l'Est* connaîtront une baisse du nombre d'analphabètes ainsi que du taux d'analphabétisme, celui-ci devant passer de 23,8% en 1990 à 17,2% en l'an 2000. Cette tendance est, bien entendu, largement imputable à l'évolution démographique et au développement de la scolarisation en Chine dont le poids sur le plan statistique est prépondérant dans cette sous-région.

- En *Asie du Sud*, qui regroupe aussi des pays démographiquement importants, un adulte sur deux est analphabète : malgré une baisse importante entre 1985 et l'an 2000, le taux d'analphabétisme (45,9%) y sera encore plus élevé que dans les autres régions.

- L'*Afrique sub-saharienne* comptera, en 1990, près de 139 millions d'analphabètes représentant plus de 14% du total mondial. Relativement à la population adulte de la région, et comme en Asie du Sud, un adulte sur deux est actuellement analphabète. Cependant, si les tendances retenues dans cette évaluation se confirment, ce sera la région qui connaîtra la plus forte réduction du taux d'analphabétisme : 40,3% en l'an 2000 contre 59,2% en 1985.

- Si les 61 millions d'analphabètes dans les *Etats arabes* ne constituent, en 1990, que 6% du total mondial, ils représentent près de 50% de la population adulte de ce groupe de pays. Ce taux, comme en Afrique sub-saharienne, devrait décliner fortement jusqu'à atteindre 38,0% en l'an 2000.

- Finalement, parmi le groupe des pays en développement, c'est la région de l'*Amérique latine et des Caraïbes* qui compte le plus faible nombre d'analphabètes ainsi que le plus faible taux d'analphabétisme : celui-ci ne serait plus que de 11,5% en l'an 2000.

- En termes de perspectives pour l'an 2000, ces chiffrent montrent que si les taux d'analphabétisme descendront à un niveau relativement faible en Amérique latine et les Caraïbes, et en Asie de l'Est, l'ampleur du problème persistera dans les autres régions (Asie du Sud, Afrique sub-saharienne et Etats arabes).

Tableau 1 : Population totale et analphabète âgée de 15 ans et plus (en millions)

	POPULATION AGEE DE 15 ANS ET PLUS				ANALPHABETES			
	1970	1985	1990	2000	1970	1985	1990	2000
MONDE	2 311.5	3 226.2	3 580.7	4 293.6	890.1	949.5	948.1	935.4
PAYS EN DEVELOPPEMENT dont	1 540.7	2 307.6	2 626.1	3 272.7	842.3	907.2	916.6	919.7
Afrique sub-saharienne	148.6	226.1	263.4	364.4	115.0	133.9	138.8	146.8
Etats arabes	67.6	107.5	125.4	172.7	49.7	58.6	61.1	65.6
Amérique latine/Caraïbes	164.0	252.1	286.9	362.7	43.0	44.6	43.9	41.7
Asie de l'Est	692.5	1 036.3	1 171.3	1 375.1	324.1	295.3	278.8	236.5
Asie du Sud	440.0	648.4	738.6	952.2	302.3	374.8	398.1	437.1
Pays les moins avancés	135.2	212.3	245.4	333.4	104.8	138.4	148.2	170.1
PAYS DEVELOPPES	770.8	918.6	954.6	1 020.9	47.8	42.3	31.5	15.7
CLASSIFICATION PAR CONTINENT								
AFRIQUE	200.3	305.2	354.3	485.5	152.6	171.8	177.5	186.4
AMERIQUE	326.0	459.4	503.6	598.1	52.8	54.7	50.4	42.5
ASIE	1 253.9	1 846.8	2 088.7	2 538.3	652.0	694.4	699.7	695.5
EUROPE ET URSS	518.1	597.0	614.6	649.3	31.1	26.9	19.1	9.7
OCEANIE	13.1	17.8	19.4	22.3	1.5	1.7	1.4	1.2

Figure 1 : Pays en développement, population analphabète âgée de 15 ans et plus (en millions)

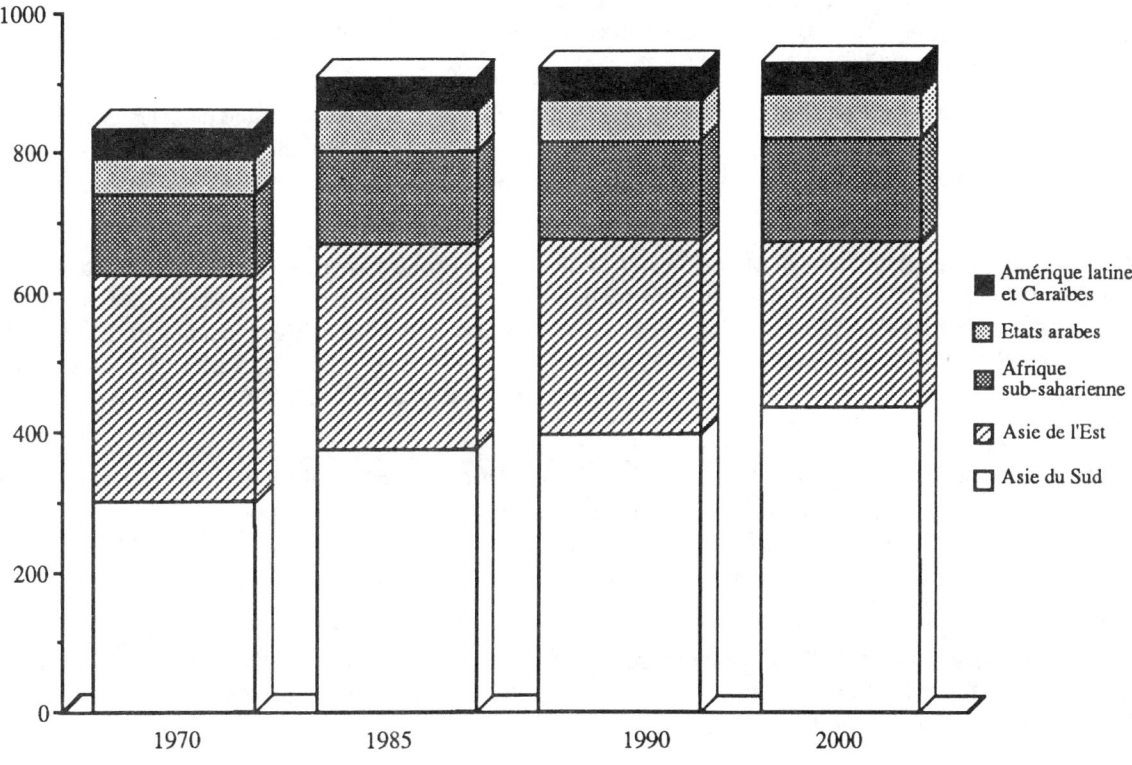

L'analphabétisme selon le sexe

- Invariablement, les femmes constituent et constitueront encore le gros de la population analphabète. En 1990, comme le montre le Tableau 2, dans les pays en développement pris globalement, le taux d'analphabétisme féminin est de 45% contre 25,1% pour les hommes. Les écarts entre les deux taux prennent cependant des valeurs différentes selon les groupes de pays.

- L'écart le plus faible est observé en Amérique latine et les Caraïbes où le taux féminin s'approche progressivement du taux masculin.

- Bien qu'en Asie de l'Est les taux d'analphabétisme soient généralement plus faibles que dans les autres régions, à l'exception de l'Amérique latine et les Caraïbes, l'écart entre les taux par sexe est le plus fort : le taux féminin (33,6%) représente plus du double du taux masculin (14,3%).

- En Afrique sub-saharienne, dans les Etats arabes et en Asie du Sud, le taux d'analphabétisme féminin est actuellement supérieur à 60% alors que le taux masculin varie entre 35 et 41%. Si les tendances persistent, en l'an 2000, une femme adulte sur deux serait encore analphabète dans ces trois régions. En Asie du Sud, le taux d'analphabétisme projeté pour l'an 2000 serait encore supérieur au taux masculin observé trente ans auparavant, en 1970.

L'analphabétisme selon l'âge

L'analphabétisme se manifeste de façon très contrastée selon les différentes générations. Le Tableau 3 essaie d'illustrer ce phénomène en présentant les taux d'analphabétisme par groupe d'âge dans les pays en développement. Les données de base ont été regroupées en quatre classes d'âge d'importance inégale : 15 à 19 ans, 20 à 24 ans, 25 à 44 ans, 45 ans et plus.

- Bien entendu, les générations plus anciennes marquent les taux d'analphabétisme les plus élevés car elles n'ont pas bénéficié des mêmes possibilités de scolarisation offertes depuis une période relativement récente aux générations plus jeunes. A moins qu'un effort intensif d'éducation des adultes ne vienne infléchir les tendances actuelles, le taux d'analphabétisme chez les adultes âgés de 45 ans et plus risque de se situer à un niveau élevé jusqu'en l'an 2000, particulièrement en Afrique sub-saharienne, dans les Etats arabes et en Asie du Sud : les femmes dans ce groupe d'âge seraient directement concernées par cette situation avec un taux d'analphabétisme autour de 80% en l'an 2000.

- Une réduction importante et, dans certains cas, substantielle du taux d'analphabétisme dans les groupes d'âge 15-19 et 20-24 ans a été constatée au cours des vingt dernières années et devrait se poursuivre jusqu'en l'an 2000. Ceci témoigne de l'effort considérable de scolarisation primaire déployé depuis 1960 dans la plupart des pays en développement.

- La figure 3 met particulièrement en valeur non seulement le déclin prévu du taux d'analphabétisme chez les jeunes âgés de 15 à 19 ans mais aussi la réduction de l'écart entre les taux masculin et féminin. Les baisses sont plus fortes dans les trois régions qui avaient les taux d'analphabétisme (notamment féminins) très élevés en 1970. Ainsi, par exemple, le taux d'analphabétisme chez les femmes âgées de 15 à 19 ans dans les Etats arabes diminue de moitié entre 1970 (70,5%) et 1990 (36,0%) et pourrait baisser encore jusqu'à 26,6% en l'an 2000.

- Le taux d'analphabétisme féminin 15-19 ans en Asie de l'Est (région où les disparités selon le sexe du taux global 15 ans et plus sont encore forts) a diminué rapidement et devrait en l'an 2000 atteindre plus ou moins le même niveau qu'en Amérique Latine et les Caraïbes. En ce qui concerne les hommes, le taux d'analphabétisme 15-19 ans a toujours été plus faible en Asie de l'Est que dans les autres régions.

- Dans certaines régions, (Afrique sub-saharienne, Etats arabes, Asie du Sud) le taux d'analphabétisme du groupe 15-19 ans projeté pour l'an 2000 semble encore très élevé et inquiétant (plus de 20%). Il n'est pas exclu que ces tendances soient modifiées à la suite des plans et des politiques d'éducation qui seront mis au point dans le cadre des programmes d'éducation pour tous.

Tableau 2 : Taux d'analphabétisme par sexe (%)

	DEUX SEXES				MASCULIN				FEMININ			
	1970	1985	1990	2000	1970	1985	1990	2000	1970	1985	1990	2000
MONDE	38.5	29.4	26.5	21.8	30.4	21.9	19.4	15.4	46.5	36.9	33.6	28.2
PAYS EN DEVELOPPEMENT	54.7	39.3	34.9	28.1	42.2	28.9	25.1	19.7	67.4	50.1	45.0	36.8
dont												
Afrique sub-saharienne	77.4	59.2	52.7	40.3	67.5	47.4	41.0	29.8	86.8	70.5	63.9	50.4
Etats arabes	73.5	54.5	48.7	38.0	60.5	40.8	35.7	26.9	86.3	68.5	62.0	49.4
Amérique latine/Caraïbes	26.2	17.7	15.3	11.5	22.5	15.7	13.6	10.3	29.9	19.7	17.0	12.7
Asie de l'Est	46.8	28.5	23.8	17.2	32.7	18.0	14.3	10.0	61.3	39.3	33.6	24.6
Asie du Sud	68.7	57.8	53.9	45.9	55.2	44.4	40.9	33.8	83.1	72.1	67.8	58.8
Pays les moins avancés	77.5	65.2	60.4	51.0	68.1	53.7	48.6	39.2	87.0	76.6	72.1	62.7
PAYS DEVELOPPES	6.2	4.6	3.3	1.5	5.0	3.4	2.6	1.0	7.3	5.7	3.9	2.0

CLASSIFICATION PAR CONTINENT												
AFRIQUE	76.2	56.3	50.1	38.4	65.3	44.2	38.3	28.1	86.6	68.0	61.5	48.4
AMERIQUE	16.2	11.9	10.0	7.1	14.0	10.8	9.2	6.5	18.3	13.0	10.8	7.7
ASIE	52.0	37.6	33.5	27.4	39.2	26.8	23.4	18.7	65.3	48.9	44.0	36.5
EUROPE ET URSS	6.0	4.5	3.1	1.5	4.3	3.4	2.3	1.0	7.5	5.5	3.8	2.0
OCEANIE	11.6	9.6	7.5	5.5	11.2	8.2	6.1	4.0	12.0	11.0	8.9	7.0

Figure 2 : Pays en développement, taux d'analphabétisme par sexe (%)

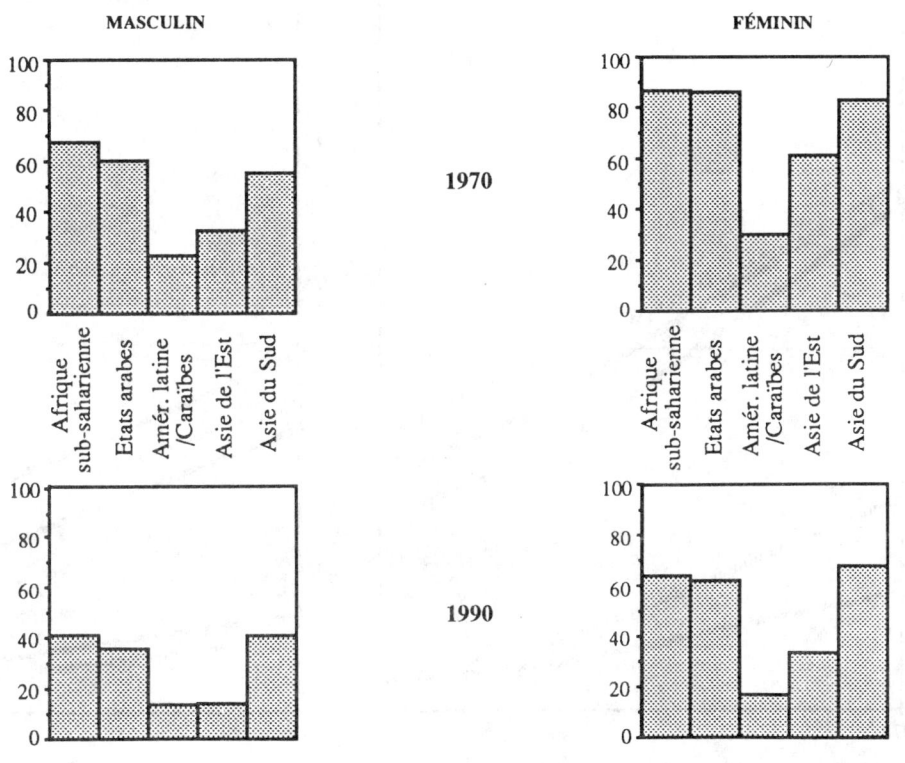

Tableau 3 : Taux d'analphabétisme par groupe d'âge dans les pays en développement (%)

	Groupe d'âge	TOTAL 1970	TOTAL 1990	TOTAL 2000	MASCULIN 1970	MASCULIN 1990	MASCULIN 2000	FEMININ 1970	FEMININ 1990	FEMININ 2000
PAYS EN DEVE-LOPPEMENT	15-19	33.9	19.1	16.1	23.7	13.9	11.8	44.5	24.7	20.6
	20-24	39.8	21.5	17.8	28.2	15.3	13.0	52.1	28.0	22.8
	25-44	52.9	30.9	23.2	39.3	21.6	16.4	67.2	40.6	30.2
	45 +	74.4	57.0	45.9	62.2	42.6	32.3	86.4	71.3	59.2
Afrique sub-saharienne	15-19	61.8	35.9	26.4	49.9	28.5	20.9	73.5	43.3	31.9
	20-24	68.3	40.3	31.6	56.2	31.3	25.0	80.3	49.2	38.1
	25-44	79.8	55.5	42.4	69.0	43.2	32.7	90.1	67.2	51.8
	45 +	92.6	82.0	72.5	86.6	71.6	59.9	97.8	91.5	83.7
Etats arabes	15-19	54.6	27.7	20.6	39.3	19.8	14.9	70.5	36.0	26.6
	20-24	61.8	32.9	23.7	45.1	23.3	17.0	78.5	43.1	30.7
	25-44	73.9	48.5	35.2	58.5	34.3	24.7	88.8	63.3	46.2
	45 +	85.3	76.3	66.4	74.1	61.1	49.6	96.1	90.3	82.1
Amérique latine /Caraïbes	15-19	14.6	6.2	4.1	13.3	6.1	4.2	16.0	6.3	4.0
	20-24	17.6	7.6	5.1	15.8	7.3	5.1	19.4	8.0	5.0
	25-44	24.9	12.7	8.5	21.4	11.6	8.0	28.3	13.7	8.9
	45 +	37.3	27.5	21.4	31.0	23.1	18.2	43.3	31.5	24.3
Asie de l'Est	15-19	19.5	6.3	3.6	10.3	4.0	2.5	29.2	8.8	4.8
	20-24	25.5	8.5	4.7	14.0	5.1	3.1	37.9	12.2	6.4
	25-44	43.8	16.8	9.8	27.9	9.0	5.5	61.0	25.0	14.2
	45 +	78.0	51.8	36.2	63.5	34.1	20.9	91.6	69.4	51.3
Asie du Sud	15-19	56.7	37.7	29.4	42.7	26.8	20.7	72.0	49.5	38.6
	20-24	61.1	42.3	33.4	46.7	30.4	23.7	76.2	55.3	44.0
	25-44	69.2	53.1	44.1	55.4	39.7	32.0	83.9	67.7	57.2
	45 +	79.1	71.1	64.7	67.0	57.0	50.0	92.4	85.5	79.7

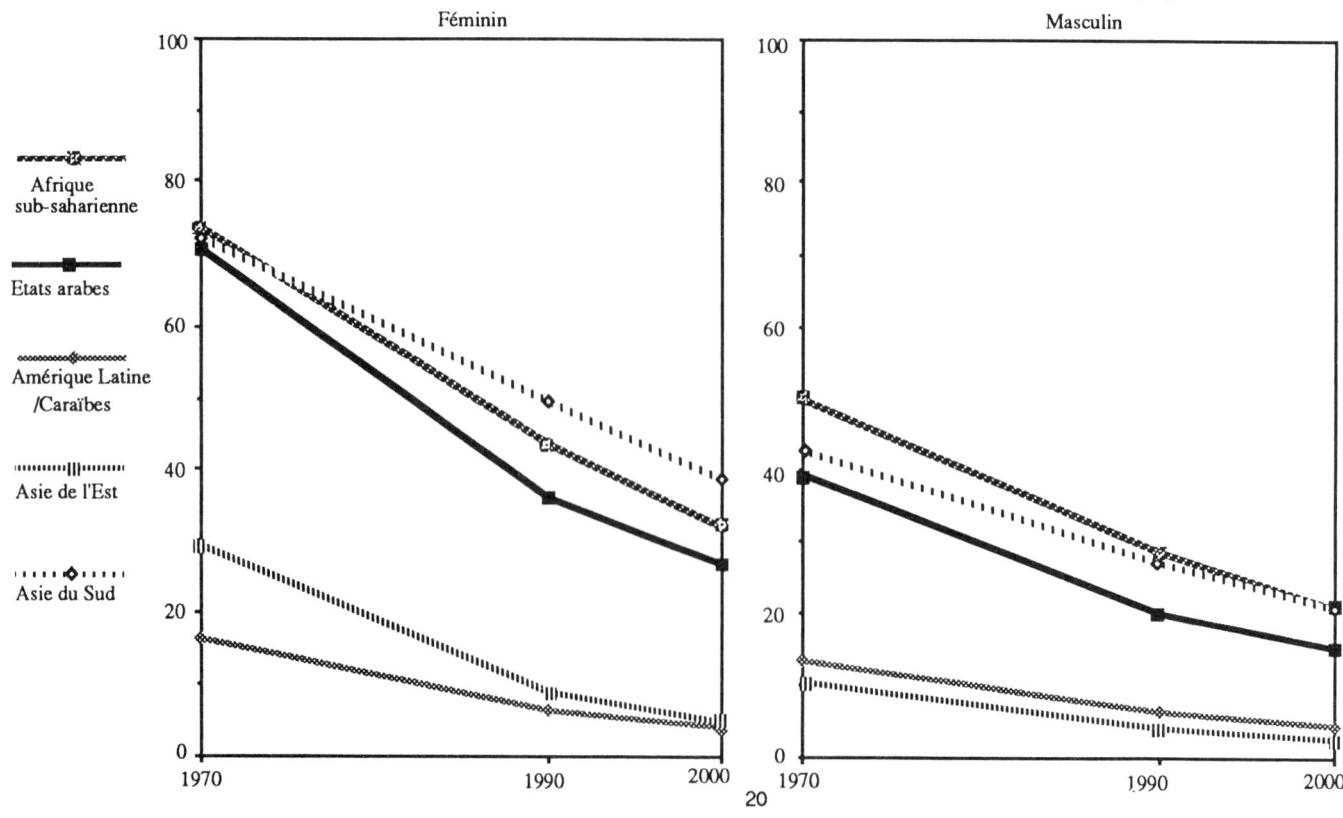

Figure 3 : Taux d'analphabétisme du groupe 15-19 ans dans les pays en développement (%)

Tendances et perspectives par pays

Le Tableau 4 présente les estimations et projections effectuées par l'Unesco des taux d'analphabétisme par pays pour 1985, 1990 et 2000. L'attention du lecteur est encore une fois attirée sur le caractère conditionnel de ces projections.

Pour les pays qui disposent des informations requises, le taux global d'analphabétisme a été déterminé à partir d'une analyse des taux par génération démographique. En suivant le taux d'une cohorte d'un recensement à un autre, on obtient une courbe relativement stable : l'ajustement de cette courbe statistique permet d'estimer et de projeter les taux d'analphabétisme d'une manière satisfaisante.

Pour certains pays pour lesquels les informations statistiques n'étaient pas suffisantes, il a fallu procéder à l'estimation directe du taux global d'analphabétisme (15 ans et plus) sans tenir compte des taux par génération. Dans ce sens, et en faisant appel aux données disponibles pour tous les pays, une analyse préalable a été effectuée pour déterminer les corrélations les plus significatives entre l'analphabétisme et plusieurs variables socio-économiques et éducatives. Une régression multiple a été enfin retenue avec trois variables explicatives : la mortalité infantile, l'indice de fecondité et le taux de scolarisation dans l'enseignement primaire. C'est grâce à cette procédure que certains taux ont pu être estimés mais en raison de leur degré d'incertitude ils ne sont pas tous présentés dans ce tableau.

Des baisses importantes du taux d'analphabétisme sont prévues dans les pays où la scolarisation a augmenté rapidement, mais également dans les pays où des campagnes massives d'alphabétisation ont été entreprises ou sont à présent en cours. Ces campagnes peuvent modifier radicalement les taux d'analphabétisme de certaines cohortes mais faute d'informations suffisantes l'impact des campagnes récentes n'a pas pu être réflété dans ces projections. Par conséquent, il a été jugé préférable de ne pas présenter les estimations pour certains pays comme, par exemple, l'Ethiopie, le Nicaragua, la République-Unie de Tanzanie, qui ont entrepris récemment des campagnes massives d'alphabétisation.

Les tableaux 5 et 6 permettent d'apprécier les différences importantes qui existent entre les pays en développement à l'égard de l'alphabétisme.

- Sur les 948 millions d'analphabètes que l'on peut compter dans le monde en 1990, 705 millions, soit 74,3%, se trouvent dans 10 pays, dont six en Asie, trois en Afrique et un en Amérique Latine. Comme il fallait s'y attendre, il s'agit des pays les plus peuplés de ces régions;

- Sur ces 10 pays, l'Inde et la Chine comptent un peu plus de la moitié des analphabètes du monde en 1990;

- Dans sept de ces dix pays, les taux d'analphabétisme oscillent entre 46 et 73%;

- En 1990, le taux d'analphabétisme est supérieur à 40% dans 48 pays, dont 29 en Afrique sub-saharienne. Si la tendance se poursuit, 32 pays, dont 21 en Afrique sub-saharienne, seront toujours dans la même situation en l'an 2000;

- En 1990, 10 des 14 pays ayant un taux d'analphabétisme inférieur à 10% sont des pays d'Amérique Latine et des Caraïbes. En l'an 2000, 16 des 23 pays entrant dans cette catégorie appartiendront à cette région;

- Aucun pays de l'Afrique sub-saharienne, des Etats arabes et de l'Asie du Sud n'a un taux d'analphabétisme inférieur à 10% en 1990.

Tableau 4 : Estimations et projections de l'analphabétisme par pays de la population âgée de 15 ans et plus - (M = masculin, F = féminin)

	POPULATION ANALPHABETE (en milliers)			TAUX D'ANALPHABETISME (%)								
	1985	1990	2000	1985			1990			2000		
				TOTAL	M	F	TOTAL	M	F	TOTAL	M	F
PAYS EN DEVELOPPEMENT												
Afrique sub-saharienne												
ANGOLA	3 117	3 221	3 395	64.3	50.4	77.4	58.3	44.4	71.5	46.6	33.6	59.1
BENIN *	1 754	1 904	2 251	81.3	74.0	88.3	76.6	68.3	84.4	65.8	56.3	74.8
BOTSWANA *	168	175	189	30.0	18.5	39.6	26.4	16.3	34.9	19.9	12.4	26.5
BURKINA FASO *	3 791	4 137	4 813	85.5	77.0	93.8	81.8	72.1	91.1	72.3	60.9	83.3
BURUNDI *	1 508	1 482	1 386	57.9	46.6	68.2	50.0	39.1	60.2	34.6	25.4	43.3
CAMEROUN	2 911	2 912	2 858	52.0	38.9	64.4	45.9	33.7	57.4	34.0	24.3	43.4
CONGO	473	485	502	48.3	34.0	61.8	43.4	30.0	56.1	34.1	23.0	44.8
COTE - D'IVOIRE	2 687	2 941	3 397	51.3	37.5	65.7	46.2	33.1	59.8	36.5	25.1	48.2
GABON	284	311	297	43.9	30.1	56.9	39.3	26.5	51.5	30.7	20.3	40.7
GAMBIE *	336	350	368	79.7	69.6	89.5	72.8	61.0	84.0	58.7	45.5	71.3
GHANA	3 316	3 258	2 974	47.2	36.3	57.8	39.7	30.0	49.0	26.4	19.5	33.2
GUINEE *	2 879	2 947	3 060	83.2	74.5	91.6	76.0	65.1	86.6	61.5	48.5	73.9
GUINEE - BISSAU *	368	367	370	69.8	56.6	81.9	63.5	49.8	76.0	50.9	37.6	63.4
GUINEE EQUATORIALE *	127	127	128	55.1	40.6	68.8	49.8	35.9	63.0	39.5	27.4	51.1
KENYA	3 473	3 728	4 360	35.0	22.9	46.8	31.0	20.2	41.5	23.8	15.4	32.0
LIBERIA	811	839	862	67.7	57.3	78.6	60.5	50.2	71.2	45.3	36.1	54.7
MADAGASCAR	1 309	1 305	1 303	23.1	14.2	31.6	19.8	12.3	27.1	14.5	9.0	19.7
MALI *	3 357	3 398	3 235	77.3	69.0	84.6	68.0	59.2	76.1	48.0	40.1	55.4
MAURITANIE *	715	740	785	72.5	60.2	84.2	66.0	52.9	78.6	53.1	39.7	65.9
MOZAMBIQUE *	5 593	5 880	6 377	72.4	60.6	83.6	67.1	54.9	78.7	55.4	43.4	66.9
NIGER *	2 558	2 683	2 945	78.5	67.9	88.7	71.6	59.6	83.2	57.7	44.5	70.6
NIGERIA	28 224	28 723	28 448	57.3	45.2	68.9	49.3	37.7	60.5	34.4	24.9	43.6
OUGANDA *	4 600	4 908	5 545	57.2	42.9	71.0	51.7	37.8	65.1	41.1	28.8	53.0
REP. CENTRAFRICAINE *	1 014	1 028	1 062	68.5	55.0	80.7	62.3	48.2	75.1	49.9	36.5	62.4
RWANDA *	1 701	1 838	2 149	54.6	40.7	67.9	49.8	36.1	62.9	40.9	28.5	52.8
SENEGAL	2 433	2 525	2 672	67.9	54.6	80.7	61.7	48.1	74.9	49.5	36.3	62.2
SIERRA LEONE *	1 783	1 830	1 909	86.7	79.2	93.8	79.3	69.3	88.7	64.2	51.5	76.2
SOMALIE *	2 877	3 003	3 235	83.1	73.3	91.2	75.9	63.9	86.0	61.3	47.9	73.5
SOUDAN *	9 040	10 061	12 541	75.6	60.7	90.3	72.9	57.3	88.3	66.9	50.4	83.3
TCHAD *	2 230	2 280	2 354	77.0	66.0	87.5	70.2	57.8	82.1	56.6	43.3	69.4
TOGO *	1 015	1 070	1 173	62.1	48.6	74.9	56.7	43.6	69.3	45.6	33.9	56.8
ZAIRE	5 641	5 466	4 919	34.1	20.6	46.8	28.2	16.4	39.3	18.3	10.1	26.3
ZAMBIE	1 172	1 170	1 127	32.6	23.3	41.3	27.2	19.2	34.7	18.2	12.6	23.6
ZIMBABWE	1 683	1 776	1 900	37.7	30.2	45.0	33.1	26.3	39.7	25.4	20.0	30.6

* Pays appartenant au groupe des pays les moins avancés

Tableau 4 : Estimations et projections de l'analphabétisme par pays de la population âgée de 15 ans et plus - (suite)

	POPULATION ANALPHABETE (en milliers)			TAUX D'ANALPHABETISME (%)								
	1985	1990	2000	1985			1990			2000		
				TOTAL	M	F	TOTAL	M	F	TOTAL	M	F
Etats arabes												
ALGERIE	6 062	6 004	5 578	51.4	37.3	64.9	42.6	30.2	54.5	28.1	19.3	36.7
ARABIE SAOUDITE	2 689	2 897	3 293	42.1	30.6	57.5	37.6	26.9	51.9	29.3	20.4	40.6
BAHREIN	78	79	74	27.1	21.5	36.7	22.6	17.9	30.7	15.4	12.3	20.7
EGYPTE	15 686	16 492	18 535	55.4	40.4	70.5	51.6	37.1	66.2	43.3	30.4	56.4
IRAQ	4 014	4 078	4 012	47.6	36.2	59.3	40.3	30.2	50.7	27.2	20.0	34.9
JAM. ARABE LIBYENNE	883	890	848	43.5	29.9	59.7	36.2	24.6	49.6	24.0	16.0	32.9
JORDANIE	470	442	378	25.8	14.3	38.0	19.9	10.7	29.7	11.6	5.8	17.7
KOWEIT	302	346	414	29.4	24.7	36.8	27.0	22.9	33.3	22.8	19.6	27.5
LIBAN	386	382	347	23.2	14.1	31.2	19.9	12.2	26.9	14.5	8.9	19.7
MAROC	7 454	7 526	7 303	58.3	45.7	70.5	50.5	38.7	62.0	36.5	27.0	45.7
MAURITANIE *	715	740	785	72.5	60.2	84.2	66.0	52.9	78.6	53.1	39.7	65.9
QATAR	65	...	...	24.3	23.2	27.5	...	...	...	...	...	...
REP. ARABE SYRIENNE	2 218	2 304	2 435	40.9	25.8	56.5	35.5	21.7	49.2	25.5	15.3	35.9
SOMALIE *	2 877	3 003	3 235	83.1	73.3	91.2	75.9	63.9	86.0	61.3	47.9	73.5
SOUDAN *	9 040	10 061	12 541	75.6	60.7	90.3	72.9	57.3	88.3	66.9	50.4	83.3
TUNISIE	1 858	1 762	1 497	42.4	32.2	52.7	34.7	25.8	43.7	22.5	16.0	29.1
YEMEN *	2 423	2 559	2 881	67.7	52.9	79.5	61.5	46.7	73.7	49.3	35.5	61.4
YEMEN DEMOCRATIQUE *	787	840	910	67.1	53.5	79.7	60.9	47.2	73.9	48.8	35.7	61.4
Amérique latine /Caraïbes												
ARGENTINE	1 097	1 065	976	5.2	4.9	5.6	4.7	4.5	4.9	3.7	3.6	3.8
BOLIVIE	985	923	780	27.5	19.1	35.5	22.5	15.3	29.3	14.2	9.4	18.8
BRESIL	18 533	18 407	17 395	21.5	19.7	23.3	18.9	17.5	20.2	14.2	13.4	15.0
CHILI	648	603	518	7.8	7.4	8.1	6.6	6.5	6.8	4.8	4.9	4.8
COLOMBIE	2 761	2 702	2 532	15.3	14.2	16.3	13.3	12.5	14.1	9.9	9.6	10.2
COSTA RICA	136	139	133	8.2	8.4	8.0	7.2	7.4	6.9	5.3	5.7	5.0
CUBA	562	484	334	7.6	6.3	8.9	6.0	5.0	7.0	3.8	3.3	4.4
EL SALVADOR	803	787	780	31.2	27.4	34.7	27.0	23.8	30.0	19.8	17.4	21.9
EQUATEUR	928	909	843	17.0	14.5	19.5	14.2	12.2	16.2	9.8	8.6	11.0
GUATEMALA	2 072	2 253	2 685	48.1	40.0	56.2	44.9	36.9	52.9	38.5	31.1	45.9
GUYANA	28	25	18	4.6	3.3	5.9	3.6	2.5	4.6	2.1	1.5	2.7
HAITI *	1 847	1 858	1 812	52.1	45.7	58.1	47.0	40.9	52.6	37.2	32.3	41.7
HONDURAS	752	766	757	32.0	29.0	35.0	26.9	24.5	29.4	18.8	17.3	20.4
JAMAIQUE	30	27	20	2.0	1.8	2.2	1.6	1.8	1.4	1.0	1.3	0.9
MEXIQUE	7 175	7 066	6 488	15.3	12.5	18.0	12.7	10.5	14.9	9.0	7.5	10.5
PANAMA	185	187	180	13.6	13.5	13.8	11.9	11.9	11.8	9.1	9.2	9.0
PARAGUAY	255	252	239	11.7	9.1	14.2	9.9	7.9	11.9	7.0	5.8	8.2
PEROU	2 111	2 025	1 800	18.0	10.5	25.5	14.9	8.5	21.3	10.0	5.5	14.5

* Pays appartenant au groupe des pays les moins avancés

Tableau 4 : Estimations et projections de l'analphabétisme par pays de la population âgée de 15 ans et plus - (suite)

	POPULATION ANALPHABETE (en milliers)			TAUX D'ANALPHABETISME (%)								
	1985	1990	2000	1985			1990			2000		
				TOTAL	M	F	TOTAL	M	F	TOTAL	M	F
Amérique latine /Caraïbes (suite)												
REPUBLIQUE DOMINICAINE	759	744	690	19.6	17.8	21.5	16.7	15.2	18.2	12.1	11.3	12.9
SURINAME	17	13	7	7.3	6.9	7.6	5.1	4.9	5.3	2.1	2.3	2.0
URUGUAY	104	88	61	4.7	4.4	4.9	3.8	3.4	4.1	2.4	2.0	2.8
VENEZUELA	1 498	1 450	1 280	14.3	16.2	12.5	11.9	13.3	10.4	7.9	8.7	7.1
Asie de l'Est												
CAMBODGE	3 498	3 479	3 213	71.2	58.7	83.4	64.8	51.8	77.6	52.0	38.9	64.9
CHINE	236 741	223 727	188 263	31.8	19.6	44.7	26.7	15.9	38.2	19.7	10.9	29.0
INDONESIE	28 810	26 970	22 758	28.2	19.6	36.5	23.0	15.9	32.0	15.5	10.5	20.4
MALAISIE	2 500	2 391	2 116	26.0	16.8	35.0	21.6	13.5	29.6	14.9	8.9	20.8
MYANMAR *	5 017	5 069	5 027	22.0	12.3	31.4	19.4	10.9	27.7	15.1	8.7	21.3
PHILIPPINES	3 993	3 852	3 561	12.3	11.8	12.7	10.3	10.0	10.5	7.2	7.3	7.1
REPUBLIQUE DE COREE	1 524	1 185	702	5.3	1.7	8.9	3.7	0.9	6.5	1.9	0.3	3.5
THAILANDE	3 049	2 627	1 871	9.3	5.3	13.3	7.0	3.9	10.1	4.0	2.2	5.8
VIET - NAM	5 563	5 061	4 654	15.6	10.4	20.3	12.4	8.0	16.4	8.7	5.5	11.7
Asie du Sud												
AFGHANISTAN *	6 414	6 781	8 969	75.9	62.0	90.7	70.6	55.9	86.1	59.1	44.0	74.8
BANGLADESH *	37 226	41 961	52 164	67.8	55.5	81.0	64.7	52.9	78.0	58.3	45.8	71.6
BHOUTAN *	553	564	565	67.8	55.2	81.1	61.6	48.7	75.4	49.4	37.0	62.8
INDE	266 395	280 732	298 498	55.9	41.8	70.9	51.8	38.2	66.3	43.7	31.5	56.8
IRAN, REP. ISLAMIQUE D'	14 155	14 604	14 421	52.3	40.9	63.7	46.0	35.5	56.7	34.0	25.6	42.7
NEPAL *	7 575	8 229	9 695	77.6	66.2	89.3	74.4	62.4	86.8	66.7	54.0	80.0
PAKISTAN	39 411	43 459	51 902	69.0	56.9	82.3	65.2	52.7	78.9	56.4	43.8	70.2
SRI LANKA	1 373	1 347	1 199	13.3	7.6	19.1	11.6	6.6	16.5	8.5	4.8	12.1
Autres pays en développement												
PAPOUASIE - NLLE -GUINEE	1 093	1 119	1 134	53.3	39.8	68.0	48.0	35.1	62.2	38.1	26.7	50.3
TURQUIE	7 689	7 046	7 459	24.0	12.4	35.7	19.3	10.3	28.9	16.4	8.5	24.5
YOUGOSLAVIE	1 614	1 342	942	9.2	3.5	14.6	7.3	2.6	11.9	4.7	1.3	7.9
PAYS DÉVELOPPÉS												
ESPAGNE	1 697	1 440	1 063	5.7	3.1	8.0	4.6	2.6	6.6	3.2	1.9	4.4
GRECE	672	548	338	8.6	3.2	13.6	6.8	2.4	10.9	4.0	1.5	6.4
ITALIE	1 700	1 378	966	3.7	2.7	4.5	2.9	2.2	3.6	2.0	1.6	2.5
PORTUGAL	1 429	1 215	829	18.4	13.6	22.8	15.0	11.2	18.5	9.7	6.8	12.3

* Pays appartenant au groupe des pays les moins avancés

Tableau 5 : Répartition des pays en développement selon leur taux d'analphabétisme et leur nombre d'analphabètes

Nombre d'analphabètes \ Taux d'analphabétisme	Année	Moins de 10%	10% à 20%	20% à 30%	30% à 40%	40% à 50%	50% et plus	Total des pays
Moins de 500 mille	1990	9	5	3	1	4	2	24
	2000	11	6	1	4	-	3	25
500 mille à 2 millions	1990	4	7	4	4	3	10	32
	2000	9	6	4	5	5	1	30
2 millions à 5 millions	1990	1	2	1	4	3	13	24
	2000	3	3	5	3	5	8	27
5 millions à 10 millions	1990	-	2	3	1	2	4	12
	2000	-	2	2	1	2	3	10
10 millions et plus	1990	-	1	2	-	2	5	10
	2000	-	3	-	2	2	3	10
Total des pays	1990	14	17	13	10	14	34	102
	2000	23	20	12	15	14	18	102

Tableau 6 : Pays avec 10 millions et plus d'analphabètes âgés de 15 ans et plus en 1990

Pays	Taux d'analphabétisme (%)	Nombre d'analphabètes (millions)	Proportion du Total Mondial (%)	(cum. %)
Inde	51.8	281	29.6	29.6
Chine	26.7	224	23.6	53.2
Pakistan	65.2	43	4.5	57.7
Bangladesh	64.7	42	4.4	62.1
Nigéria	49.3	29	3.1	65.2
Indonésie	23.0	27	2.8	68.0
Brésil	18.9	18	1.9	69.9
Egypte	51.6	16	1.7	71.6
Iran	46.0	15	1.6	73.2
Soudan	72.9	10	1.1	74.3
Sous-total (10 pays)		705	74.3	
Total Mondial		948		100

■ INTRODUCCION

La edición 1988 del "Compendio de estadísticas relativas al analfabetismo" se agotó rapidamente y en lugar de reproducirlo, la Oficina de Estadística de la Unesco aprovechó la oportunidad para ponerlo al día y presentar al mismo tiempo los resultados de trabajos recientes sobre las estimaciones y proyecciones del analfabetismo.

La primera parte del Compendio presenta las estimaciones revisadas así como las proyecciones del analfabetismo a escala mundial, regional y nacional.

En la segunda parte se presentan las estadísticas sobre el analfabetismo por país disponibles desde 1960. Estas informaciones provienen en general de censos de la población y comprenden más de 150 países y territorios. Para los años anteriores a 1960, se ruega al lector consultar la edición anterior del Compendio.

Fuente de los datos

La mayor parte de las informaciones observadas por país provienen de la Oficina de Estadística de las Naciones Unidas que las recoge por medio de cuestionarios basados en los resultados de los censos de la población o encuestas. Algunos de estos datos ya han aparecido en las publicaciones nacionales y en diversas ediciones del Anuario Estadístico de la Unesco y del Anuario Demográfico de las Naciones Unidas.

Las estimaciones y proyecciones fueron preparadas por la Unesco. La fiabilidad de estos resultados puede variar considerablemente en función de la disponibilidad de informaciones provenientes de censos nacionales.

Definiciones

Los conceptos y definiciones del analfabetismo subyacentes en las informaciones presentadas aquí, han sido elaborados por cada país con fines estadísticos. Aunque los criterios que se utilizan para determinar si una persona es analfabeta o no difieren de un país a otro, se observa una fuerte tendencia a adoptar la definición recomendada por la Unesco según la cual toda "persona que no es capaz de leer y escribir, comprendiéndola, una breve y sencilla exposición de hechos relativos a su vida cotidiana", es analfabeta. En general, la simple declaración del interesado determina si es o no analfabeto. Este método de auto-evaluación introduce un elemento de subjetividad en las respuestas.

PRIMERA PARTE: ESTIMACIONES Y PROYECCIONES DEL ANALFABETISMO

Notas preliminares

Estas estimaciones y proyecciones del analfabetismo, preparadas por la Oficina de Estadística de la Unesco en 1989, sustituyen las de 1985 que fueron publicadas en el Compendio anterior. Las diferencias entre las dos se deben principalmente a tres factores.

En primer lugar, muchos países disponen de datos más recientes. Segundo, se han utilizado las estimaciones y proyecciones demográficas más recientes establecidas por la División de la Población de las Naciones Unidas (evaluación de 1988). Finalmente, se ha modificado el modelo de la Unesco afin de mejorar la comparabilidad de los resultados.

Se presentaron algunos resultados preliminares en *"Basic Education and Literacy: World Statistical Indicators"*, Unesco 1990, que difieren ligeramente (en particular los datos regionales y mundiales) de los resultados definitivos ahora publicados en este Compendio.

No se puede en esta publicación exponer en detalle los aspectos técnicos y metodológicos de los trabajos de estimación y proyección de las tasas de analfabetismo. Sin embargo, se debe señalar que la metodología empleada se basa esencialmente en la extrapolación e interpolación de las tasas de analfabetismo observadas en el pasado. Estas tasas han sido analizadas y proyectadas por generación, pues hay que tener en cuenta que las generaciones jóvenes estan más alfabetizadas que las menos jóvenes, debido principalmente al progreso de la escolarización.

Estas proyecciones, fundadas en la continuación de las tendencias pasadas, son por lo tanto condicionales. Por ejemplo, no se toma en cuenta el impacto de las campañas de alfabetización emprendidas actualmente o por emprender. Por esta razón, las tendencias presentadas aquí pueden ser modificadas radicalmente por el lanzamiento de programas intensivos de educación que tengan como objetivo no sólo la disminución significativa sino la erradicación del analfabetismo.

Las estimaciones y proyecciones presentadas aquí para el mundo y por región fueron calculadas a partir de datos por país. Sin embargo, como para algunos países la falta de información no permitía el empleo del modelo general, se prepararon estimaciones en base a hipótesis bastante rudimentarias. Estas estimaciones fueron tomadas en cuenta en el total mundial y por región, pero no han sido publicadas en los cuadros por país.

Clasificación de los países

Se han utilizado dos clasificaciones diferentes para el agrupamiento de los países.

La primera distingue los *países desarrollados* de los *países en desarrollo*. Los países desarrollados comprenden todos los países de Europa (salvo Yugoslavia), la URSS, los Estados Unidos, Canadá, Japón, Israel, Australia, Nueva Zelandia y Africa del Sur. Todos los demas países están clasificados como países en desarrollo.

Se presentan asimismo algunos grupos de países en desarrollo: Africa del sub-Sahara, Estados árabes, América Latina y el Caribe, Asia del Este y Asia del Sur; a estos grupos hay que agregar el de los 42 países menos avanzados. Conviene señalar que algunos países forman parte al mismo tiempo del grupo de Africa del sub-Sahara y del de Estados árabes y que los 42 países menos avanzados figuran también dentro de sus regiones respectivas. Para conocer la composición de estos grupos de países, referirse al Cuadro 4.

En la segunda clasificación prima el criterio geográfico; por lo tanto, se han presentado los países según su pertenencia a uno de los cinco continentes: Africa, América, Asia, Europa y URSS, Oceanía.

Tendencias y perspectivas a escala mundial y regional

Hechos significativos

- De los 4294 millones de habitantes de 15 y más años que habrá en el año 2000, casi un billón (21,8%) no sabrá leer ni escribir.

- Entre 1970 y 1985 el número de analfabetos aumentó aproximadamente en 59 millones. Desde 1985 el número total de analfabetos se ha estabilizado y sólo se reduciría ligeramente en el año 2000.

- En relación a la población adulta, la estabilización del número de analfabetos implica una disminución relativa de las tasas de analfabetismo: 38,5% en 1970, 26,5% en 1990 y 21,8% en el año 2000.

- La casi totalidad de la población analfabeta se encuentra y se mantendrá en los países en desarrollo: 917 millones en 1990 o sea 34,9% de la población adulta.

- En su definición más simple (incapacidad de leer y escribir un texto simple), el analfabetismo es casi inexistente en los países desarrollados: menos de 5% de la población adulta.

Resulta entonces más apropiado, en términos de importancia numérica, enfocar el análisis del analfabetismo sobre los países en desarrollo.

Países en Desarrollo

- En 1990, en los países en desarrollo considerados globalmente, 35 adultos de cada 100 son analfabetos; esta proporción que superaba el 50% en 1970 podría bajar a 28% en el año 2000.

- Si se toman por separado los *países menos avanzados*, la disminución de la tasa de analfabetismo podría ser muy lenta y en el año 2000, un adulto de cada dos sería aún analfabeto en esos países.

- La predominancia numérica de los países en desarrollo de Asia del Este y del Sur es evidente: 677 millones de analfabetos en 1990, o sea 71% del total mundial; esta importancia relativa se mantendrá en el año 2000. Si se estudian estas dos sub-regiones por separado, se podrá decir que los países de *Asia del Este* registrarán una disminución del número de analfabetos y de la tasa de analfabetismo, que pasaría de 23,8% en 1990 a 17,2% en el año 2000. Esta tendencia se explica en gran medida por la evolución demográfica y el desarrollo de la escolarización en China, cuyo peso en el plano estadístico es preponderante en esta sub-región.

- En *Asia del Sur*, que también comprende países demográficamente importantes, un adulto de cada dos es analfabeto: a pesar de una disminución sensible entre 1985 y el año 2000, la tasa de analfabetismo (45,9%), será allí aún más elevada que en las otras regiones.

- *Africa del sub-Sahara* tendrá en 1990 cerca de 139 millones de analfabetos que representan más del 14% del total mundial. Con respecto a la población adulta de la región, y como en Asia del Sur, un adulto de cada dos es hoy analfabeto. Sin embargo, si las tendencias observadas en esta evaluación se confirman, la tasa de analfabetismo de esta región registrará la disminución más importante : 40,3% en el año 2000 contra 59,2% en 1985.

- Aunque los 61 millones de analfabetos de los *Estados árabes* constituyen solamente 6% del total mundial, ellos representan cerca del 50% de la población adulta de ese grupo de países. Esta tasa, como en Africa del sub-Sahara, debería disminuir sensiblemente hasta alcanzar el 38,0% en el año 2000.

- Finalmente, en el grupo de los países en desarrollo, *América Latina y el Caribe* tiene el menor número de analfabetos y la menor tasa de analfabetismo: ésta sólo alcanzaría el 11,5% en el año 2000.

- Las perspectivas para el año 2000 muestran que si bien las tasas de analfabetismo descenderán a un nivel relativamente menor en América Latina y el Caribe y en Asia del Este, la amplitud del problema persistirá en las otras regiones (Asia del Sur, Africa del sub-Sahara y Estados árabes).

Cuadro 1 : Población total y analfabeta de 15 y más años (en millones)

	\multicolumn{4}{c}{POBLACION DE 15 Y MAS AÑOS}	\multicolumn{4}{c}{ANALFABETOS}
	1970	1985	1990	2000	1970	1985	1990	2000
MUNDO	2 311.5	3 226.2	3 580.7	4 293.6	890.1	949.5	948.1	935.4
PAISES EN DESARROLLO	1 540.7	2 307.6	2 626.1	3 272.7	842.3	907.2	916.6	919.7
Africa del sub-Sahara	148.6	226.1	263.4	364.4	115.0	133.9	138.8	146.8
Estados árabes	67.6	107.5	125.4	172.7	49.7	58.6	61.1	65.6
América Latina/Caribe	164.0	252.1	286.9	362.7	43.0	44.6	43.9	41.7
Asia del Este	692.5	1 036.3	1 171.3	1 375.1	324.1	295.3	278.8	236.5
Asia del Sur	440.0	648.4	738.6	952.2	302.3	374.8	398.1	437.1
Países menos avanzados	135.2	212.3	245.4	333.4	104.8	138.4	148.2	170.1
PAISES DESARROLLADOS	770.8	918.6	954.6	1 020.9	47.8	42.3	31.5	15.7
CLASIFICACION POR CONTINENTE								
AFRICA	200.3	305.2	354.3	485.5	152.6	171.8	177.5	186.4
AMERICA	326.0	459.4	503.6	598.1	52.8	54.7	50.4	42.5
ASIA	1 253.9	1 846.8	2 088.7	2 538.3	652.0	694.4	699.7	695.5
EUROPA Y URSS	518.1	597.0	614.6	649.3	31.1	26.9	19.1	9.7
OCEANIA	13.1	17.8	19.4	22.3	1.5	1.7	1.4	1.2

Figura 1 : Países en desarrollo, población analfabeta de 15 y más años (en millones)

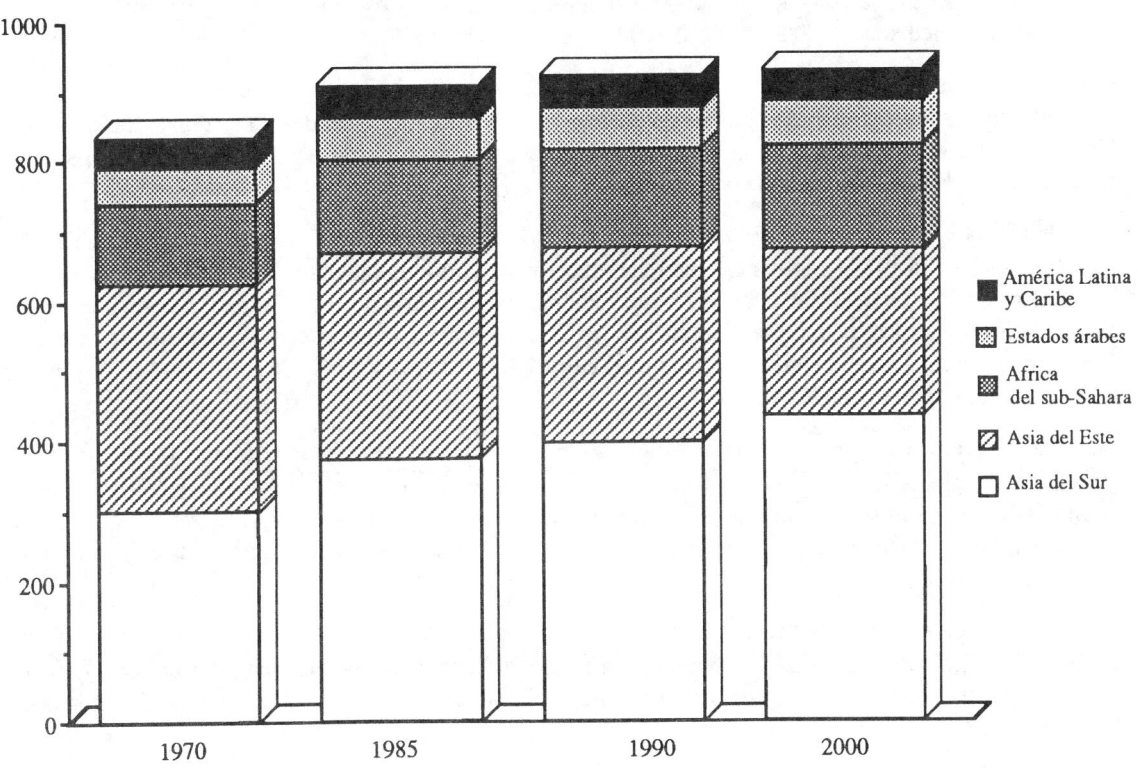

El analfabetismo según el sexo

- Invariablemente, las mujeres representan y seguirán representando la mayor parte de la población analfabeta. Si se consideran globalmente los países en desarrollo (veáse el Cuadro 2), la tasa de analfabetismo es de 45% para las mujeres contra 25,1% para los hombres en 1990. Sin embargo, la diferencia entre estas tasas varía según el grupo de países.

- La diferencia es menos importante en América Latina y el Caribe, donde la tasa femenina se acerca progresivamente de la tasa masculina.

- Aunque la tasa de analfabetismo es generalmente más baja en Asia del Este que en las otras regiones, excepto en América Latina y el Caribe, la diferencia entre las tasas por sexo es mayor : la tasa femenina (33,6%) representa más del doble de la tasa masculina (14,3%).

- En Africa del sub-Sahara, en los Estados árabes y en Asia del Sur, la tasa femenina de analfabetismo es hoy superior al 60%, mientras que la tasa masculina varía entre 35 y 41%. Si las proyecciones se confirman, en el año 2000 una mujer adulta de cada dos será analfabeta en estas tres regiones. En Asia del Sur, la proyección de la tasa femenina de analfabetismo para el año 2000 será aún superior a la tasa masculina observada hace 30 años en 1970.

El analfabetismo según la edad

El analfabetismo se manifiesta de una manera muy diferente, según la generación a quien afecta. El Cuadro 3 trata de ilustrar este fenómeno, presentando las tasas de analfabetismo por grupos de edad en los países en desarrollo. Los datos de base han sido clasificados en cuatro grupos de edad de tamaño diferente : 15-19 años, 20-24 años, 25-44 años, 45 y más años.

- Las tasas mas elevadas de analfabetismo se observan en las generaciones más viejas, debido a que no han tenido las mismas oportunidades de escolarización que se ofrecen desde un período relativamente reciente a las generaciones más jóvenes. Si no se realiza un esfuerzo intensivo en la educación de adultos que disminuya esta tendencia, la tasa de analfabetismo de los adultos de 45 y más años podría situarse a un nivel elevado hasta el año 2000, en particular en Africa del sub-Sahara, en los Estados árabes y en Asia del Sur. Las mujeres que pertenezcan a este grupo de edad estarán directamente afectadas por esta situación : la tasa de analfabetismo podría alcanzar alrededor del 80% en el año 2000.

- Durante los últimos veinte años se ha observado una disminución importante, y en algunos casos sustancial, de la tasa de analfabetismo en los grupos de edades 15-19 y 20-24; esta tendencia se mantendrá hasta el año 2000. Este resultado se debe al esfuerzo considerable que han desplegado desde 1960 la mayor parte de los países en favor de la escolarización en primaria.

- La figura 3 pone en evidencia no sólo la disminución de la tasa de analfabetismo prevista para la población de 15 a 19 años sino que hace resaltar también la reducción de la diferencia entre la tasa femenina y masculina. Las disminuciones son más marcadas en las tres regiones donde la tasa de analfabetismo, sobre todo femenina, era muy elevada en 1970. Así, por ejemplo, en los Estados árabes, la tasa de analfabetismo de la población femenina de 15 a 19 años disminuye de la mitad entre 1970 (70,5%) y 1990 (36,0%) y podría disminuír aún más (hasta 26,6%) en el año 2000.

- La tasa de analfabetismo de la población femenina de 15-19 años de Asia del Este (donde las disparidades por sexo de la tasa global 15 y más años son todavía importantes) ha disminuído rápidamente y debería alcanzar en el año 2000 casi el mismo nivel que la de América Latina y el Caribe. En lo que se refiere a la población masculina, la tasa de analfabetismo del grupo de edad 15-19 años ha sido siempre más baja en Asia del Este que en las otras regiones.

- En algunas regiones (Africa del sub-Sahara, Estados árabes, Asia del Sur), la proyección de la tasa de analfabetismo del grupo de edad 15-19 años para el año 2000 se mantiene elevada (más del 20%), lo cual es preocupante. Es posible que se produzca un cambio en esta tendencia como consecuencia de los planes y políticas educativos que serán elaborados dentro del programa de educación para todos.

Cuadro 2 : Tasas de analfabetismo por sexo (%)

	AMBOS SEXOS				MASCULINO				FEMENINO			
	1970	1985	1990	2000	1970	1985	1990	2000	1970	1985	1990	2000
MUNDO	38.5	29.4	26.5	21.8	30.4	21.9	19.4	15.4	46.5	36.9	33.6	28.2
PAISES EN DESARROLLO	54.7	39.3	34.9	28.1	42.2	28.9	25.1	19.7	67.4	50.1	45.0	36.8
Africa del sub-Sahara	77.4	59.2	52.7	40.3	67.5	47.4	41.0	29.8	86.8	70.5	63.9	50.4
Estados árabes	73.5	54.5	48.7	38.0	60.5	40.8	35.7	26.9	86.3	68.5	62.0	49.4
América Latina/Caribe	26.2	17.7	15.3	11.5	22.5	15.7	13.6	10.3	29.9	19.7	17.0	12.7
Asia del Este	46.8	28.5	23.8	17.2	32.7	18.0	14.3	10.0	61.3	39.3	33.6	24.6
Asia del Sur	68.7	57.8	53.9	45.9	55.2	44.4	40.9	33.8	83.1	72.1	67.8	58.8
Países menos avanzados	77.5	65.2	60.4	51.0	68.1	53.7	48.6	39.2	87.0	76.6	72.1	62.7
PAISES DESARROLLADOS	6.2	4.6	3.3	1.5	5.0	3.4	2.6	1.0	7.3	5.7	3.9	2.0
CLASIFICACION POR CONTINENTE												
AFRICA	76.2	56.3	50.1	38.4	65.3	44.2	38.3	28.1	86.6	68.0	61.5	48.4
AMERICA	16.2	11.9	10.0	7.1	14.0	10.8	9.2	6.5	18.3	13.0	10.8	7.7
ASIA	52.0	37.6	33.5	27.4	39.2	26.8	23.4	18.7	65.3	48.9	44.0	36.5
EUROPA Y URSS	6.0	4.5	3.1	1.5	4.3	3.4	2.3	1.0	7.5	5.5	3.8	2.0
OCEANIA	11.6	9.6	7.5	5.5	11.2	8.2	6.1	4.0	12.0	11.0	8.9	7.0

Figura 2 : Países en desarrollo, tasas de analfabetismo por sexo (%)

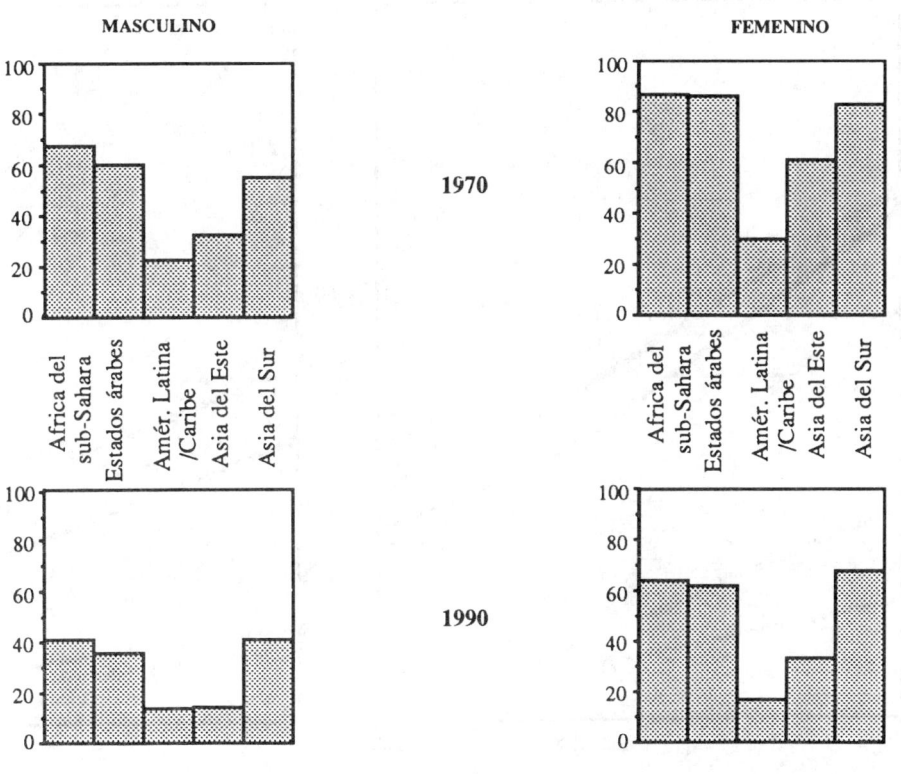

Cuadro 3 : Tasas de analfabetismo por grupo de edad en los países en desarrollo (%)

	Grupo de edad	TOTAL 1970	1990	2000	MASCULINO 1970	1990	2000	FEMENINO 1970	1990	2000
PAISES EN DESARROLLO	15-19	33.9	19.1	16.1	23.7	13.9	11.8	44.5	24.7	20.6
	20-24	39.8	21.5	17.8	28.2	15.3	13.0	52.1	28.0	22.8
	25-44	52.9	30.9	23.2	39.3	21.6	16.4	67.2	40.6	30.2
	45 +	74.4	57.0	45.9	62.2	42.6	32.3	86.4	71.3	59.2
Africa del sub-Sahara	15-19	61.8	35.9	26.4	49.9	28.5	20.9	73.5	43.3	31.9
	20-24	68.3	40.3	31.6	56.2	31.3	25.0	80.3	49.2	38.1
	25-44	79.8	55.5	42.4	69.0	43.2	32.7	90.1	67.2	51.8
	45 +	92.6	82.0	72.5	86.6	71.6	59.9	97.8	91.5	83.7
Estados árabes	15-19	54.6	27.7	20.6	39.3	19.8	14.9	70.5	36.0	26.6
	20-24	61.8	32.9	23.7	45.1	23.3	17.0	78.5	43.1	30.7
	25-44	73.9	48.5	35.2	58.5	34.3	24.7	88.8	63.3	46.2
	45 +	85.3	76.3	66.4	74.1	61.1	49.6	96.1	90.3	82.1
América Latina /Caribe	15-19	14.6	6.2	4.1	13.3	6.1	4.2	16.0	6.3	4.0
	20-24	17.6	7.6	5.1	15.8	7.3	5.1	19.4	8.0	5.0
	25-44	24.9	12.7	8.5	21.4	11.6	8.0	28.3	13.7	8.9
	45 +	37.3	27.5	21.4	31.0	23.1	18.2	43.3	31.5	24.3
Asia del Este	15-19	19.5	6.3	3.6	10.3	4.0	2.5	29.2	8.8	4.8
	20-24	25.5	8.5	4.7	14.0	5.1	3.1	37.9	12.2	6.4
	25-44	43.8	16.8	9.8	27.9	9.0	5.5	61.0	25.0	14.2
	45 +	78.0	51.8	36.2	63.5	34.1	20.9	91.6	69.4	51.3
Asia del Sur	15-19	56.7	37.7	29.4	42.7	26.8	20.7	72.0	49.5	38.6
	20-24	61.1	42.3	33.4	46.7	30.4	23.7	76.2	55.3	44.0
	25-44	69.2	53.1	44.1	55.4	39.7	32.0	83.9	67.7	57.2
	45 +	79.1	71.1	64.7	67.0	57.0	50.0	92.4	85.5	79.7

Figura 3 : Tasas de analfabetismo del grupo 15-19 años en los países en desarrollo (%)

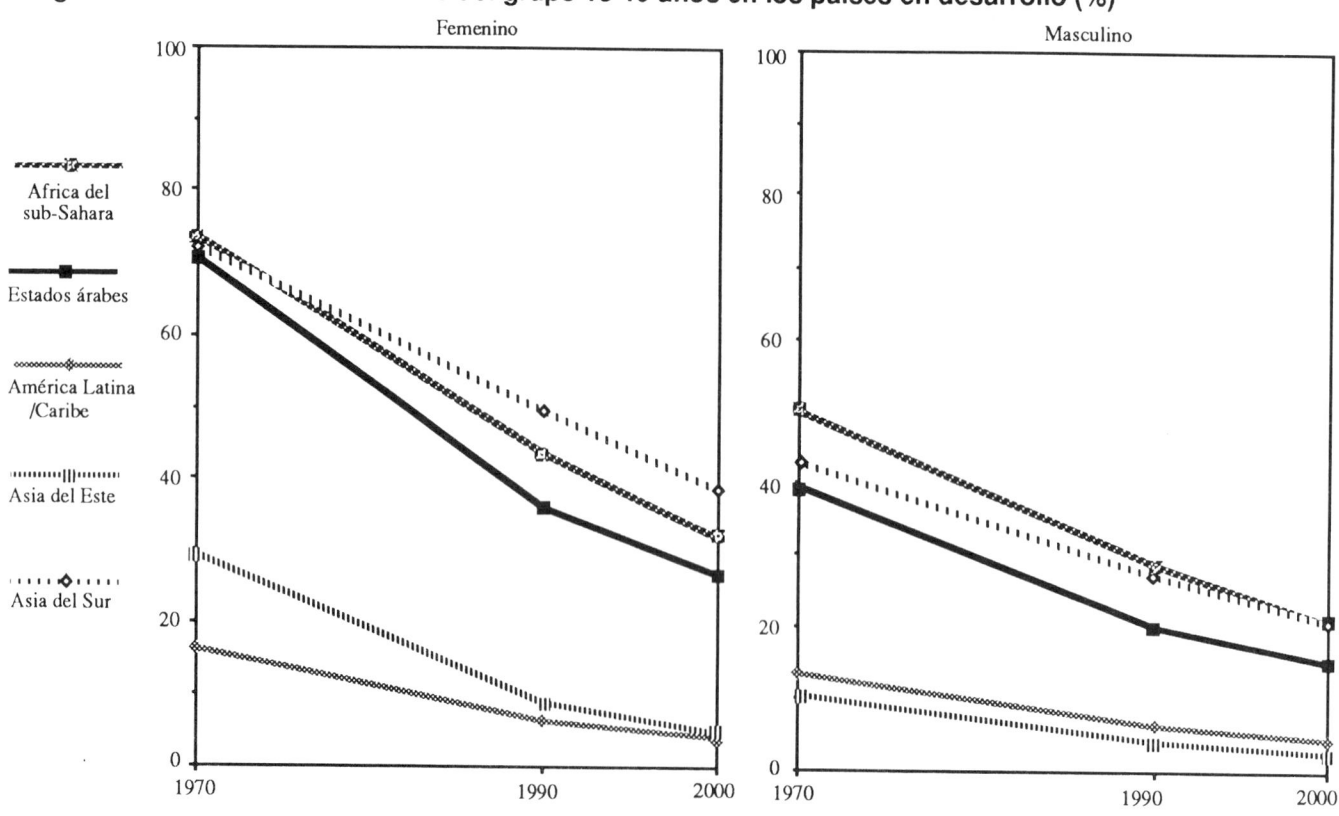

Tendencias y perspectivas por país

El cuadro 4 presenta las estimaciones y proyecciones realizadas por la Unesco de las tasas de analfabetismo por país para los años 1985, 1990 y 2000. Recordamos una vez más al lector el carácter condicional de estas proyecciones.

Para los países que disponían de las informaciones requeridas, la tasa global de analfabetismo fue determinada en base a un análisis de las tasas por generación demográfica. Al examinar la tasa de una cohorte de un censo a otro, se obtiene una curva relativamente estable : el ajuste de esta curva estadística permite obtener estimaciones y proyecciones satisfactorias de las tasas de analfabetismo.

Para aquellos países que no disponían de información suficiente, se estimó la tasa global de analfabetismo (15 y más años) sin tener en cuenta las tasas por generación. Con este fin, se efectuó un análisis previo utilizando los datos disponibles para todos los países para determinar las correlaciones más significativas entre el analfabetismo y otras variables socioeconómicas y educativas. Finalmente se optó por una regresión múltiple con tres variables explicativas: mortalidad infantil, índice de fecundidad y tasa de escolarización en la enseñanza primaria. Este procedimiento permitió estimar algunas tasas, pero como no todas son fiables sólo se han presentado algunas de ellas en este cuadro.

Se prevén disminuciones importantes de la tasa de analfabetismo en los países donde la escolarización aumentó rápidamente, pero también en los países donde se han realizado o están actualmente en curso campañas masivas de alfabetización. Estas campañas pueden modificar radicalmente las tasas de analfabetismo de algunas cohortes, pero por falta de información suficiente no se pudo reflejar el impacto de las campañas recientes en estas proyecciones. Por consiguiente, se prefirió no presentar las estimaciones para ciertos países como, por ejemplo, Etiopía, Nicaragua, República Unida de Tanzania, que han emprendido recientemente campañas masivas de alfabetización.

Los cuadros 5 y 6 muestran las diferencias importantes que existen entre los países en desarrollo con respecto al analfabetismo.

- De los 948 millones de analfabetos en el mundo en 1990, 705 millones (74,3%) se encuentran en 10 países: 6 en Asia, 3 en Africa y 1 en América Latina. Como era de esperarse, estos países son los más poblados de estas regiones;

- De los 10 países, la India y la China suman poco más de la mitad de la población analfabeta del mundo en 1990;

- En 7 de los 10 países la tasa de analfabetismo varía de 46% a 73%;

- En 1990, la tasa de analfabetismo es superior a 40% en 48 países, de los cuales 29 en Africa del sub-Sahara. Si persiste esta tendencia, 32 países, de los cuales 21 en Africa del sub-Sahara, seguirán en la misma situación en el año 2000;

- En 1990, 10 de los 14 países con una tasa de analfabetismo inferior al 10% son países de América Latina y el Caribe. En el año 2000, 16 de los 23 países en esta categoría serán de esta región;

- Ningún país de Africa del sub-Sahara, de los Estados árabes ni de Asia del Sur tienen una tasa de analfabetismo inferior al 10% en 1990.

Cuadro 4 : Estimaciones y proyecciones por país del analfabetismo de la población de 15 y más años
(M = masculino, F = femenino)

	POBLACION ANALFABETA (en millares)			TASAS DE ANALFABETISMO (%)								
	1985	1990	2000	1985			1990			2000		
				TOTAL	M	F	TOTAL	M	F	TOTAL	M	F
PAISES EN DESARROLLO												
Africa del sub-Sahara												
ANGOLA	3 117	3 221	3 395	64.3	50.4	77.4	58.3	44.4	71.5	46.6	33.6	59.1
BENIN *	1 754	1 904	2 251	81.3	74.0	88.3	76.6	68.3	84.4	65.8	56.3	74.8
BOTSWANA *	168	175	189	30.0	18.5	39.6	26.4	16.3	34.9	19.9	12.4	26.5
BURKINA FASO *	3 791	4 137	4 813	85.5	77.0	93.8	81.8	72.1	91.1	72.3	60.9	83.3
BURUNDI *	1 508	1 482	1 386	57.9	46.6	68.2	50.0	39.1	60.2	34.6	25.4	43.3
CAMERUN	2 911	2 912	2 858	52.0	38.9	64.4	45.9	33.7	57.4	34.0	24.3	43.4
CONGO	473	485	502	48.3	34.0	61.8	43.4	30.0	56.1	34.1	23.0	44.8
COTE D'IVOIRE	2 687	2 941	3 397	51.3	37.5	65.7	46.2	33.1	59.8	36.5	25.1	48.2
CHAD *	2 230	2 280	2 354	77.0	66.0	87.5	70.2	57.8	82.1	56.6	43.3	69.4
GABON	284	311	297	43.9	30.1	56.9	39.3	26.5	51.5	30.7	20.3	40.7
GAMBIA *	336	350	368	79.7	69.6	89.5	72.8	61.0	84.0	58.7	45.5	71.3
GHANA	3 316	3 258	2 974	47.2	36.3	57.8	39.7	30.0	49.0	26.4	19.5	33.2
GUINEA *	2 879	2 947	3 060	83.2	74.5	91.6	76.0	65.1	86.6	61.5	48.5	73.9
GUINEA - BISSAU *	368	367	370	69.8	56.6	81.9	63.5	49.8	76.0	50.9	37.6	63.4
GUINEA ECUATORIAL *	127	127	128	55.1	40.6	68.8	49.8	35.9	63.0	39.5	27.4	51.1
KENIA	3 473	3 728	4 360	35.0	22.9	46.8	31.0	20.2	41.5	23.8	15.4	32.0
LIBERIA	811	839	862	67.7	57.3	78.6	60.5	50.2	71.2	45.3	36.1	54.7
MADAGASCAR	1 309	1 305	1 303	23.1	14.2	31.6	19.8	12.3	27.1	14.5	9.0	19.7
MALI *	3 357	3 398	3 235	77.3	69.0	84.6	68.0	59.2	76.1	48.0	40.1	55.4
MAURITANIA *	715	740	785	72.5	60.2	84.2	66.0	52.9	78.6	53.1	39.7	65.9
MOZAMBIQUE *	5 593	5 880	6 377	72.4	60.6	83.6	67.1	54.9	78.7	55.4	43.4	66.9
NIGER *	2 558	2 683	2 945	78.5	67.9	88.7	71.6	59.6	83.2	57.7	44.5	70.6
NIGERIA	28 224	28 723	28 448	57.3	45.2	68.9	49.3	37.7	60.5	34.4	24.9	43.6
REP. CENTROAFRICANA *	1 014	1 028	1 062	68.5	55.0	80.7	62.3	48.2	75.1	49.9	36.5	62.4
RWANDA *	1 701	1 838	2 149	54.6	40.7	67.9	49.8	36.1	62.9	40.9	28.5	52.8
SENEGAL	2 433	2 525	2 672	67.9	54.6	80.7	61.7	48.1	74.9	49.5	36.3	62.2
SIERRA LEONA *	1 783	1 830	1 909	86.7	79.2	93.8	79.3	69.3	88.7	64.2	51.5	76.2
SOMALIA *	2 877	3 003	3 235	83.1	73.3	91.2	75.9	63.9	86.0	61.3	47.9	73.5
SUDAN *	9 040	10 061	12 541	75.6	60.7	90.3	72.9	57.3	88.3	66.9	50.4	83.3
TOGO *	1 015	1 070	1 173	62.1	48.6	74.9	56.7	43.6	69.3	45.6	33.9	56.8
UGANDA *	4 600	4 908	5 545	57.2	42.9	71.0	51.7	37.8	65.1	41.1	28.8	53.0
ZAIRE	5 641	5 466	4 919	34.1	20.6	46.8	28.2	16.4	39.3	18.3	10.1	26.3
ZAMBIA	1 172	1 170	1 127	32.6	23.3	41.3	27.2	19.2	34.7	18.2	12.6	23.6
ZIMBABWE	1 683	1 776	1 900	37.7	30.2	45.0	33.1	26.3	39.7	25.4	20.0	30.6

* Países pertenecientes al grupo de los países menos avanzados

Cuadro 4 : Estimaciones y proyecciones por país del analfabetismo de la población de 15 y más años (cont.)

	POBLACION ANALFABETA (en millares)			TASAS DE ANALFABETISMO (%)								
	1985	1990	2000	1985			1990			2000		
				TOTAL	M	F	TOTAL	M	F	TOTAL	M	F
Etats arabes												
ARABIA SAUDITA	2 689	2 897	3 293	42.1	30.6	57.5	37.6	26.9	51.9	29.3	20.4	40.6
ARGELIA	6 062	6 004	5 578	51.4	37.3	64.9	42.6	30.2	54.5	28.1	19.3	36.7
BAHREIN	78	79	74	27.1	21.5	36.7	22.6	17.9	30.7	15.4	12.3	20.7
EGIPTO	15 686	16 492	18 535	55.4	40.4	70.5	51.6	37.1	66.2	43.3	30.4	56.4
IRAQ	4 014	4 078	4 012	47.6	36.2	59.3	40.3	30.2	50.7	27.2	20.0	34.9
JAMAHIRIYA ARABE LIBIA	883	890	848	43.5	29.9	59.7	36.2	24.6	49.6	24.0	16.0	32.9
JORDANIA	470	442	378	25.8	14.3	38.0	19.9	10.7	29.7	11.6	5.8	17.7
KUWEIT	302	346	414	29.4	24.7	36.8	27.0	22.9	33.3	22.8	19.6	27.5
LIBANO	386	382	347	23.2	14.1	31.2	19.9	12.2	26.9	14.5	8.9	19.7
MARRUECOS	7 454	7 526	7 303	58.3	45.7	70.5	50.5	38.7	62.0	36.5	27.0	45.7
MAURITANIA *	715	740	785	72.5	60.2	84.2	66.0	52.9	78.6	53.1	39.7	65.9
QATAR	65	...	...	24.3	23.2	27.5	...	...	...	...	...	...
REP. ARABE SIRIA	2 218	2 304	2 435	40.9	25.8	56.5	35.5	21.7	49.2	25.5	15.3	35.9
SOMALIA *	2 877	3 003	3 235	83.1	73.3	91.2	75.9	63.9	86.0	61.3	47.9	73.5
SUDAN *	9 040	10 061	12 541	75.6	60.7	90.3	72.9	57.3	88.3	66.9	50.4	83.3
TUNEZ	1 858	1 762	1 497	42.4	32.2	52.7	34.7	25.8	43.7	22.5	16.0	29.1
YEMEN *	2 423	2 559	2 881	67.7	52.9	79.5	61.5	46.7	73.7	49.3	35.5	61.4
YEMEN DEMOCRATICO *	787	840	910	67.1	53.5	79.7	60.9	47.2	73.9	48.8	35.7	61.4
América Latina /Caribe												
ARGENTINA	1 097	1 065	976	5.2	4.9	5.6	4.7	4.5	4.9	3.7	3.6	3.8
BOLIVIA	985	923	780	27.5	19.1	35.5	22.5	15.3	29.3	14.2	9.4	18.8
BRASIL	18 533	18 407	17 395	21.5	19.7	23.3	18.9	17.5	20.2	14.2	13.4	15.0
COLOMBIA	2 761	2 702	2 532	15.3	14.2	16.3	13.3	12.5	14.1	9.9	9.6	10.2
COSTA RICA	136	139	133	8.2	8.4	8.0	7.2	7.4	6.9	5.3	5.7	5.0
CUBA	562	484	334	7.6	6.3	8.9	6.0	5.0	7.0	3.8	3.3	4.4
CHILE	648	603	518	7.8	7.4	8.1	6.6	6.5	6.8	4.8	4.9	4.8
ECUADOR	928	909	843	17.0	14.5	19.5	14.2	12.2	16.2	9.8	8.6	11.0
EL SALVADOR	803	787	780	31.2	27.4	34.7	27.0	23.8	30.0	19.8	17.4	21.9
GUATEMALA	2 072	2 253	2 685	48.1	40.0	56.2	44.9	36.9	52.9	38.5	31.1	45.9
GUYANA	28	25	18	4.6	3.3	5.9	3.6	2.5	4.6	2.1	1.5	2.7
HAITI *	1 847	1 858	1 812	52.1	45.7	58.1	47.0	40.9	52.6	37.2	32.3	41.7
HONDURAS	752	766	757	32.0	29.0	35.0	26.9	24.5	29.4	18.8	17.3	20.4
JAMAICA	30	27	20	2.0	2.2	1.8	1.6	1.8	1.4	1.0	1.3	0.9
MEXICO	7 175	7 066	6 488	15.3	12.5	18.0	12.7	10.5	14.9	9.0	7.5	10.5
PANAMA	185	187	180	13.6	13.5	13.8	11.9	11.9	11.8	9.1	9.2	9.0
PARAGUAY	255	252	239	11.7	9.1	14.2	9.9	7.9	11.9	7.0	5.8	8.2
PERU	2 111	2 025	1 800	18.0	10.5	25.5	14.9	8.5	21.3	10.0	5.5	14.5

* Países pertenecientes al grupo de los países menos avanzados

Cuadro 4 : Estimaciones y proyecciones por país del analfabetismo de la población de 15 y más años (cont.)

	POBLACION ANALFABETA (en millares)			TASAS DE ANALFABETISMO (%)								
	1985	1990	2000	1985			1990			2000		
				TOTAL	M	F	TOTAL	M	F	TOTAL	M	F
América Latina /Caribe (cont.)												
REPUBLICA DOMINICANA	759	744	690	19.6	17.8	21.5	16.7	15.2	18.2	12.1	11.3	12.9
SURINAME	17	13	7	7.3	6.9	7.6	5.1	4.9	5.3	2.1	2.3	2.0
URUGUAY	104	88	61	4.7	4.4	4.9	3.8	3.4	4.1	2.4	2.0	2.8
VENEZUELA	1 498	1 450	1 280	14.3	16.2	12.5	11.9	13.3	10.4	7.9	8.7	7.1
Asia del Este												
CAMBOYA	3 498	3 479	3 213	71.2	58.7	83.4	64.8	51.8	77.6	52.0	38.9	64.9
CHINA	236 741	223 727	188 263	31.8	19.6	44.7	26.7	15.9	38.2	19.7	10.9	29.0
FILIPINAS	3 993	3 852	3 561	12.3	11.8	12.7	10.3	10.0	10.5	7.2	7.3	7.1
INDONESIA	28 810	26 970	22 758	28.2	19.6	36.5	23.0	15.9	32.0	15.5	10.5	20.4
MALASIA	2 500	2 391	2 116	26.0	16.8	35.0	21.6	13.5	29.6	14.9	8.9	20.8
MYANMAR *	5 017	5 069	5 027	22.0	12.3	31.4	19.4	10.9	27.7	15.1	8.7	21.3
REP. DE COREA	1 524	1 185	702	5.3	1.7	8.9	3.7	0.9	6.5	1.9	0.3	3.5
TAILANDIA	3 049	2 627	1 871	9.3	5.3	13.3	7.0	3.9	10.1	4.0	2.2	5.8
VIET NAM	5 563	5 061	4 654	15.6	10.4	20.3	12.4	8.0	16.4	8.7	5.5	11.7
Asia del Sur												
AFGANISTAN *	6 414	6 781	8 969	75.9	62.0	90.7	70.6	55.9	86.1	59.1	44.0	74.8
BANGLADESH *	37 226	41 961	52 164	67.8	55.5	81.0	64.7	52.9	78.0	58.3	45.8	71.6
BUTAN *	553	564	565	67.8	55.2	81.1	61.6	48.7	75.4	49.4	37.0	62.8
INDIA	266 395	280 732	298 498	55.9	41.8	70.9	51.8	38.2	66.3	43.7	31.5	56.8
IRAN, REP. ISL. DE	14 155	14 604	14 421	52.3	40.9	63.7	46.0	35.5	56.7	34.0	25.6	42.7
NEPAL *	7 575	8 229	9 695	77.6	66.2	89.3	74.4	62.4	86.8	66.7	54.0	80.0
PAQUISTAN	39 411	43 459	51 902	69.0	56.9	82.3	65.2	52.7	78.9	56.4	43.8	70.2
SRI LANKA	1 373	1 347	1 199	13.3	7.6	19.1	11.6	6.6	16.5	8.5	4.8	12.1
Otros países en desarrollo												
PAPUA NVA. GUINEA	1 093	1 119	1 134	53.3	39.8	68.0	48.0	35.1	62.2	38.1	26.7	50.3
TURQUIA	7 689	7 046	7 459	24.0	12.4	35.7	19.3	10.3	28.9	16.4	8.5	24.5
YUGOSLAVIA	1 614	1 342	942	9.2	3.5	14.6	7.3	2.6	11.9	4.7	1.3	7.9
PAISES DESARROLLADOS												
ESPAÑA	1 697	1 440	1 063	5.7	3.1	8.0	4.6	2.6	6.6	3.2	1.9	4.4
GRECIA	672	548	338	8.6	3.2	13.6	6.8	2.4	10.9	4.0	1.5	6.4
ITALIA	1 700	1 378	966	3.7	2.7	4.5	2.9	2.2	3.6	2.0	1.6	2.5
PORTUGAL	1 429	1 215	829	18.4	13.6	22.8	15.0	11.2	18.5	9.7	6.8	12.3

* Países pertenecientes al grupo de los países menos avanzados

Cuadro 5: Distribución de los países en desarrollo según sus tasas de analfabetismo y su número de analfabetos

Número de analfabetos / Tasa de analfabetismo	Año	Menos de 10%	10% a 20%	20% a 30%	30% a 40%	40% a 50%	50% y más	Total de los países
Menos de 500 mil	1990	9	5	3	1	4	2	24
	2000	11	6	1	4	-	3	25
500 mil a 2 millones	1990	4	7	4	4	3	10	32
	2000	9	6	4	5	5	1	30
2 millones a 5 millones	1990	1	2	1	4	3	13	24
	2000	3	3	5	3	5	8	27
5 millones a 10 millones	1990	-	2	3	1	2	4	12
	2000	-	2	2	1	2	3	10
10 millones y más	1990	-	1	2	-	2	5	10
	2000	-	3	-	2	2	3	10
Total de los países	1990	14	17	13	10	14	34	102
	2000	23	20	12	15	14	18	102

Cuadro 6: Países con 10 millones y más de analfabetos de 15 y más años en 1990

País	Tasa de analfabetismo (%)	Número de analfabetos (millones)	Proporción del Total Mundial (%)	(cum. %)
India	51.8	281	29.6	29.6
China	26.7	224	23.6	53.2
Pakistán	65.2	43	4.5	57.7
Bangladesh	64.7	42	4.4	62.1
Nigeria	49.3	29	3.1	65.2
Indonesia	23.0	27	2.8	68.0
Brasil	18.9	18	1.9	69.9
Egypto	51.6	16	1.7	71.6
Iran	46.0	15	1.6	73.2
Sudán	72.9	10	1.1	74.3
Sub-total (10 países)		705	74.3	
Total Mundial		948	100	

PART TWO : ILLITERACY BY COUNTRY, CENSUSES AND SURVEYS SINCE 1960

The data presented in Table 7 have been derived from censuses and surveys carried out over the last 30 years. They are classified by age group which permits an over-view of illiteracy rates by age. In many cases, data referring to urban and rural population are also presented.

Many results of censuses carried out over the last few years as part of the 1990 cycle of demographic censuses are not as yet available. Some censuses have only just taken place or are planned to be carried out very soon. Obviously it can be queried to what extent illiteracy rates calculated from censuses carried out at least 10 years ago can be considered as relevant. When, in each country, the illiteracy rate of *the same cohort* is followed from one census to another there is generally little change : decreases in the rate are insignificant and usually only occur in the younger ages. The figures given for specific cohorts can thus be considered as being relatively stable over time and therefore of continuing relevance.

Nevertheless, in most countries the global illiteracy rate, aged 15 years and over, decreases over time as the younger, more literate cohorts are included and the older, less literate cohorts disappear due to death. It should be underlined that in countries where mass literacy campaigns have been undertaken, illiteracy rates for some cohorts can be completely changed. If the figures shown for these countries in Table 7 refer to a date previous to the literacy campaign, their relevance is obviously very limited.

DEUXIEME PARTIE: L'ANALPHABETISME PAR PAYS, RECENSEMENTS ET ENQUETES DEPUIS 1960

Les statistiques présentées dans le Tableau 7 ci-après ont été tirées des recensements et enquêtes menés durant ces trente dernières années. Elles sont classées par groupes d'âge, ce qui permet d'avoir une vue globale du profil des taux d'analphabétisme par âge. Dans beaucoup de cas, les données relatives aux populations urbaines et rurales sont également présentées.

Les résultats des recensements entrepris ces dernières années dans le cadre du cycle 1990 de recensements démographiques ne sont pas encore tous connus. Certains recensements viennent d'être réalisés ou doivent l'être incessamment. Dans ces conditions on peut évidemment se demander si les taux d'analphabétisme tirés de recensements datant de dix ans et plus peuvent toujours être considérés comme pertinents. Lorsqu'on suit dans les différents pays le taux d'analphabétisme *d'une même cohorte* d'un recensement à un autre, on observe en général peu de changement: la diminution du taux est assez faible et se manifeste principalement dans les âges les plus jeunes. Les chiffres présentés pour des cohortes spécifiques peuvent donc être considérés comme relativement stables au cours du temps et, ainsi, d'une pertinence continue.

Néanmoins, dans la plupart des pays le taux global d'analphabétisme de la population âgée de 15 ans et plus aura tendance à baisser car des cohortes plus jeunes et plus alphabétisées seront rajoutées et les cohortes plus vieilles, moins alphabétisées, disparaîtront pour cause de décès. Il faut aussi souligner que dans les pays où des campagnes massives d'alphabétisation ont été entreprises, les taux d'analphabétisme de certaines cohortes peuvent être radicalement modifiés. Si, pour les pays en question, les chiffres présentés dans ce tableau se réfèrent à une période antérieure aux campagnes d'alphabétisation, il est clair que leur pertinence devient très limitée.

■ SEGUNDA PARTE : EL ANALFABETISMO POR PAIS, CENSOS Y ENCUESTAS DESDE 1960

Las estadísticas presentadas en el Cuadro 7 a continuación provienen de censos y encuestas efectuados durante los últimos treinta años. La clasificación por grupos de edad facilita la observación global de la curva de la tasa de analfabetismo por edad. En muchos casos, los datos relativos a las poblaciones urbanas y rurales han sido incluídos también.

Los resultados de los censos realizados en estos últimos años dentro del ciclo de censos demográficos para 1990 no son todavía conocidos. Algunos de ellos han sido realizados recientemente o lo serán dentro de poco. Conviene, entonces, preguntarse si las tasas de analfabetismo que provienen de censos realizados hace diez años o más son todavía pertinentes. Si se examina la tasa de analfabetismo *de una misma cohorte* de un censo a otro en diferentes países, en general se observa que ha habido poco cambio : la disminución de la tasa es bastante ligera y se manifiesta principalmente en las cohortes más jóvenes. Los datos relativos a una cohorte específica serán entonces relativamente estables a través del tiempo y, de hecho, pertinentes.

No obstante, en la mayoría de los países la tasa global de analfabetismo de la población de 15 y más años ira disminuyendo, debido a que se agregarán cohortes más jóvenes y más alfabetas mientras que las cohortes de más edad y menos alfabetas desaparecerán por causa de deceso. Deberá insistirse asimismo que, en aquellos países donde se han emprendido campañas masivas de alfabetización puede haber un cambio radical de las tasas de analfabetismo de algunas cohortes. Si para estos países los datos presentados en el cuadro se refieren a un período que precede a las campañas de alfabetización, es obvio que la pertinencia de estas estadísticas será muy limitada.

Table 7 : Illiteracy by country
(censuses and surveys since 1960)

Tableau 7 : L'analphabétisme par pays
(recensements et enquêtes depuis 1960)

Cuadro 7 : El analfabetismo por país
(censos y encuestas desde 1960)

country (or territory) and year of census or survey / pays (ou territoire) et année du recensement ou de l'enquête / país (o territorio) y año del censo o de la encuesta	age group / groupe d'âge / grupo de edad	illiterate population — total	male masculine masculina	female féminine femenina	% total	% male masculin masculino	% female féminin femenino
AFRICA							
Algeria							
1966 Total population	15+	5 165 100	2 199 500	2 965 600	81.2	70.1	92.0
	10-14	764 200	312 700	451 500	49.0	38.2	60.9
	15-19	662 900	250 100	412 800	60.7	45.4	76.1
	20-24	615 200	240 200	375 000	75.2	60.6	89.0
	25-34	1 264 200	518 600	745 600	83.0	70.8	94.3
	35-44	927 800	407 500	520 300	86.7	76.7	96.4
	45-54	676 400	312 200	364 200	89.8	81.9	97.9
	55-64	519 800	247 300	272 500	91.7	85.2	98.4
	65+	498 800	223 600	275 200	93.5	87.8	98.7
1971 Total population	15+	4 656 715	1 735 230	2 921 485	73.6	58.2	87.4
	15-24	1 135 750	377 615	758 135	52.8	35.4	69.7
	25-34	1 015 805	336 385	679 420	77.1	58.6	91.5
	35-44	884 170	333 760	550 410	83.8	69.0	96.3
	45-54	627 200	256 165	371 035	88.2	76.6	98.5
	55-64	516 005	224 840	291 165	90.2	80.6	99.2
	65+	477 785	206 465	271 320	92.2	84.1	99.6
Urban population	15+	1 253 490	427 735	825 755	58.8	42.0	74.2
	15-24	216 720	55 160	161 560	30.1	15.8	43.5
	25-34	287 315	84 385	202 930	61.0	39.0	79.7
	35-44	265 650	97 020	168 630	72.2	53.6	90.2
	45-54	189 560	73 290	116 270	80.7	64.6	95.8
	55-64	155 855	64 120	91 735	85.4	72.0	98.0
	65+	138 390	53 760	84 630	90.1	78.8	99.1
Rural population	15+	3 403 225	1 307 495	2 095 730	81.1	66.5	94.0
	15-24	919 030	322 455	596 575	64.2	45.0	83.4
	25-34	728 490	252 000	476 490	86.1	70.4	97.7
	35-44	618 520	236 740	381 780	90.1	78.3	99.3
	45-54	437 640	182 875	254 765	91.9	82.7	93.7
	55-64	360 150	160 720	199 430	92.4	84.6	99.8
	65+	339 395	152 705	186 690	93.1	86.1	99.8
1982 Total population	15+	5 880 350	2 297 347	3 583 003	55.3	42.7	68.3
	15-19	571 397	146 489	424 908	22.8	11.5	34.5
	20-24	588 031	192 407	395 624	34.4	21.0	49.9
	25-29	587 513	177 264	410 249	47.7	29.0	66.2
	30-59	3 234 237	1 277 426	1 956 811	77.1	63.9	89.0
	60+	899 172	503 761	395 411	90.8	86.1	97.4
1987 Total population	15+	6 373 688	2 320 756	4 052 932	50.4	36.6	64.2
	10-14	389 023	78 799	310 224	13.6	5.4	22.4
	15-19	516 984	134 540	382 444	20.9	10.8	31.2
	20-24	683 474	190 255	493 219	31.0	17.1	45.1
	25-34	1 376 076	456 524	919 552	45.4	29.4	62.3
	35-44	1 105 553	401 337	704 216	62.8	45.7	80.0
	45-54	1 095 957	438 841	657 116	80.7	67.2	93.1
	55-64	804 780	340 991	463 789	86.0	75.2	96.1
	65+	790 864	358 268	432 596	88.5	81.1	95.8

Table 7

country (or territory) and year of census or survey	age group	illiterate population total	male	female	percentage of illiterates total	male	female
Algeria (contd.)							
1987 Habitat agglomere	15+	4 000 189	1 368 739	2 631 450	42.9	29.5	56.2
	10-14	127 623	22 613	105 010	6.3	2.2	10.6
	15-19	217 437	47 763	169 674	12.0	5.3	18.7
	20-24	355 623	85 268	270 355	21.8	10.5	33.1
	25-34	811 766	235 195	576 571	36.1	20.4	52.5
	35-44	730 663	243 111	487 552	55.9	37.4	74.2
	45-54	761 343	289 662	471 681	76.6	60.9	91.0
	55-64	559 961	226 856	333 105	83.1	70.2	95.1
	65+	563 396	240 884	322 512	86.7	77.6	95.1
Habitat epars	15+	2 373 499	952 017	1 421 482	71.2	55.8	87.2
	10-14	261 400	56 186	206 214	32.3	13.4	53.0
	15-19	299 547	86 777	212 770	45.3	25.2	66.9
	20-24	327 851	104 987	222 864	57.5	35.7	80.8
	25-34	564 310	221 329	342 981	72.5	55.3	90.7
	35-44	374 890	158 226	216 664	82.7	69.4	96.1
	45-54	334 614	149 179	185 435	91.8	84.3	98.8
	55-64	244 819	114 135	130 684	93.2	87.6	98.8
	65+	227 468	117 384	110 084	93.4	89.6	97.8
Benin 1)							
1961 Total population	15+	1 068 496	483 791	584 705	95.4	92.3	98.2
1979 Total population	15+	1 418 051	563 351	854 700	83.5	74.8	90.5
	10-14	170 516	73 035	97 481	52.5	41.1	66.1
	15-19	159 265	57 505	101 760	64.5	49.9	77.2
	20-24	190 852	56 197	134 655	75.8	59.6	85.5
	25-29	203 083	67 543	135 540	81.3	68.6	89.6
	30+	864 851	382 106	482 745	91.1	85.9	95.7
Urban population	15+	467 463	172 377	295 086	69.0	55.8	80.0
	10-14	55 569	21 019	34 550	37.4	27.0	48.8
	15-19	53 034	18 062	34 972	45.5	31.4	59.0
	20-24	63 333	18 218	45 115	57.3	38.8	70.9
	25-29	66 422	20 439	45 983	65.9	48.5	78.4
	30+	284 674	115 658	169 016	81.4	71.3	90.1
Rural population	15+	950 588	390 974	559 614	93.2	88.0	97.2
	10-14	114 947	52 016	62 931	65.1	52.0	82.2
	15-19	106 231	39 443	66 788	81.5	68.3	92.1
	20-24	127 519	37 979	89 540	90.4	80.4	95.4
	25-29	136 661	47 104	89 557	91.7	83.6	96.7
	30+	580 177	266 448	313 729	96.8	94.2	99.1
Botswana 2)							
1964 Resident population	15+	182 913	84 422	98 491	67.3	69.9	65.2
	10-14	37 730	21 946	15 784	59.0	67.3	50.3
	15-19	24 928	14 118	10 810	51.5	60.3	43.3
	20-24	18 918	7 967	10 951	55.9	61.5	52.4
	25-34	35 888	14 973	20 915	62.6	66.1	60.2
	35-44	32 771	14 580	18 191	69.1	69.8	68.6
	45-54	28 066	13 568	14 498	77.1	75.5	78.6
	55-64	20 050	9 733	10 317	83.0	80.2	85.9
	65+	22 292	9 483	12 809	91.4	87.7	94.4
1971 Total population	15+	182 944	83 011	99 933	59.0	63.1	56.0
	10-14	34 465	19 027	14 918	46.0	51.7	39.2
	15-19	21 886	11 334	10 552	39.6	46.3	34.2
	20-24	15 357	6 022	9 335	40.7	45.2	38.2
	25-34	31 223	12 771	18 452	53.4	55.9	51.9
	35-44	27 128	13 002	14 126	58.3	65.7	52.8
	45-54	27 210	12 792	14 418	71.8	72.8	71.0
	55-64	20 490	9 503	10 987	80.4	81.3	79.6
	65+	39 650	17 587	22 063	81.7	80.4	82.7
Burkina Faso							
1975 Total population	15+	2 803 440	1 272 593	1 530 847	91.2	85.3	96.7
	10-14	543 329	277 378	265 951	83.6	79.2	88.8
	15-19	459 118	217 592	241 526	84.4	77.3	92.0
	20-24	357 104	145 652	211 452	86.9	77.8	94.6
	25-34	693 730	282 038	411 692	91.7	84.9	97.3
	35-44	497 851	222 574	275 277	93.7	88.4	98.4
	45-54	360 700	175 243	185 457	95.0	91.2	98.9
	55-59	114 883	61 438	53 445	94.8	91.4	99.1
	60+	320 054	168 056	151 998	96.6	94.4	99.2

Table 7

country (or territory) and year of census or survey	age group	illiterate population total	male	female	percentage of illiterates total	male	female
Burkina Faso (contd.)							
1975 Urban population	15+	184 018	73 990	110 028	68.5	55.2	81.9
	10-14	27 304	11 511	15 793	42.2	35.1	49.6
	15-19	25 997	11 301	14 696	49.0	40.3	58.8
	20-24	23 947	8 976	14 971	57.8	43.5	72.0
	25-34	49 509	17 720	31 789	71.2	54.7	85.5
	35-44	35 904	14 556	21 348	76.3	60.9	92.3
	45-54	22 537	10 050	12 487	81.6	69.3	95.3
	55-59	7 520	3 516	4 004	83.1	71.8	96.5
	60+	18 604	7 871	10 733	89.6	80.6	97.7
Rural population	15+	2 619 422	1 198 603	1 420 819	93.3	88.3	98.0
	10-14	516 025	265 867	250 158	88.2	83.7	93.5
	15-19	433 121	206 291	226 830	88.2	81.4	95.4
	20-24	333 157	136 676	196 481	90.2	82.0	96.9
	25-34	644 221	264 318	379 903	93.8	87.9	98.4
	35-44	461 947	208 018	253 929	95.4	91.3	99.0
	45-54	338 163	165 193	172 970	96.1	93.0	99.2
	55-59	107 363	57 922	49 441	95.8	92.9	99.3
	60+	301 450	160 185	141 265	97.1	95.2	99.4
Cameroon 3) 4)							
1976 Total population	15+	2 360 088	863 884	1 496 204	58.8	45.4	70.9
	10-14	171 609	74 925	96 684	21.5	17.8	25.6
	15-24	384 887	119 686	265 201	31.2	20.4	40.9
	25-34	519 516	155 797	363 719	56.9	38.0	72.3
	35-44	528 584	185 763	342 821	70.0	52.6	85.4
	45-54	414 896	168 927	245 969	78.6	64.6	92.3
	55-64	278 841	125 418	153 423	85.4	75.9	95.1
	65+	233 364	108 293	125 071	90.5	84.9	95.9
Cape Verde							
1960 Total population	10+	93 062	34 760	58 302	73.1	61.2	82.8
	10-19	19 902	8 627	11 275	69.6	62.6	76.3
	20-29	22 611	8 488	14 123	72.6	61.1	81.8
	30-39	15 186	5 711	9 475	71.6	58.9	82.3
	40-49	12 125	4 499	7 626	71.3	57.0	83.7
	50-59	12 161	4 542	7 619	77.0	64.0	87.6
	60-69	5 824	1 667	4 157	80.3	64.5	89.0
	70+	5 253	1 226	4 027	83.7	64.5	92.1
1970 Total population	14+	134 633	...	...	63.1	...	...
Central African Republic							
1975 Total population	15+	...	...	...	73.0	67.0	85.0
Chad 5)							
1963 African population	15+	1 296 550	525 230	771 320	94.4	87.9	99.4
	15-19	...	56 500	...	...	75.3	...
	20-29	...	128 720	...	...	90.7	...
	30-34	...	142 790	...	...	89.2	...
	35-44	...	104 400	...	...	90.4	...
	45-54	...	54 160	...	...	90.7	...
	55-64	...	28 820	...	...	87.3	...
	65+	...	9 840	...	...	80.7	...
Comoros							
1966 Total population	15+	59 080	22 650	36 430	41.6	33.9	48.3
	15-19	9 000	4 020	4 980	35.6	32.1	39.0
	20-24	6 585	2 630	3 955	38.7	35.1	41.4
	25-34	14 000	4 800	9 200	41.2	32.8	47.5
	35-44	9 895	3 260	6 635	41.1	30.2	50.1
	45-59	10 005	3 760	6 245	44.6	34.5	54.2
	60+	9 595	4 180	5 415	49.6	40.2	60.5
1980 Total population	15+	88 780	36 429	52 351	52.1	44.0	60.0
	10-14	4 741	2 194	2 547	24.4	21.2	28.1
	15-19	10 079	3 835	6 244	33.4	26.2	40.0
	20-24	10 792	4 037	6 755	44.4	36.5	51.1
	25-34	20 405	7 826	12 579	52.5	43.9	59.7
	35-44	17 428	7 265	10 163	57.8	48.7	66.6
	45-54	12 007	5 346	6 661	60.5	52.0	70.0
	55-64	8 281	3 715	4 566	63.1	54.0	73.1
	65+	9 788	4 405	5 383	70.4	61.6	79.6

Table 7

country (or territory) and year of census or survey			age group	illiterate population			percentage of illiterates		
				total	male	female	total	male	female
Egypt									
	1960	Total population	15+	10 905 700	4 349 410	6 556 290	74.2	60.0	87.9
			10-14	1 788 122	779 270	1 008 852	57.8	48.5	68.1
			15-19	1 317 175	557 670	759 505	61.7	50.5	73.7
			20-24	1 154 682	468 332	686 350	65.0	51.5	79.3
			25-34	2 551 864	918 411	1 633 453	72.2	55.6	86.8
			35-44	2 287 478	930 715	1 356 763	77.0	62.3	91.7
			45-54	1 722 477	707 043	1 015 434	81.5	67.5	95.2
			55-64	1 084 165	445 773	638 392	83.9	70.2	97.1
			65+	787 859	321 466	466 393	89.1	78.0	98.7
	1976	Total population	10+	15 611 162	6 201 496	9 409 666	56.5	43.2	71.0
		Urban population	10+	4 981 655	1 867 155	3 114 500	39.7	28.5	51.8
		Rural population	10+	10 629 507	4 334 341	6 295 166	70.6	55.5	86.9
	1976	Total population	15+	13 317 501	5 051 502	8 265 999	61.8	46.4	77.6
			15-19	1 817 203	757 342	1 059 861	46.6	36.1	58.7
			20-24	1 564 243	564 773	999 470	52.1	38.2	65.6
			25-34	2 825 314	984 057	1 841 257	59.8	42.5	76.5
			35-44	2 602 651	957 244	1 645 407	67.1	49.5	84.7
			45-54	2 090 345	797 933	1 292 412	71.0	53.5	89.0
			55-64	1 375 302	563 614	811 688	75.2	59.4	92.2
			65+	1 042 443	426 539	615 904	82.0	68.4	95.2
Ethiopia									
	1970	Total population	15+	9 120 600	4 359 000	4 761 600	95.8	91.7	99.8
			15-19	1 275 300	647 200	628 100	93.2	87.9	99.3
			20-24	1 127 800	460 500	667 300	95.2	89.2	99.8
			25-34	2 654 900	1 132 700	1 522 200	96.0	91.3	99.9
			35-44	1 904 200	938 600	965 600	96.5	93.3	99.9
			45-54	1 076 900	556 700	520 200	96.4	93.3	99.9
			55-64	607 500	350 200	257 300	96.9	94.6	99.9
			65+	474 000	273 100	200 900	97.0	95.0	99.9
	1970	Total population	10+	16 137 500	...	...	87.2	...	...
		Urban population	10+	1 040 000	...	...	52.0	...	...
		Rural population	10+	15 097 500	...	...	91.5	...	...
	1983	Total population	10+	8 500 000	...	...	37.6	...	...
Gabon [6]									
	1960	African population	15+	271 629	105 404	166 225	87.6	77.8	95.2
			15-19	12 577	3 418	9 157	54.8	33.0	72.7
			20-29	51 382	16 611	34 771	76.8	57.4	91.7
			30-39	71 189	25 855	45 334	91.6	82.6	97.6
			40-49	66 013	29 388	36 626	94.7	89.9	99.0
			50-59	38 164	17 084	21 081	96.3	92.5	99.5
			60+	32 304	13 048	19 256	97.4	94.6	99.3
Ghana									
	1960	Total population	6+	...	...	...	73.0	63.3	83.3
			6-14	...	...	...	56.3	46.7	66.7
	1970	Total population	15+	3 293 320	1 285 320	2 008 000	69.8	56.9	81.6
			15-19	311 840	115 740	196 100	38.5	27.9	49.6
			20-24	379 980	110 620	269 360	55.7	36.1	71.8
			25-34	862 520	291 440	571 080	71.2	53.4	85.7
			35-44	679 880	274 100	405 780	81.4	68.5	93.2
			45-54	488 580	224 140	264 440	87.9	80.2	95.7
			55-64	274 860	130 420	144 440	89.8	83.5	96.4
			65+	295 660	138 860	156 800	92.8	87.9	97.7
Guinea									
	1965	Total population	15+	1 665 000	724 000	941 000	91.4	86.0	96.0
			5-14	557 000	227 000	330 000	67.8	50.0	90.0
			15-59	1 648 000	714 000	934 000	91.4	86.0	96.0
			60+	17 000	10 000	7 000	94.4	91.0	100.0
Guinea - Bissau									
	1979	Total population	15+	342 393	130 922	211 471	80.0	66.7	91.4
			10-14	37 342	14 717	22 625	46.0	33.1	61.4
			15-19	40 904	11 824	29 080	56.8	34.7	76.6
			20-24	42 807	11 729	31 078	71.8	48.2	88.2
			25-34	87 539	27 744	59 795	81.8	63.8	94.1
			35-44	64 244	25 068	39 176	87.9	77.5	96.2
			45-54	44 366	20 080	24 286	91.6	86.0	96.8
			55-64	29 199	15 564	13 635	92.0	87.8	97.2
			65+	33 334	18 913	14 421	93.0	89.8	97.7

Table 7

country (or territory) and year of census or survey		age group	illiterate population			percentage of illiterates		
			total	male	female	total	male	female
Lesotho [7]								
1966	Total population	15+	197 849	101 690	96 159	41.4	56.0	32.4
		10-14	64 280	42 420	21 860	53.0	69.8	36.1
		15-19	23 551	18 713	4 838	26.8	47.2	10.0
		20-24	11 864	7 381	4 483	22.2	45.0	12.1
		25-34	26 404	14 760	11 644	28.8	50.3	18.7
		35-44	25 593	14 001	11 592	36.1	51.9	26.4
		45-54	37 078	18 432	18 646	50.6	60.3	43.7
		55-64	27 700	12 632	15 068	63.2	68.7	59.2
		65+	45 659	15 771	29 888	80.2	78.3	81.2
Liberia								
1962	Total population	15+	581 578	266 494	315 084	91.1	86.1	95.8
		10-14	71 768	39 254	32 514	91.3	90.3	92.6
		15-19	70 040	29 707	40 333	84.1	75.7	91.6
		20-24	73 109	26 055	47 054	86.7	75.0	94.9
		25-34	161 944	64 777	97 167	91.3	84.2	96.9
		35-44	118 648	58 837	59 811	92.7	89.4	96.1
		45-54	73 965	40 959	33 006	94.2	92.1	96.8
		55-64	44 604	24 968	19 636	95.6	94.5	97.1
		65+	39 268	21 191	18 077	96.9	96.4	97.6
1974	Total population	10+	831 004	372 539	458 465	79.0	70.4	87.8
1974	Total population	15+	714 502	313 658	400 844	80.4	71.0	89.7
		10-14	116 498	58 879	57 619	71.3	67.3	76.0
		15-19	98 922	35 827	63 095	62.2	47.4	75.6
		20-24	85 238	26 942	58 296	70.1	49.5	86.9
		25-34	185 810	69 885	115 925	82.4	69.3	93.1
		35-44	139 183	66 629	72 554	86.8	79.8	94.5
		45-54	93 454	49 980	43 474	90.5	86.5	95.6
		55-64	59 126	33 639	25 487	93.3	91.2	96.3
		65+	52 769	30 756	22 013	95.0	93.9	96.5
	Urban population	15+	153 731	66 816	86 905	59.5	47.5	73.7
		10-14	23 581	11 813	11 768	47.3	44.1	51.0
		15-19	22 852	7 230	15 622	42.2	27.4	56.1
		20-24	24 988	7 703	17 285	52.9	32.5	73.5
		25-34	48 508	20 060	28 448	64.2	49.7	80.9
		35-44	28 596	15 264	13 322	66.6	58.0	80.0
		45-54	15 087	8 823	6 264	71.1	65.2	81.3
		55-64	7 923	4 585	3 338	77.6	73.3	84.6
		65+	5 777	3 151	2 626	80.0	77.1	83.8
	Rural population	15+	560 771	246 842	313 929	89.0	82.0	95.6
		10-14	92 917	47 066	45 851	81.9	77.4	87.0
		15-19	76 070	28 597	47 473	72.5	58.1	85.3
		20-24	60 250	19 239	41 011	81.1	62.6	94.2
		25-34	137 302	49 825	87 477	91.6	82.4	97.8
		35-44	110 587	51 365	59 222	94.3	89.9	98.4
		45-54	78 367	41 157	37 210	95.6	93.0	98.5
		55-64	51 203	29 054	22 149	96.3	94.8	98.4
		65+	46 992	27 605	19 387	97.2	96.3	98.5
Libyan Arab Jamahiriya								
1964	Total population	15+	664 248	277 616	386 632	78.3	62.5	95.8
		15-19	68 063	18 906	49 157	57.4	31.3	84.6
		20-24	80 388	27 161	53 227	67.3	43.5	93.4
		25-34	172 961	67 887	105 074	78.9	60.9	97.5
		35-44	124 932	55 112	69 820	83.4	69.8	98.7
		45-54	83 521	38 930	44 591	87.5	77.1	99.2
		55-64	60 886	31 295	29 591	90.7	83.8	99.4
		65+	73 497	38 325	35 172	93.6	88.7	99.5
1973	Libyan population	15+	608 050	200 813	407 237	61.0	38.7	85.2
		10-14	33 792	2 410	31 382	12.8	1.8	25.0
		15-19	47 261	4 548	42 713	27.9	5.1	53.0
		20-24	58 092	9 551	48 541	42.8	13.6	74.2
		25-34	127 442	31 345	96 097	58.0	28.0	89.2
		35-44	132 384	45 974	86 410	71.5	48.0	96.8
		45-54	99 370	40 998	58 372	78.5	61.0	98.4
		55-64	63 510	29 143	34 367	86.5	75.2	99.1
		65+	79 991	39 254	40 737	92.2	85.7	99.6
1973	Total population	10+	710 432	255 853	454 579	49.9	33.1	69.9
	Libyan population	10+	650 269	210 055	440 214	51.6	32.0	73.0
	Non Libyan population	10+	60 163	45 798	14 365	36.7	39.2	30.7

Table 7

country (or territory) and year of census or survey	age group	illiterate population total	male	female	percentage of illiterates total	male	female
Malawi							
1966 African population	15+	1 755 287	680 580	1 074 707	77.9	66.3	87.7
	10-14	325 088	157 675	167 413	76.2	72.9	79.6
	15-19	243 122	93 768	149 354	60.8	49.1	71.4
	20-24	208 455	66 298	142 157	66.5	48.9	79.9
	25-34	421 114	146 581	274 533	79.3	64.5	90.1
	35-44	333 686	129 145	204 541	85.0	73.9	94.0
	45-54	257 697	109 330	148 367	88.1	79.6	95.7
	55-64	143 657	64 913	78 744	88.4	80.7	96.0
	65+	147 556	70 545	77 011	91.6	86.2	97.4
Mali [8]							
1960 Total population	15+	2 079 200	985 600	1 093 600	97.8	96.0	99.5
	10-14	305 700	156 000	149 700	92.0	89.0	95.3
	15-19	269 000	129 000	140 000	96.5	94.4	98.4
	20-24	281 300	125 000	156 300	97.5	95.2	99.4
	25-34	538 900	247 900	291 000	97.7	95.6	99.6
	35-44	422 000	199 800	222 200	97.8	95.8	99.7
	45-54	276 400	137 600	138 800	98.3	96.6	100.0
	55-64	170 600	86 500	84 100	99.0	98.0	100.0
	65+	121 000	59 800	61 200	99.5	99.2	99.8
1976 Total population	15+	3 236 240	1 469 632	1 766 608	90.6	86.5	94.3
	15-19	503 492	222 156	281 336	78.7	72.3	84.7
	20-24	399 048	163 222	235 826	82.5	74.8	88.8
	25-34	816 223	341 797	474 426	93.0	88.7	96.3
	35-44	586 119	278 219	307 900	95.4	92.5	98.2
	45-54	402 437	202 363	200 074	96.3	93.8	99.1
	55-64	135 939	73 475	62 464	96.8	94.7	99.4
	65+	392 982	188 400	204 582	98.3	97.0	99.5
Mauritania							
1965 Total population	12+	...	...	...	88.9	...	...
	12-14	...	...	...	89.6	...	...
	15-19	...	...	...	90.7	...	...
	20-29	...	...	...	90.1	...	...
	30-39	...	...	...	87.9	...	...
	40-49	...	...	...	87.4	...	...
	50+	...	...	...	87.4	...	...
1976 Total population	6+	895 877	...	...	82.6	...	...
Urban population	6+	158 375	...	...	63.1	...	...
Rural population	6+	737 502	...	...	88.5	...	...
Mauritius							
1962 Total population	13+	163 192	59 316	103 876	39.2	28.5	50.0
	13-19	22 846	8 253	14 593	23.6	17.1	30.1
	20-24	16 781	6 183	10 598	34.2	25.4	43.0
	25-34	34 485	12 876	21 609	40.2	29.9	50.5
	35-44	32 817	12 269	20 548	43.7	31.3	57.2
	45-54	24 492	9 212	15 280	46.8	33.3	62.0
	55-64	18 743	6 804	11 939	55.0	40.6	68.8
	65+	13 028	3 719	9 299	57.1	43.0	65.7
Morocco [9]							
1960 Total population	10+	6 188 407	2 779 910	3 408 497	86.7	77.6	95.8
	10-24	2 018 424	899 749	1 118 675	78.5	67.8	89.9
	25-34	1 543 687	629 106	914 581	90.0	79.8	98.6
	35-49	1 349 620	633 220	716 400	90.7	82.8	99.0
	50+	1 276 676	617 835	658 841	93.6	88.0	99.5
Urban population	10+	1 432 325	570 523	861 802	73.0	58.2	87.9
	10-24	419 150	140 506	278 644	56.1	38.5	72.8
	25-34	386 507	144 534	241 973	80.6	63.2	96.4
	35-49	360 124	167 908	192 216	83.3	71.2	97.8
	50+	266 544	117 575	148 969	88.5	78.2	98.7
Rural population	10+	4 756 082	2 209 387	2 546 695	91.8	84.9	98.8
	10-24	1 599 274	759 243	840 031	87.7	79.0	97.5
	25-34	1 157 180	484 572	672 608	93.6	86.6	99.3
	35-49	989 496	465 312	524 184	93.7	88.0	99.4
	50+	1 010 132	500 260	509 872	95.0	90.7	99.7

Table 7

country (or territory) and year of census or survey		age group	illiterate population			percentage of illiterates		
			total	male	female	total	male	female
Morocco (contd.)								
1971	Total population	15+	6 407 137	2 654 041	3 753 096	78.6	66.4	90.2
		10-14	1 256 130	541 413	714 717	60.2	49.1	72.6
		15-19	853 185	333 836	519 349	58.8	44.9	73.6
		20-24	696 330	247 734	448 596	66.6	49.7	82.1
		25-34	1 440 365	514 548	925 817	80.8	65.3	93.0
		35-44	1 332 603	549 728	782 875	86.2	74.5	97.0
		45-54	882 203	421 173	461 030	88.0	79.8	97.0
		55-64	555 852	269 005	286 847	89.2	82.3	96.9
		65+	646 599	318 017	328 582	91.4	85.9	97.5
	Urban population	15+	1 824 363	653 049	1 171 314	61.3	45.6	75.8
		10-14	199 632	55 537	144 095	26.6	15.1	37.7
		15-19	175 111	45 011	130 100	30.4	16.2	43.6
		20-24	166 355	43 150	123 205	41.7	23.1	58.0
		25-34	400 931	113 977	286 954	63.5	40.6	81.7
		35-44	444 989	166 254	278 735	76.0	58.6	92.3
		45-54	298 373	136 042	162 331	79.8	68.6	92.5
		55-64	170 782	76 649	94 133	81.3	71.3	91.7
		65+	167 822	71 966	95 856	84.1	75.1	92.4
	Rural population	15+	4 582 774	2 000 992	2 581 782	88.5	78.1	98.7
		10-14	1 056 498	485 876	570 622	79.1	66.3	94.7
		15-19	678 074	288 825	389 249	77.6	61.9	95.5
		20-24	529 975	204 584	325 391	82.1	65.6	97.4
		25-34	1 039 434	400 571	638 863	90.3	78.9	99.2
		35-44	887 614	383 474	504 140	92.5	84.4	99.7
		45-54	583 830	285 131	298 699	92.8	86.6	99.7
		55-64	385 070	192 356	192 714	93.3	87.7	99.7
		65+	478 777	246 051	232 726	94.3	89.6	99.8
Mozambique								
1960	Total population	15+	3 532 245	1 543 080	1 989 165	92.3	87.6	96.3
		10-14	560 512	297 367	263 145	82.2	80.0	84.7
		15-19	356 776	176 200	180 576	84.9	80.7	89.3
		20-24	491 533	210 757	280 776	90.8	84.9	95.8
		25-34	997 116	421 015	576 101	92.0	86.5	96.6
		35-44	770 799	332 939	437 860	93.8	89.4	97.4
		45-54	484 052	220 647	263 405	94.6	91.1	97.7
		55-64	282 037	119 529	162 508	95.9	93.0	98.2
		65+	149 932	61 993	87 939	97.1	95.3	98.3
1980	Total population	15+	4 557 751	1 650 952	2 906 799	72.8	56.0	87.8
		10-14	860 050	411 037	449 013	58.5	52.3	65.7
		15-19	545 900	185 130	360 770	49.2	32.6	66.7
		20-24	588 553	161 056	427 497	64.9	40.9	83.2
		25-39	1 521 170	489 844	1 031 326	74.4	53.8	91.0
		40-59	1 303 358	548 431	754 927	84.1	72.0	95.9
		60+	598 770	266 491	332 279	92.2	85.4	98.4
Namibia								
1960	African population	15+	154 044	69 488	84 556	61.6	54.8	68.7
		10-14	30 468	15 923	14 545	70.4	72.8	68.0
		15-19	19 451	10 499	8 952	54.3	58.8	49.9
		20-24	17 607	8 165	9 442	52.5	51.3	53.6
		25-34	34 358	14 785	19 573	52.1	43.1	61.6
		35-44	28 349	12 214	16 135	59.3	47.0	73.9
		45-54	20 635	9 280	11 355	74.4	64.3	85.4
		55-64	14 485	6 270	8 215	83.5	75.5	90.9
		65+	19 159	8 275	10 884	88.8	82.7	94.2
Niger								
1960	Total population	15+	1 493 520	698 270	795 250	99.1	98.5	99.7
Reunion								
1961	Total population	15+	91 140	45 493	45 647	48.3	51.1	45.8
		15-19	10 212	6 045	4 167	33.2	39.6	26.8
		20-24	9 945	5 033	4 912	39.8	45.2	35.4
		25-34	21 882	11 402	10 480	48.9	52.3	45.6
		35-44	18 139	9 107	9 032	50.7	51.7	49.7
		45-54	14 713	7 280	7 433	57.9	58.6	57.4
		55-59	5 306	2 491	2 815	60.0	61.3	59.0
		60+	10 943	4 135	6 808	60.2	61.2	59.6

Table 7

country (or territory) and year of census or survey	age group	illiterate population total	male	female	percentage of illiterates total	male	female
Reunion (contd.)							
1967 Total population	15+	81 379	42 504	38 875	37.1	40.3	34.1
	15-19	5 804	3 605	2 199	14.3	18.1	10.6
	20-24	6 147	3 577	2 570	21.8	26.5	17.4
	25-34	18 643	10 117	8 526	37.0	41.2	33.0
	35-44	18 173	9 727	8 446	45.5	48.9	42.1
	45-54	13 790	7 429	6 361	50.0	53.2	46.7
	55-64	10 875	5 123	5 752	57.6	58.6	56.8
	65+	7 947	2 926	5 021	57.1	58.5	56.4
1982 Total population	15+	73 220	38 861	34 359	21.4	23.5	19.5
	10-14	2 204	1 393	811	3.4	4.3	2.5
	15-19	2 310	1 673	637	3.3	4.7	1.8
	20-24	2 876	2 025	851	5.9	8.5	3.4
	25-34	7 755	4 980	2 775	10.6	14.1	7.4
	35-44	13 137	7 493	5 644	24.5	28.1	20.9
	45-54	18 181	9 654	8 527	44.0	47.7	40.4
	55-64	14 364	7 140	7 224	49.4	52.0	47.0
	65+	14 597	5 896	8 701	57.6	59.6	56.3
Rwanda							
1978 Total population	15+	1 619 117	620 852	998 265	61.8	49.2	73.4
	10-14	246 501	114 253	132 248	42.2	39.1	45.2
	15-19	272 181	122 614	149 567	47.2	42.1	52.3
	20-24	227 808	91 144	136 664	48.4	38.2	59.0
	25-34	304 974	100 633	204 341	55.4	38.0	71.4
	35-44	253 344	74 981	178 363	66.6	44.9	83.6
	45-54	237 377	87 907	149 470	81.4	66.0	94.2
	55-64	188 652	77 954	110 698	90.7	82.2	97.8
	65+	134 781	65 619	69 162	94.6	91.0	98.3
St. Helena							
1966 Total population	16+	67	40	27	2.5	3.1	1.9
	10-15	–	–	–	–	–	–
	16-20	3	–	3	0.8	–	1.3
	21-30	3	2	1	0.6	0.8	0.4
	31-40	8	6	2	1.8	3.0	0.8
	41-50	8	6	2	1.9	3.1	0.9
	51-60	8	7	1	1.9	3.4	0.5
	61+	37	19	18	6.3	6.7	5.8
1976 Total population	16+	92	50	42	2.9	3.2	2.5
1987 Total population	20+	104	65	39	2.7	3.3	2.1
	12-19	16	9	7	1.5	1.6	1.3
	20-29	14	9	5	1.3	1.7	0.9
	30-39	24	17	7	2.6	3.3	1.7
	40-49	10	9	1	1.5	2.2	0.4
	50-59	21	14	7	4.7	6.3	3.2
	60+	35	16	19	5.2	5.5	5.0
Sao Tome and Principe							
1981 Total population	15+	22 080	6 755	15 325	42.6	26.8	57.6
	10-14	1 641	751	890	13.9	12.4	15.4
	15-19	1 464	440	1 024	14.0	8.4	19.5
	20-24	1 780	402	1 378	22.3	10.2	34.2
	25-34	3 435	806	2 629	35.9	17.6	52.6
	35-44	3 948	1 227	2 721	54.3	34.3	73.5
	45-54	4 468	1 603	2 865	64.9	46.7	82.9
	55-64	3 447	1 206	2 241	69.8	50.3	88.3
	65+	3 538	1 071	2 467	75.5	53.1	92.4
Senegal 6) 10)							
1961 African population	15+	1 652 260	748 540	903 720	94.4	89.6	98.9
	15-19	205 280	81 820	123 460	88.6	79.8	95.6
	20-24	224 700	86 920	137 780	93.0	85.5	98.4
	25-34	467 660	198 600	269 060	95.1	89.9	99.3
	35-44	301 480	142 720	158 760	95.3	90.8	99.7
	45-54	213 640	111 660	101 980	95.6	92.0	99.9
	55-64	126 120	69 920	56 200	97.2	95.0	99.9
	65+	113 380	56 900	56 480	98.7	97.5	100.0
Seychelles							
1960 Total population	15+	13 795	6 997	6 798	54.1	57.7	50.8
	15-19	1 374	857	517	39.9	48.7	30.7
	20-24	1 431	754	677	44.9	51.2	39.6
	25-34	2 733	1 364	1 369	49.4	51.5	47.5
	35-44	2 462	1 247	1 215	56.8	59.8	54.0
	45-54	2 455	1 230	1 225	65.4	67.3	63.6
	55-64	1 687	835	852	64.0	66.5	61.8
	65+	1 653	710	943	63.2	66.1	61.2

Table 7

country (or territory) and year of census or survey	age group	illiterate population total	illiterate population male	illiterate population female	percentage of illiterates total	percentage of illiterates male	percentage of illiterates female
Seychelles (contd.)							
1971 Total population	15+	12 494	6 465	6 029	42.3	44.4	40.2
	10-14	1 592	1 007	585	22.4	27.6	17.0
	15-19	945	644	301	19.8	25.7	13.3
	20-24	965	583	382	27.7	31.0	23.8
	25-34	2 063	1 123	940	38.0	41.5	34.5
	35-44	2 359	1 205	1 154	45.4	47.0	43.8
	45-54	2 070	1 051	1 019	50.1	52.0	48.4
	55-64	1 934	912	1 022	61.3	61.1	61.5
	65+	2 158	947	1 211	63.7	67.5	61.0
Sierra Leone							
1963 Total population	15+	1 287 728	607 700	680 028	93.3	90.4	96.1
	10-14	117 553	59 641	57 912	82.5	78.5	87.2
	15-19	168 242	64 257	103 985	86.6	77.5	93.3
	20-24	177 475	66 139	111 336	93.0	87.6	96.6
	25-34	367 440	165 899	201 541	96.7	94.6	98.5
	35-44	241 957	128 838	113 119	96.3	95.1	97.8
	45+	332 614	182 567	150 047	91.5	89.9	93.4
Somalia							
1975 Total population	10+	...	...	...	45.2	39.1	52.1
South Africa							
1960 Total population	15+	4 103 218	2 056 535	2 046 683	43.0	43.0	43.0
	15-24	1 047 109	551 902	495 207	36.5	38.0	35.0
	25+	3 056 109	1 504 633	1 551 476	45.5	44.0	47.0
Urban population	15+	1 173 091	769 659	403 432	...	...	...
	15-24	263 355	195 379	67 976	...	...	...
	25+	909 736	574 280	335 456	...	...	...
Rural population	15+	2 930 127	1 286 876	1 643 251	...	...	...
	15-24	783 754	356 523	427 231	...	...	...
	25+	2 146 373	930 353	1 216 020	...	...	...
Bantu Population	15+	3 742 561	1 891 405	1 851 156	59.7	59.2	60.2
	15-24	971 166	516 473	454 693	49.5	52.3	46.7
	25+	2 771 395	1 374 932	1 396 463	64.3	62.3	66.4
White population	15+	36 392	16 620	19 772	2.0	2.0	2.0
	15-24	2 626	1 394	1 232	1.0	1.0	0.0
	25+	33 766	15 226	18 540	2.0	2.0	2.0
Asiatic population	15+	68 851	17 309	51 542	26.3	13.0	40.0
	15-24	12 573	2 622	9 951	12.0	5.0	19.0
	25+	56 278	14 687	41 591	34.0	17.0	53.0
Coloured population	15+	255 414	131 201	124 213	31.5	33.0	30.0
	15-24	60 744	31 413	29 331	22.5	24.0	21.0
	25+	194 670	99 788	94 882	35.5	37.0	34.0
Sudan							
1966 Total population	15+	6 089 000	2 720 000	3 369 000	85.3	74.7	96.3
	10-14	1 321 000	595 000	726 000	73.3	63.2	84.4
	15-19	1 015 000	478 000	537 000	79.0	69.6	89.8
	20-24	842 000	359 000	483 000	82.4	69.6	95.5
	25-34	1 347 000	578 000	769 000	82.2	69.6	95.3
	35-44	1 064 000	477 000	587 000	85.0	72.4	99.0
	45-54	847 000	385 000	462 000	89.4	79.0	100.0
	55+	974 000	443 000	531 000	98.4	96.6	100.0
1973 Total population	10-49	5 221 323	2 090 554	3 130 769	68.6	55.2	82.1
Swaziland							
1966 Total population	15+	...	...	...	...	68.7	72.5
1976 Total population	15+	115 836	49 281	66 555	44.8	42.7	46.5
	10-14	17 412	9 271	8 141	26.1	28.1	24.2
	15-19	11 573	5 275	6 298	22.3	22.4	22.1
	20-24	10 604	3 983	6 621	27.6	26.2	28.6
	25-34	22 418	8 508	13 910	38.4	34.3	41.5
	35-44	22 613	9 855	12 758	52.2	48.0	56.1
	45-54	19 245	8 996	10 249	65.2	62.6	67.6
	55-64	13 475	6 222	7 253	73.9	70.3	77.3
	65+	15 908	6 442	9 466	84.7	79.5	88.7

Table 7

country (or territory) and year of census or survey	age group	illiterate population total	male	female	percentage of illiterates total	male	female
Togo [11]							
1962 Total population	15+	726 000	293 000	433 000	90.3	83.0	96.0
	15-19	75 000	32 000	43 000	78.9	68.0	90.0
	20-24	93 000	30 000	63 000	86.9	75.0	94.0
	25-34	205 000	75 000	130 000	91.5	83.0	97.0
	35-44	145 000	63 000	82 000	92.4	86.0	98.0
	45-54	93 000	41 000	52 000	92.8	85.0	100.0
	55-64	58 000	25 000	33 000	95.1	89.0	100.0
	65+	57 000	27 000	30 000	96.6	93.0	100.0
Urban population	15+	83 000	26 000	57 000	71.2	51.0	87.0
	15-19	9 000	3 000	6 000	50.2	33.0	68.0
	20-24	11 000	3 000	8 000	63.2	40.0	81.0
	25-34	25 000	7 000	18 000	74.2	52.0	89.0
	35-44	16 000	5 000	11 000	75.4	54.0	92.0
	45-54	10 000	4 000	6 000	77.3	61.0	94.0
	55-64	6 000	2 000	4 000	82.7	63.0	98.0
	65+	6 000	2 000	4 000	88.9	75.0	98.0
Rural population	15+	643 000	267 000	376 000	93.6	88.0	98.0
	15-19	66 000	29 000	37 000	85.7	76.0	95.0
	20-24	82 000	27 000	55 000	92.7	85.0	97.0
	25-34	180 000	68 000	112 000	94.0	88.0	98.0
	35-44	129 000	58 000	71 000	94.2	90.0	98.0
	45-54	83 000	37 000	46 000	94.8	90.0	99.0
	55-64	52 000	23 000	29 000	96.3	92.0	100.0
	65+	51 000	25 000	26 000	97.5	95.0	100.0
1970 Total population	15+	822 025	318 997	503 028	84.1	73.1	92.9
	12-14	55 950	23 324	32 626	52.2	39.4	68.2
	15-19	86 614	33 237	53 377	62.3	47.3	77.6
	20-24	97 669	28 997	68 672	76.0	57.3	88.0
	25-34	223 992	72 170	151 822	85.8	71.9	94.5
	35-44	164 682	67 004	97 678	89.7	81.0	96.8
	45-54	108 882	50 321	58 561	92.1	86.2	97.9
	55-64	61 823	29 164	32 659	93.3	88.1	98.6
	65+	78 363	38 104	40 259	96.3	93.2	99.4
1981 Total population	15+	927 712	328 497	599 215	68.6	53.3	81.5
	12-14	50 403	18 605	31 798	28.0	18.8	39.2
	15-19	104 790	30 963	73 827	39.1	22.7	56.3
	20-29	113 598	28 145	85 453	56.5	33.6	72.7
	30-39	138 591	38 674	99 917	68.8	48.1	82.7
	40-49	203 651	66 589	137 062	76.9	59.9	89.2
	50-59	146 581	59 880	86 701	83.8	72.4	93.9
	60-69	86 016	38 790	47 226	87.7	79.7	95.5
	70+	134 485	65 456	69 029	93.3	88.8	98.0
Urban population	15+	160 398	44 658	115 740	43.1	24.8	60.1
	12-14	7 522	1 433	6 089	15.1	6.0	23.8
	15-19	18 224	3 860	14 364	21.7	9.2	34.4
	20-29	23 331	4 941	18 390	32.3	14.2	49.1
	30-39	26 331	6 264	20 067	42.4	21.7	60.3
	40-49	36 420	10 032	26 388	51.2	29.5	71.1
	50-59	24 331	8 221	16 110	60.6	40.8	80.6
	60-69	13 454	4 822	8 632	66.6	48.7	83.8
	70+	18 307	6 518	11 789	80.7	65.2	92.9
Rural population	15+	767 314	283 839	483 475	78.3	65.0	89.0
	12-14	42 881	17 172	25 709	33.0	23.0	46.3
	15-19	86 566	27 103	59 463	47.0	28.7	66.4
	20-29	90 267	23 204	67 063	70.0	47.4	83.8
	30-39	112 260	32 410	79 850	80.7	62.9	91.1
	40-49	167 231	56 557	110 674	86.4	73.4	95.0
	50-59	122 250	51 659	70 591	90.7	82.7	97.5
	60-69	72 562	33 968	38 594	93.1	87.6	98.6
	70+	116 178	58 938	57 240	95.7	92.6	99.1
Tunisia							
1966 Total population	15+	1 839 973	768 598	1 071 375	76.0	62.9	89.4
	10-14	185 231	47 106	138 125	32.6	15.8	51.2
	15-19	178 758	55 922	122 836	47.2	29.3	65.4
	20-24	194 403	69 412	124 991	66.7	49.1	83.2
	25-34	461 878	179 044	282 834	79.4	63.8	93.9
	35-44	385 281	164 539	220 742	83.9	71.3	96.5
	45-54	282 432	132 280	150 152	85.9	76.1	96.9
	55+	337 221	167 401	169 820	88.6	81.7	96.6

Table 7

country (or territory) and year of census or survey	age group	illiterate population total	male	female	percentage of illiterates total	male	female
Tunisia (contd.)							
1975 Total population	15+	1 996 860	793 930	1 202 930	62.0	48.9	75.2
	10-14	180 460	52 780	127 680	24.3	13.8	35.3
	15-19	178 110	49 540	128 570	27.7	15.0	41.1
	20-24	193 240	52 600	140 640	38.4	20.9	55.7
	25-34	355 240	119 270	235 970	60.9	43.5	76.3
	35-44	455 130	183 270	271 860	80.8	66.6	94.4
	45-54	360 300	159 280	201 020	85.5	74.3	97.1
	55-64	254 010	127 450	126 560	88.2	80.5	97.5
	65+	200 830	102 520	98 310	91.3	86.0	97.5
Urban population	15+	816 130	301 160	514 960	49.5	36.9	62.1
	10-14	30 710	8 280	22 430	7.8	4.1	11.7
	15-19	41 650	9 780	31 870	12.4	5.8	19.1
	20-24	56 760	13 500	43 260	21.9	10.5	33.2
	25-34	137 550	38 790	98 760	44.1	26.3	60.0
	35-44	204 590	73 820	130 770	71.2	52.1	89.6
	45-54	164 740	66 440	98 300	77.5	61.2	94.6
	55-64	115 010	53 850	61 160	82.2	71.2	95.2
	65+	95 820	44 980	50 840	87.8	80.3	95.7
Rural population	15+	1 180 730	492 760	687 970	75.4	61.9	89.2
	10-14	149 750	44 500	105 250	42.5	24.4	61.9
	15-19	136 460	39 760	96 700	44.4	24.7	66.1
	20-24	136 480	39 100	97 380	55.9	32.0	79.7
	25-34	217 690	80 480	137 210	80.2	63.3	95.0
	35-44	250 540	109 450	141 090	90.9	81.9	99.4
	45-54	195 560	92 840	102 720	93.5	87.6	99.6
	55-64	139 000	73 600	65 400	93.8	89.1	99.8
	65+	105 000	57 530	47 470	94.8	91.1	99.6
1980 Total population	15+	1 973 777	710 150	1 263 627	53.5	38.9	67.7
	10-14	158 824	35 939	122 885	19.0	8.3	30.5
	15-19	150 584	33 690	116 894	20.7	9.2	32.3
	20-24	154 769	29 307	125 462	26.8	10.4	42.4
	25-34	340 411	87 422	252 989	46.4	25.7	64.1
	35-44	373 455	128 089	245 366	69.2	48.3	89.3
	45-54	419 909	169 330	250 579	83.5	69.5	96.6
	55-64	288 276	132 627	155 649	86.6	76.4	97.8
	65+	246 373	129 685	116 688	88.9	83.0	96.5
1980 Total population	10+	2 150 000	763 100	1 386 900	47.5	33.8	61.1
Urban population	10+	874 840	...	...	35.3	...	...
Rural population	10+	1 275 160	...	...	62.2	...	...
1984 Total population	15+	2 076 900	840 400	1 236 500	49.3	39.5	59.4
	10-14	140 100	38 500	101 600	17.1	9.2	25.5
	15-19	195 500	54 300	141 200	24.5	13.4	36.0
	20-34	266 000	101 200	164 800	21.9	16.6	27.3
	35-44	366 200	118 400	247 800	51.5	33.9	68.4
	45-54	438 800	174 700	264 100	78.2	64.2	91.4
	55-64	395 400	179 200	216 200	85.8	75.8	96.4
	65+	415 000	212 600	202 400	89.1	83.3	96.1
United Republic of Tanzania[12]							
1967 Total population	15+	4 956 045	1 882 626	3 073 419	71.9	57.3	85.1
	10-14	625 989	286 671	339 318	50.2	43.7	57.5
	15-19	556 871	190 580	366 291	51.4	37.2	64.2
	20-24	582 245	163 197	419 048	63.2	43.2	77.2
	25-34	1 253 815	415 608	838 207	69.9	50.7	86.1
	35-44	860 476	338 369	522 107	75.9	60.2	91.5
	45-54	697 511	300 520	396 991	82.5	69.8	95.8
	55-64	377 881	163 656	214 225	86.0	74.6	97.4
	65+	627 246	310 696	316 550	91.7	85.4	98.9
1978 Total population	15+	5 058 986	1 728 025	3 330 961	53.7	37.8	68.6
	10-14	535 899	251 722	284 177	25.5	23.6	27.5
	15-19	491 733	139 994	351 739	28.6	16.6	40.1
	20-24	527 095	136 065	391 030	39.7	23.2	52.7
	25-34	1 087 683	291 564	796 119	47.8	27.3	65.9
	35-44	952 958	305 711	647 247	61.2	40.2	81.4
	45-54	793 648	303 600	490 048	72.0	54.8	89.3
	55-64	580 021	249 442	330 579	79.7	66.0	94.3
	65+	625 848	301 649	324 199	87.3	78.8	97.0

Table 7

country (or territory) and year of census or survey	age group	illiterate population			percentage of illiterates		
		total	male	female	total	male	female
Un. Rep. of Tanzania (contd.)							
1978 Urban population	15+	426 752	127 483	299 269	29.9	16.5	45.5
	10-14	35 591	15 777	19 814	14.6	13.5	15.6
	15-19	37 997	9 295	28 702	14.3	7.1	21.2
	20-24	47 745	10 581	37 164	17.6	7.8	27.6
	25-34	102 995	24 424	78 571	24.4	10.3	42.7
	35-44	86 312	26 159	60 153	38.4	19.8	65.0
	45-54	63 818	22 267	41 551	51.6	31.3	78.9
	55-64	44 349	16 993	27 356	66.2	46.8	89.2
	65+	43 536	17 764	25 772	80.2	64.9	95.7
Rural population	15+	4 632 234	1 600 542	3 031 692	57.9	42.1	72.2
	10-14	500 308	235 945	264 363	26.9	24.8	29.1
	15-19	453 736	130 699	323 037	31.2	18.4	43.5
	20-24	479 350	125 484	353 866	45.3	27.9	58.2
	25-34	984 688	267 140	717 548	53.1	32.2	70.1
	35-44	866 646	279 552	587 094	65.1	44.5	83.5
	45-54	729 830	281 333	448 497	74.5	58.3	90.4
	55-64	535 672	232 449	303 223	81.0	68.1	94.8
	65+	582 312	283 885	298 427	87.9	79.9	97.1
Zambia							
1969 Total population	15+	1 129 444	403 601	725 843	52.7	39.0	65.5
	10-14	101 231	48 046	53 185	22.4	20.6	24.4
	15-19	77 921	25 357	52 564	22.2	14.9	29.1
	20-24	119 413	27 020	92 393	38.0	20.8	50.1
	25-34	266 950	70 204	196 746	50.3	29.7	66.8
	35-44	241 147	81 265	159 882	60.5	40.7	80.5
	45-54	195 984	82 543	113 441	73.1	58.4	89.4
	55-64	125 694	65 594	60 100	81.2	72.7	92.9
	65+	102 335	51 618	50 717	81.1	76.0	87.0
AMERICA, NORTH							
Antigua and Barbuda							
1960 Total population	15+	3 478	1 408	2 070	11.3	10.3	12.0
	10-14	152	108	44	2.2	3.1	1.3
	15-19	104	74	30	1.9	2.9	1.1
	20-24	170	101	69	4.2	5.4	3.2
	25-34	382	196	186	6.2	6.9	5.6
	35-44	493	257	236	9.2	10.6	8.1
	45-54	733	330	403	15.4	15.3	15.6
	55-64	629	216	413	22.9	20.6	24.2
	65+	967	234	733	40.4	33.9	43.0
Bahamas							
1963 Total population	15+	7 416	3 421	3 995	10.3	9.9	10.6
	10-14	461	245	216	3.4	3.6	3.2
	15-19	333	185	148	3.1	3.5	2.7
	20-24	798	411	387	7.3	7.8	6.9
	25-29	894	512	382	9.1	10.7	7.6
	30-44	1 688	842	846	8.2	8.5	7.9
	45-54	1 188	548	640	11.5	11.0	12.1
	55-64	1 034	387	647	19.3	16.1	21.8
	65+	1 481	536	945	32.2	28.2	35.0
Barbados [13]							
1960 Total population	15+	2 500	1 000	1 500	1.8	1.6	1.8
Urban population	15+	500	200	300	0.8	0.8	0.8
Rural population	15+	2 000	800	1 200	2.4	2.2	2.6
1970 Total population	15+	1 093	493	600	0.7	0.7	0.7
	15-19	50	31	19	0.2	0.2	0.2
	20-24	62	41	21	0.3	0.4	0.2
	25-34	84	53	31	0.4	0.5	0.3
	35-44	65	35	30	0.3	0.4	0.2
	45-54	133	60	73	0.6	0.7	0.6
	55-64	291	131	160	1.5	1.5	1.6
	65+	408	142	266	2.1	2.1	2.1
Belize [13]							
1960 Total population	15+	6 680	3 022	3 658	13.4	12.5	14.2
	10-14	340	186	154	3.4	3.7	3.1
	15-19	414	190	224	5.4	5.0	5.7
	20-24	559	249	310	8.1	7.5	8.8
	25-34	1 320	624	696	11.5	11.2	11.7
	35-44	1 182	529	653	14.3	13.3	15.2
	45-54	1 192	553	639	17.0	16.0	17.9
	55-64	962	436	526	21.0	19.1	22.9
	65+	1 051	441	610	28.1	24.7	31.2

Table 7

country (or territory) and year of census or survey	age group	illiterate population total	male	female	percentage of illiterates total	male	female
Belize (contd.)							
1970 Total population	15+	5 353	2 656	2 699	8.8	8.8	8.8
	15-19	331	162	169	2.6	2.6	2.7
	20-24	324	164	160	3.9	4.0	3.8
	25-34	764	388	376	6.5	6.6	6.4
	35-44	1 034	513	521	10.3	10.3	10.4
	45-54	979	487	402	13.6	13.3	11.2
	55-64	925	450	475	15.9	15.6	16.3
	65+	998	492	506	19.4	20.1	18.8
Bermuda [13)]							
1960 Total population	15+	561	385	176	2.1	2.7	1.2
	10-14	20	11	9	0.5	0.5	0.4
	15-19	32	24	8	1.0	1.4	0.5
	20-29	69	43	26	1.0	1.2	0.8
	30-39	101	81	20	1.7	2.7	0.7
	40-49	104	79	25	2.2	3.3	1.0
	50-59	106	76	30	2.8	4.1	1.6
	60-69	76	46	30	3.5	4.7	2.5
	70+	73	36	37	4.7	5.8	4.0
1970 Total population	15+	586	391	195	1.6	2.1	1.1
	15-19	17	9	8	0.4	0.4	0.4
	20-24	13	9	4	0.3	0.4	0.2
	25-34	68	40	28	0.8	0.9	0.7
	35-44	133	99	34	1.9	2.8	1.0
	45-54	166	119	47	3.1	4.5	1.8
	55-64	93	64	29	2.4	3.4	1.4
	65+	96	51	45	2.9	3.6	2.3
British Virgin Islands [13)]							
1960 Total population	15+	292	168	124	7.2	8.5	5.9
	10-14	4	2	2	0.4	0.4	0.4
	15-19	5	3	2	0.7	0.8	0.5
	20-24	6	5	1	1.2	2.3	0.3
	25-34	21	14	7	2.7	3.9	1.7
	35-44	25	14	11	3.6	4.1	3.2
	45-54	54	34	20	9.9	11.8	7.7
	55-64	52	26	26	13.5	13.9	13.1
	65+	129	72	57	28.9	35.1	23.7
1970 Total population	15+	100	61	39	1.7	1.9	1.5
	15-19	5	2	3	0.5	0.4	0.7
	20-24	6	4	2	0.6	0.6	0.5
	25-34	7	5	2	0.5	0.7	0.3
	35-44	11	8	3	1.3	1.7	0.8
	45-54	17	6	11	2.4	1.7	3.2
	55-64	13	8	5	2.9	3.3	2.5
	65+	41	28	13	8.3	10.9	5.5
Cayman Islands [13)]							
1960 Total population	15+	364	170	194	6.7	6.9	6.4
	10-14	32	20	12	4.4	5.3	3.4
	15-19	18	12	6	2.8	3.7	1.8
	20-24	21	11	10	2.9	3.2	2.7
	25-34	47	22	25	3.9	3.8	4.0
	35-44	45	21	24	4.9	5.0	4.8
	45-54	52	30	22	6.7	9.1	5.0
	55-64	49	28	21	8.9	13.1	6.2
	65+	132	46	86	20.5	18.8	21.6
1970 Total population	15+	152	70	82	2.5	2.5	2.4
	15-19	12	5	7	1.3	1.1	1.4
	20-24	14	8	6	2.1	2.6	1.7
	25-34	25	13	12	2.0	2.2	1.8
	35-44	22	8	14	2.1	1.7	2.4
	45-54	20	8	12	2.5	2.3	2.7
	55-64	21	12	9	3.1	4.2	2.3
	65+	38	16	22	5.0	5.6	4.7
Costa Rica [14)]							
1963 Total population	15+	111 693	53 406	58 287	16.0	15.4	16.5
	10-14	15 033	7 780	7 223	8.9	9.2	8.5
	15-19	10 705	5 516	5 189	8.5	8.9	8.1
	20-24	13 033	6 735	6 298	12.1	13.0	11.3
	25-34	24 904	11 995	12 909	15.3	15.0	15.7
	35-44	19 620	9 181	10 439	16.5	15.5	17.6
	45-54	18 869	9 093	9 776	21.4	20.4	22.4
	55-64	11 567	5 275	6 292	22.3	20.6	24.0
	65+	12 995	5 611	7 384	29.6	24.6	35.0

Table 7

country (or territory) and year of census or survey		age group	illiterate population			percentage of illiterates		
			total	male	female	total	male	female
Costa Rica (contd.)								
1963	Urban population	15+	16 258	5 256	11 002	6.1	4.5	7.5
		10-14	1 827	938	889	3.3	3.5	3.1
		15-19	1 455	706	749	3.1	3.5	2.9
		20-24	1 510	511	999	4.0	3.2	4.5
		25-34	2 724	886	1 838	4.5	3.2	5.5
		35-44	2 353	706	1 647	5.2	3.4	6.6
		45-54	2 768	797	1 971	8.2	5.2	10.5
		55-64	2 097	569	1 528	9.8	6.3	12.4
		65+	3 351	1 081	2 270	18.0	12.4	23.0
	Rural population	15+	95 435	48 150	47 285	22.0	21.1	23.0
		10-14	13 176	6 842	6 334	11.6	11.8	11.3
		15-19	9 250	4 810	4 440	11.6	11.5	11.7
		20-24	11 523	6 224	5 299	16.6	17.5	15.7
		25-34	22 180	11 109	11 071	21.9	21.1	22.6
		35-44	17 267	8 475	8 792	23.6	22.0	25.4
		45-54	16 101	8 296	7 805	29.7	28.3	31.3
		55-64	9 470	4 706	4 764	31.1	28.4	34.3
		65+	9 644	4 530	5 114	38.1	32.2	45.6
1973	Total population	15+	121 312	59 084	62 228	11.6	11.4	11.8
		10-14	14 083	8 035	6 048	5.1	5.7	4.5
		15-19	9 379	5 105	4 274	4.2	4.6	3.8
		20-24	9 749	4 966	4 783	5.8	6.0	5.6
		25-34	21 899	10 760	11 139	9.8	9.7	9.8
		35-44	26 238	12 409	13 829	15.4	14.7	16.1
		45-54	20 125	9 630	10 495	17.0	16.3	17.8
		55-64	17 046	8 236	8 810	21.7	20.9	22.5
		65+	16 876	7 978	8 898	25.6	24.4	26.7
	Urban population	15+	23 177	8 522	14 655	4.9	4.0	5.7
		10-14	2 280	1 247	1 033	2.2	2.4	2.0
		15-19	1 692	782	910	1.7	1.7	1.7
		20-24	1 603	692	911	2.1	2.0	2.2
		25-34	3 303	1 269	2 034	3.3	2.8	3.8
		35-44	4 248	1 509	2 739	5.7	4.3	6.8
		45-54	3 722	1 281	2 441	6.9	5.2	8.3
		55-64	3 784	1 292	2 492	10.2	7.8	12.1
		65+	4 825	1 697	3 128	14.8	12.1	16.9
	Rural population	15+	98 135	50 562	47 573	17.0	16.6	17.5
		10-14	11 803	6 788	5 015	6.9	7.6	6.0
		15-19	7 687	4 323	3 364	6.1	6.5	5.7
		20-24	8 146	4 274	3 872	8.9	9.0	8.9
		25-34	18 596	9 491	9 105	14.8	14.6	15.1
		35-44	21 990	10 900	11 090	23.1	22.0	24.3
		45-54	16 403	8 349	8 054	25.5	24.2	27.0
		55-64	13 262	6 944	6 318	32.1	30.5	33.9
		65+	12 051	6 281	5 770	36.0	33.6	39.0
1984	Total population	15+	112 946	55 431	57 515	7.4	7.3	7.4
		10-14	12 377	7 479	4 898	4.6	5.4	3.7
		15-19	7 809	4 626	3 183	2.8	3.3	2.3
		20-24	7 596	4 098	3 498	2.9	3.2	2.6
		25-34	15 123	7 622	7 501	4.0	4.1	3.9
		35-44	19 114	9 114	10 000	8.2	7.9	8.5
		45-54	22 713	10 777	11 936	14.2	13.6	14.7
		55-64	17 367	8 193	9 174	15.7	15.0	16.4
		65+	23 224	11 001	12 223	21.5	21.1	21.9
Cuba 15)								
1979	Total population	15-49	218 358	101 119	117 239	4.6	4.3	4.9
		10-14	18 264	11 203	7 061	1.5	1.7	1.2
		15-19	14 951	9 552	5 399	1.4	1.8	1.0
		20-24	13 136	7 600	5 536	1.8	2.1	1.6
		25-34	45 892	21 682	24 210	3.4	3.2	3.6
		35-44	88 478	36 388	52 090	7.8	6.5	9.1
		45-49	55 901	25 897	30 004	12.4	11.7	13.1
1981	Total population	15-49	105 901	...	...	2.2	...	...
		10-14	9 473	...	...	0.8	...	...
		15-19	3 589	...	...	0.3	...	...
		20-24	4 820	...	...	0.6	...	...
		25-34	19 199	...	...	1.4	...	...
		35-44	47 859	...	...	4.2	...	...
		45-49	30 434	...	...	7.1	...	...
1981	Total population	10-49	...	...	...	1.9	1.7	2.1
1981	Total population	10+	...	...	...	3.8	3.8	3.8

Table 7

country (or territory) and year of census or survey		age group	illiterate population			percentage of illiterates		
			total	male	female	total	male	female
Dominica [13]								
1970	Total population	15+	2 083	944	1 139	5.9	6.0	5.8
		15-19	42	21	21	0.6	0.7	0.6
		20-24	55	26	29	1.1	1.2	1.1
		25-34	161	89	72	2.8	3.5	2.2
		35-44	251	127	124	4.9	5.8	4.3
		45-54	334	152	182	6.8	7.0	6.7
		55-64	486	230	256	12.5	13.1	11.9
		65+	754	299	455	18.4	19.3	17.8
Dominican Republic								
1960	Total population	15+	569 450	267 610	301 840	35.5	33.3	37.6
		10-14	113 790	65 620	48 170	28.9	32.3	25.3
		15-19	49 870	24 390	25 480	17.4	18.3	16.7
		20-24	56 790	22 960	33 830	22.1	18.9	25.0
		25-34	113 780	48 760	65 020	28.4	24.5	32.2
		35-44	115 430	54 320	61 110	42.0	37.9	46.4
		45-54	95 790	46 450	49 340	51.7	47.0	56.9
		55-64	71 570	37 190	34 380	64.0	60.7	68.0
		65+	66 220	33 540	32 680	73.2	73.0	73.5
1960	Total population	10+	683 240	333 230	350 010	34.2	33.1	35.2
	Urban population	10+	...	...	...	18.9	...	...
	Rural population	10+	...	...	...	41.3	...	...
1970	Total population	15+	683 637	322 402	361 235	33.0	31.4	34.6
		10-14	170 332	92 888	77 444	30.6	33.4	27.8
		15-19	99 198	49 837	49 361	22.7	24.0	21.4
		20-24	64 691	30 647	34 044	19.9	19.8	20.1
		25-34	113 563	49 270	64 293	25.3	22.6	27.9
		35-44	137 346	61 213	76 133	36.7	32.0	41.6
		45-54	111 735	53 495	58 240	49.3	44.8	54.2
		55-64	75 303	37 803	37 500	55.4	51.5	59.9
		65+	81 801	40 137	41 664	67.3	65.4	69.2
	Urban population	15+	165 841	...	...	19.0	...	...
		10-14	36 779	...	...	17.2	...	...
		15-19	21 719	...	...	11.5	...	...
		20-24	15 004	...	...	10.3	...	...
		25-34	26 633	...	...	13.5	...	...
		35-44	33 203	...	...	21.6	...	...
		45-54	27 888	...	...	30.8	...	...
		55-59	8 718	...	...	32.3	...	...
		60+	32 676	...	...	44.9	...	...
	Rural population	15+	517 796	...	...	43.4	...	...
		10-14	133 553	...	...	38.9	...	...
		15-19	77 479	...	...	31.1	...	...
		20-24	49 687	...	...	27.8	...	...
		25-34	86 930	...	...	34.6	...	...
		35-44	104 143	...	...	47.3	...	...
		45-54	83 847	...	...	61.6	...	...
		55-59	23 766	...	...	63.6	...	...
		60+	91 944	...	...	76.5	...	...
1981	Total population	5+	1 519 198	770 758	748 440	31.4	31.8	30.9
	Urban population	5+	532 695	242 984	289 711	20.9	20.0	21.6
	Rural population	5+	986 503	527 774	458 729	43.0	43.5	42.4
El Salvador [16]								
1961	Total population	15+	706 837	306 969	399 868	51.0	46.1	55.5
		10-14	127 904	66 411	61 493	41.4	41.6	41.1
		15-19	95 284	45 046	50 238	39.3	38.4	40.2
		20-24	91 775	39 772	52 003	42.7	39.2	45.8
		25-34	162 214	69 118	93 096	50.2	44.9	55.0
		35-44	140 140	59 490	80 650	55.9	49.2	62.1
		45-54	98 175	42 114	56 061	59.2	52.0	66.1
		55-64	68 021	29 681	38 340	62.4	55.4	69.2
		65+	51 228	21 748	29 480	63.6	57.3	69.2
	Urban population	15+	163 336	52 809	110 527	28.8	21.0	35.0
		10-14	19 183	9 317	9 866	16.9	16.4	17.4
		15-19	15 688	5 907	9 781	16.2	13.4	18.5
		20-24	17 417	5 946	11 471	20.1	15.4	23.9
		25-34	33 664	10 621	23 043	25.9	18.4	32.0
		35-44	33 257	10 450	22 807	32.9	23.1	40.8
		45-54	26 457	8 276	18 181	38.0	26.8	46.8
		55-64	19 622	6 201	13 421	42.8	31.4	51.5
		65+	17 231	5 408	11 823	46.8	36.1	54.0

Table 7

country (or territory) and year of census or survey		age group	illiterate population			percentage of illiterates		
			total	male	female	total	male	female
El Salvador (contd.)								
1961	Rural population	15+	543 501	254 160	289 341	66.3	61.3	71.5
		10-14	108 721	57 094	51 627	55.6	55.5	55.7
		15-19	79 596	39 139	40 457	54.7	53.4	56.0
		20-24	74 358	33 826	40 532	58.0	53.9	62.0
		25-34	128 550	58 497	70 053	66.5	60.9	72.0
		35-44	106 883	49 040	57 843	71.4	64.8	78.2
		45-54	71 718	33 838	37 880	74.7	67.6	82.4
		55-64	48 399	23 480	24 919	76.6	69.4	84.9
		65+	33 997	16 340	17 657	77.7	71.0	85.1
1971	Total population	15+	816 631	362 556	454 075	42.9	39.2	46.4
		10-14	139 954	72 766	67 188	29.7	30.1	29.2
		15-19	93 664	44 138	49 526	26.0	25.2	26.9
		20-24	93 178	40 969	52 209	31.5	28.6	34.1
		25-34	173 250	76 551	96 699	40.3	36.7	43.7
		35-44	172 720	76 855	95 865	51.2	46.5	55.7
		45-54	123 593	53 739	69 854	56.2	50.4	61.6
		55-64	83 142	36 935	46 207	60.3	54.6	65.8
		65+	77 084	33 369	43 715	62.7	57.8	67.0
	Urban population	15+	180 204	59 466	120 738	21.8	15.9	26.7
		10-14	18 752	9 177	9 575	10.4	10.2	10.6
		15-19	14 311	5 082	9 229	8.9	6.9	10.7
		20-24	15 923	5 237	10 686	12.1	8.6	15.0
		25-34	29 923	9 932	19 991	16.8	12.0	21.0
		35-44	37 252	11 994	25 258	27.0	19.2	33.5
		45-54	32 260	10 527	21 733	33.6	24.6	40.8
		55-64	24 279	8 094	16 185	39.2	29.8	46.6
		65+	26 256	8 600	17 656	44.3	35.6	50.3
	Rural population	15+	636 427	303 090	333 337	59.0	55.1	63.1
		10-14	121 202	63 589	57 613	41.7	42.0	41.3
		15-19	79 353	39 056	40 297	39.8	38.5	41.1
		20-24	77 255	35 732	41 523	47.0	43.3	50.8
		25-34	143 327	66 619	76 708	56.9	53.0	60.9
		35-44	135 468	64 861	70 607	68.0	63.2	73.1
		45-54	91 333	43 212	48 121	73.7	67.7	80.0
		55-64	58 863	28 841	30 022	77.4	71.1	84.6
		65+	50 828	24 769	26 059	79.7	73.7	86.4
1975	Total population	10+	1 064 159	462 705	601 454	38.0	34.5	41.1
		10-19	269 923	133 033	136 890	26.7	26.5	27.0
		20-29	182 767	76 694	106 073	31.1	28.3	33.5
		30-39	169 327	68 084	101 243	41.4	35.4	46.8
		40-49	167 534	69 120	98 414	51.6	45.5	57.0
		50+	274 608	115 774	158 834	57.9	51.6	63.6
	Urban population	10+	216 593	67 830	148 763	18.0	12.7	22.2
		10-19	34 927	14 111	20 816	8.6	7.4	9.8
		20-29	32 077	8 881	23 196	11.7	7.6	14.7
		30-39	31 365	8 489	22 876	18.5	11.4	24.2
		40-49	37 473	12 095	25 378	27.9	21.1	32.9
		50+	80 751	24 254	56 497	36.6	26.2	44.2
	Rural population	10+	847 566	394 875	452 691	53.0	48.9	57.2
		10-19	234 996	118 922	116 074	38.9	38.3	39.5
		20-29	150 690	67 813	82 877	48.2	44.1	52.2
		30-39	137 962	59 595	78 367	57.7	50.7	64.4
		40-49	130 061	57 025	73 036	68.4	60.3	76.3
		50+	193 857	91 520	102 337	76.5	69.6	83.9
1980	Total population	15+	818 100	...	...	32.7	...	...
		10-14	126 900	...	...	20.1	...	...
		15-19	83 900	...	...	16.6	...	...
		20-24	69 100	...	...	19.8	...	...
		25-34	129 300	...	...	26.2	...	...
		35-44	144 000	...	...	35.6	...	...
		45-54	149 900	...	...	47.9	...	...
		55-64	118 100	...	...	52.8	...	...
		65+	124 800	...	...	58.7	...	...
1980	Total population	10+	946 000	403 300	542 700	30.2	26.9	33.2
	Urban population	10+	217 200	64 900	152 300	15.5	10.3	19.6
	Rural population	10+	728 800	338 400	390 400	42.2	39.0	45.5

Table 7

country (or territory) and year of census or survey	age group	illiterate population total	male	female	percentage of illiterates total	male	female
Grenada [13)							
1970 Total population	15+	1 070	424	646	2.2	2.0	2.4
	15-19	91	51	40	0.9	1.0	0.8
	20-24	83	45	38	1.2	1.4	1.1
	25-34	96	38	58	1.2	1.1	1.4
	35-44	144	54	90	2.0	1.7	2.2
	45-54	180	71	109	2.9	2.7	3.1
	55-64	193	77	116	3.6	3.4	3.8
	65+	283	88	195	5.2	4.7	5.5
Guadeloupe							
1961 Total population	15+	34 701	15 984	18 717	21.6	21.0	22.1
	15-19	1 951	1 192	759	7.3	9.1	5.6
	20-24	1 998	1 112	886	10.8	13.4	8.6
	25-34	5 806	3 039	2 767	16.8	18.3	15.4
	35-44	6 213	3 100	3 113	20.5	20.8	20.3
	45-59	10 056	4 567	5 489	32.6	30.4	34.8
	60+	8 677	2 974	5 703	44.0	37.0	48.8
1967 Total population	15+	29 627	13 944	15 683	16.8	16.5	17.1
	15-19	978	622	356	2.9	3.7	2.1
	20-24	1 026	613	413	4.6	5.6	3.7
	25-34	3 460	1 909	1 551	10.5	12.2	9.0
	35-44	4 937	2 601	2 336	16.6	18.1	15.1
	45-54	6 197	2 992	3 205	25.9	25.4	26.3
	55-64	5 974	2 700	3 274	35.5	33.7	37.1
	65+	7 055	2 507	4 548	42.7	37.6	46.4
1974 Total population	10+	25 644	12 020	13 634	13.0	12.7	13.2
	10-19	628	370	258	1.4	1.6	1.1
	20-24	528	315	213	2.4	2.9	1.8
	25-34	1 560	947	613	4.6	5.9	3.4
	35-44	4 081	2 331	1 750	13.7	16.5	11.2
	45-54	5 029	2 672	2 367	19.1	21.0	17.4
	55-64	5 578	2 273	3 305	29.3	24.7	33.5
	65+	8 240	3 112	5 128	40.2	35.9	43.3
1982 Total population	15+	22 359	11 231	11 128	10.0	10.4	9.6
	10-14	716	432	284	1.7	2.1	1.4
	15-19	490	302	188	1.2	1.4	0.9
	20-24	609	408	201	2.0	2.5	1.4
	25-34	1 582	960	622	3.6	4.6	2.7
	35-44	2 122	1 242	880	6.4	7.8	5.1
	45-54	4 117	2 295	1 822	15.2	17.9	12.7
	55-64	4 403	2 325	2 078	19.6	21.7	17.7
	65+	9 036	3 699	5 337	35.9	34.4	37.1
Guatemala [17)							
1964 Total population	15+	1 411 440	625 460	785 980	62.1	55.9	68.2
	10-14	304 020	149 040	154 980	56.7	54.1	59.4
	15-19	238 560	105 600	132 960	56.4	51.8	60.6
	20-24	196 300	83 600	112 700	58.2	51.5	64.5
	25-34	326 780	140 040	186 740	59.6	52.0	67.0
	35-44	270 340	120 580	149 760	64.7	58.0	71.4
	45-54	174 560	78 360	96 180	66.9	59.6	74.5
	55-64	120 980	56 640	64 340	72.1	67.0	77.4
	65+	83 920	40 620	43 300	71.9	68.6	75.3
Urban population	15+	285 700	102 240	183 460	35.0	27.2	41.7
	10-14	47 600	20 300	27 300	26.8	23.7	29.8
	15-19	41 020	14 730	26 290	27.4	21.9	31.8
	20-24	34 010	11 220	22 790	29.1	21.3	35.5
	25-34	59 320	21 240	38 080	31.2	23.5	38.1
	35-44	54 360	18 700	35 660	37.0	27.7	44.9
	45-54	41 160	14 920	26 240	41.8	32.3	50.2
	55-64	32 080	12 340	19 740	49.0	40.8	56.0
	65+	23 750	9 090	14 660	49.4	41.2	55.3
Rural population	15+	1 125 740	523 220	602 520	77.4	70.4	84.6
	10-14	256 420	128 740	127 680	71.4	67.9	75.4
	15-19	197 540	90 870	106 670	72.3	66.6	78.1
	20-24	162 290	72 380	89 910	73.7	65.9	81.4
	25-34	267 460	118 800	148 660	74.8	66.4	83.2
	35-44	215 980	101 880	114 100	79.7	72.5	87.5
	45-54	133 400	63 460	69 940	82.2	74.4	90.7
	55-64	88 900	44 300	44 600	87.0	81.5	93.2
	65+	60 170	31 530	28 640	87.6	83.8	92.3

Table 7

country (or territory) and year of census or survey		age group	illiterate population			percentage of illiterates		
			total	male	female	total	male	female
Guatemala (contd.)								
1973	Total population	15+	1 528 732	651 915	876 817	54.0	46.4	61.5
		10-14	298 559	139 943	158 616	44.1	40.2	48.2
		15-19	243 253	101 424	141 829	43.5	37.0	49.7
		20-24	223 809	91 023	132 786	47.6	39.4	55.6
		25-34	334 850	138 435	196 415	53.2	44.7	61.5
		35-44	291 765	122 960	168 805	58.6	49.7	67.4
		45-54	206 807	92 492	114 315	62.5	54.9	70.3
		55-64	125 924	58 244	67 680	64.8	58.2	71.7
		65+	102 324	47 337	54 987	68.6	63.9	73.2
	Urban population	15+	291 380	97 460	193 920	28.2	20.0	35.5
		10-14	45 000	18 160	26 840	19.8	16.0	23.5
		15-19	39 220	12 580	26 640	19.0	13.0	24.3
		20-24	36 900	12 280	24 620	21.1	14.5	27.2
		25-34	56 460	18 300	38 160	26.1	17.9	33.4
		35-44	55 760	18 100	37 660	31.5	21.8	40.1
		45-54	44 660	15 160	29 500	36.9	26.4	46.4
		55-59	15 660	5 380	10 280	39.8	29.3	48.9
		60+	42 720	15 660	27 060	44.0	35.2	51.4
	Rural population	15+	1 235 220	549 980	685 240	68.6	59.9	77.6
		10-14	252 020	122 340	129 680	55.8	51.6	60.4
		15-19	204 460	88 880	115 580	57.7	49.9	65.5
		20-24	186 660	78 240	108 420	63.2	53.3	73.1
		25-34	278 320	119 480	158 840	68.1	58.3	77.9
		35-44	234 300	103 100	131 200	71.9	62.0	82.3
		45-54	161 560	76 600	84 960	77.0	68.9	86.1
		55-59	46 920	23 300	23 620	78.9	72.1	87.0
		60+	123 000	60 380	62 620	83.7	77.5	90.8
Haiti [18]								
1971	Total population	15+	2 005 052	884 678	1 120 374	78.7	73.8	83.1
		15-19	316 754	146 947	169 807	66.8	64.0	69.4
		20-24	242 836	101 059	141 777	70.1	63.7	75.5
		25-34	421 096	168 748	252 348	77.9	70.1	84.2
		35-44	405 270	179 254	226 016	84.4	79.0	89.1
		45-54	276 419	135 342	141 077	85.9	82.1	90.0
		55-64	165 720	78 574	87 146	87.9	84.3	91.5
		65+	176 957	74 754	102 203	90.7	88.1	92.6
	Urban population	15+	240 922	68 808	172 114	45.2	32.3	53.8
		15-19	39 944	10 217	29 727	33.7	22.1	41.2
		20-24	34 866	7 969	26 897	39.2	23.7	48.7
		25-34	53 736	14 158	39 578	46.3	31.0	56.1
		35-44	47 030	15 204	31 826	52.4	40.2	61.4
		45-54	29 709	10 642	19 067	52.1	41.6	60.6
		55-64	17 030	5 634	11 396	53.8	41.6	62.9
		65+	18 607	4 984	13 623	59.3	46.7	65.8
	Rural population	15+	1 764 130	815 870	948 260	87.6	82.8	92.2
		15-19	276 810	136 730	140 080	77.8	74.5	81.3
		20-24	207 970	93 090	114 880	80.7	74.5	86.6
		25-34	367 360	154 590	212 770	86.6	79.2	92.8
		35-44	358 240	164 050	194 190	91.7	86.8	96.3
		45-54	246 710	124 700	122 010	93.2	89.5	97.4
		55-64	148 690	72 940	75 750	94.8	91.5	98.2
		65+	158 350	69 770	88 580	96.7	94.0	98.8
1982	Total population	15+	2 004 791	926 751	1 078 040	65.2	62.7	67.5
		10-14	298 692	160 908	137 784	51.6	55.6	47.6
		15-19	229 764	116 949	112 815	44.9	46.5	43.5
		20-24	243 385	109 656	133 729	53.2	51.4	54.8
		25-34	437 083	188 767	248 316	64.4	60.9	67.4
		35-44	368 294	164 944	203 350	73.6	69.4	77.4
		45-54	293 847	143 543	150 304	75.8	71.9	80.0
		55-64	187 646	91 275	96 371	78.7	75.7	81.9
		65+	244 772	111 617	133 155	82.0	79.1	84.7

Table 7

country (or territory) and year of census or survey	age group	illiterate population total	male	female	percentage of illiterates total	male	female
Honduras [19]							
1961 Total population	15+	541 107	246 428	294 679	55.0	51.3	58.5
	10-14	100 915	53 791	47 124	42.9	44.4	41.3
	15-19	84 126	41 993	42 133	45.7	46.9	44.5
	20-24	78 149	36 071	42 078	49.5	47.4	51.5
	25-34	134 585	59 383	75 202	55.8	50.8	60.5
	35-44	102 961	46 164	56 797	60.6	55.1	66.0
	45-54	68 874	30 799	38 075	61.3	55.2	67.4
	55-64	44 684	20 035	24 649	62.3	56.2	68.4
	65+	27 728	11 983	15 745	58.9	52.6	64.9
Urban population	15+	64 243	23 392	40 851	26.1	21.0	30.4
	10-14	8 045	4 068	3 977	15.2	15.7	14.7
	15-19	7 671	3 088	4 583	17.1	15.5	18.3
	20-24	8 942	3 516	5 426	21.9	18.9	24.4
	25-34	15 289	5 675	9 614	25.1	19.9	29.7
	35-44	12 586	4 521	8 065	30.6	24.0	36.3
	45-54	9 314	3 241	6 073	33.2	25.4	39.6
	55-64	6 098	1 996	4 102	35.3	26.8	41.8
	65+	4 343	1 355	2 988	34.3	26.0	40.1
Rural population	15+	476 864	223 036	253 828	64.6	60.4	68.8
	10-14	92 870	49 723	43 147	51.0	52.3	49.5
	15-19	76 455	38 905	37 550	54.9	56.0	53.9
	20-24	69 207	32 555	36 652	59.2	56.7	61.6
	25-34	119 296	53 708	65 588	66.2	60.8	71.4
	35-44	90 375	41 643	48 732	70.2	64.2	76.3
	45-54	59 560	27 558	32 002	70.7	64.0	77.7
	55-64	38 586	18 039	20 547	70.9	64.0	78.3
	65+	23 385	10 628	12 757	67.9	60.3	75.9
1974 Total population	15+	594 194	274 815	319 379	43.1	41.1	44.9
	10-14	112 465	61 357	51 108	30.6	32.8	28.4
	15-19	77 741	40 400	37 341	26.9	28.9	25.1
	20-24	70 009	32 750	37 259	30.6	30.2	31.1
	25-34	123 264	56 581	66 683	40.3	38.4	42.1
	35-44	123 752	54 705	69 047	53.4	48.5	57.9
	45-54	95 382	43 051	52 331	60.7	55.6	65.8
	55-64	58 670	27 096	31 574	62.2	57.4	67.0
	65+	45 376	20 232	25 144	61.8	56.7	66.6
Urban population	15+	99 015	37 523	61 492	21.1	17.6	24.0
	10-14	12 192	6 491	5 701	10.7	11.6	9.9
	15-19	9 519	4 101	5 418	9.2	8.9	9.5
	20-24	10 410	4 223	6 187	12.3	11.1	13.3
	25-34	19 217	7 561	11 656	18.2	15.4	20.7
	35-44	21 127	7 698	13 429	28.5	22.4	33.8
	45-54	17 464	6 367	11 097	35.7	28.4	41.8
	55-64	11 431	4 138	7 293	39.1	32.3	44.5
	65+	9 847	3 435	6 412	40.8	33.8	45.8
Rural population	15+	495 179	237 292	257 887	54.4	52.1	56.8
	10-14	100 273	54 866	45 407	39.6	41.9	37.1
	15-19	68 222	36 299	31 923	36.8	38.8	34.8
	20-24	59 599	28 527	31 072	41.5	40.6	42.3
	25-34	104 047	49 020	55 027	52.0	49.9	53.9
	35-44	102 625	47 007	55 618	65.0	60.0	70.0
	45-54	77 918	36 684	41 234	72.1	66.6	77.8
	55-64	47 239	22 958	24 281	72.5	66.7	79.1
	65+	35 529	16 797	18 732	72.1	65.8	78.9
Jamaica [13]							
1960 Total population	15+	171 363	94 539	76 824	18.1	21.4	15.2
	10-14	8 682	5 997	2 685	5.0	6.9	3.1
	15-19	13 528	9 361	4 167	9.4	13.7	5.6
	20-24	15 496	9 401	6 095	12.4	16.5	9.0
	25-34	29 886	17 020	12 866	14.5	18.4	11.4
	35-44	32 343	17 788	14 555	18.9	22.0	16.1
	45-54	35 835	19 879	15 956	24.8	27.7	22.0
	55-64	23 666	12 363	11 303	27.2	29.5	25.2
	65+	20 609	8 727	11 882	29.6	30.6	28.9
1970 Total population	15+	38 063	20 374	17 689	3.9	4.4	3.5
	15-19	1 897	1 151	746	1.2	1.5	0.9
	20-24	1 918	1 087	831	1.5	1.9	1.3
	25-34	4 369	2 489	1 880	2.4	2.9	2.0
	35-44	5 913	3 244	2 669	3.8	4.4	3.2
	45-54	6 927	3 725	3 202	5.1	5.7	4.6
	55-64	7 959	4 230	3 729	7.2	7.8	6.6
	65+	9 080	4 448	4 632	9.2	10.2	8.4

Table 7

country (or territory) and year of census or survey	age group	illiterate population total	male	female	percentage of illiterates total	male	female
Martinique [16]							
1961 Total population	15+	25 497	12 137	13 360	15.4	15.7	15.1
	15-19	1 021	583	438	4.0	4.7	3.4
	20-24	943	513	430	5.0	6.3	4.0
	25-34	3 000	1 629	1 371	8.5	9.9	7.2
	35-44	3 741	2 045	1 696	12.4	14.1	10.8
	45-54	5 405	2 794	2 611	22.5	23.8	21.2
	55+	11 387	4 573	6 814	36.4	33.1	39.0
1967 Total population	15+	22 003	10 720	11 283	12.2	12.6	11.8
	15-19	504	327	177	1.4	1.9	1.0
	20-24	444	244	200	2.1	2.3	1.8
	25-34	1 771	961	810	5.4	6.4	4.5
	35-44	2 888	1 641	1 247	9.3	11.1	7.6
	45-54	4 223	2 325	1 898	16.9	19.2	14.7
	55-64	5 254	2 608	2 646	28.1	29.8	26.6
	65+	6 919	2 614	4 305	42.4	40.3	43.7
1982 Total population	15+	16 814	8 824	7 990	7.2	8.0	6.6
	10-14	548	313	235	1.4	1.5	1.2
	15-19	393	269	124	0.9	1.2	0.6
	20-24	477	307	170	1.4	1.7	1.1
	25-34	864	544	320	2.1	2.8	1.4
	35-44	1 099	658	441	3.4	4.4	2.5
	45-54	2 703	1 652	1 051	9.0	11.8	6.6
	55-64	3 281	1 871	1 410	13.7	16.7	11.0
	65+	7 997	3 523	4 474	29.2	30.7	28.1
Mexico [11]							
1960 Total population	15+	6 742 920	2 844 239	3 898 681	34.6	29.8	39.3
	10-14	1 237 765	633 940	603 825	28.4	28.4	28.4
	15-19	916 869	428 067	488 802	25.9	24.6	27.2
	20-24	825 635	339 972	485 663	28.0	24.2	31.5
	25-29	781 245	312 816	468 429	31.2	26.2	35.8
	30-39	1 323 049	542 213	780 836	33.3	27.5	39.0
	40-49	984 985	397 234	587 751	38.0	30.9	44.9
	50-59	837 298	350 725	486 573	45.0	37.6	52.3
	60+	1 073 839	473 212	600 627	52.3	46.7	57.8
Urban population	15+	2 154 061	795 962	1 358 099	21.3	16.7	25.5
	10-14	320 511	153 425	167 086	14.9	14.3	15.6
	15-19	240 795	101 590	139 205	13.5	12.0	14.9
	20-24	242 809	88 282	154 527	15.9	12.5	18.8
	25-29	230 638	82 909	147 729	18.0	13.9	21.5
	30-39	417 210	150 809	266 401	20.0	15.1	24.6
	40-49	323 590	113 964	209 626	23.6	17.3	29.4
	50-59	293 393	104 862	188 531	29.8	22.2	36.7
	60+	405 626	153 546	252 080	38.0	31.5	43.3
Rural population	15+	4 588 859	2 048 277	2 540 582	48.9	42.9	55.3
	10-14	917 251	480 515	436 736	41.4	41.4	41.4
	15-19	676 074	326 477	349 597	38.5	36.5	40.5
	20-24	582 826	251 690	331 136	41.1	36.1	46.0
	25-29	550 607	229 907	320 700	45.0	38.1	51.6
	30-39	905 839	391 404	514 435	47.9	40.4	55.8
	40-49	661 395	283 270	378 125	54.0	45.1	63.3
	50-59	543 905	245 863	298 042	62.0	53.4	71.4
	60+	668 213	319 666	348 547	67.9	60.7	76.1
1970 Total population	15+	6 693 706	2 772 999	3 920 707	25.8	21.8	29.6
	10-14	983 367	504 835	478 532	15.4	15.4	15.3
	15-19	759 858	346 729	413 129	15.0	13.9	16.1
	20-24	726 313	295 000	431 313	18.0	15.3	20.5
	25-34	1 343 369	543 794	799 575	22.9	19.0	26.7
	35-39	699 189	279 131	420 058	27.8	22.6	32.9
	40+	3 164 977	1 308 345	1 856 632	37.3	31.2	43.3
Urban population	15+	2 621 751	979 296	1 642 455	16.7	13.1	20.0
Rural population	15+	4 071 955	1 793 703	2 278 252	39.7	34.3	45.3
1980 Total population	15+	6 451 740	2 545 171	3 906 569	17.0	13.8	20.1
	15-19	541 947	239 380	302 567	7.1	6.4	7.8
	20-24	570 231	226 465	343 766	9.3	7.6	10.8
	25-34	1 148 797	449 183	699 614	13.3	10.7	15.8
	35-44	1 245 638	477 782	767 856	20.2	15.8	24.5
	45-54	1 076 731	407 398	669 333	25.8	19.9	31.4
	55-64	798 883	314 674	484 209	31.0	24.7	37.1
	65+	1 069 513	430 289	639 224	41.8	35.7	47.1

Table 7

country (or territory) and year of census or survey	age group	illiterate population total	male	female	percentage of illiterates total	male	female
Montserrat [13]							
1960 Total population	15+	1 334	561	773	19.5	20.3	18.9
	10-14	47	32	15	3.1	4.1	2.0
	15-19	41	31	10	3.1	4.8	1.5
	20-24	69	42	27	9.6	13.6	6.6
	25-34	153	89	64	17.3	25.4	12.0
	35-44	173	89	84	17.7	23.1	14.2
	45-54	222	109	113	20.2	24.1	17.5
	55-64	257	89	168	28.7	27.0	29.7
	65+	419	112	307	42.7	38.6	44.5
1970 Total population	15+	231	100	131	3.4	3.2	3.4
	15-19	13	7	6	1.2	1.3	1.1
	20-24	11	5	6	1.2	1.1	1.4
	25-34	11	4	7	1.2	0.9	1.6
	35-44	28	15	13	3.6	4.4	2.9
	45-54	32	19	13	3.4	4.9	2.3
	55-64	54	24	30	5.1	5.2	5.1
	65+	82	26	56	6.6	6.1	6.9
Netherlands Antilles [18]							
1971 Total population	15+	8 699	4 083	4 616	7.5	7.4	7.6
	10-14	266	163	103	11.4	13.9	8.8
	15-19	592	358	234	4.4	5.3	3.5
	20-24	624	362	262	3.6	4.2	2.9
	25-34	1 089	545	544	3.8	4.1	3.6
	35-44	1 123	509	614	5.1	4.9	5.3
	45-54	1 173	576	597	7.9	8.0	7.8
	55-64	1 856	823	1 033	16.8	15.8	17.8
	65+	2 242	910	1 332	27.7	26.5	28.6
1981 Total population	15+	10 236	4 497	5 739	6.2	5.8	6.6
	15-24	1 135	707	428	2.3	2.8	1.7
	25-44	1 970	861	1 109	2.9	2.8	3.1
	45+	7 131	2 929	4 202	14.6	13.2	15.7
Nicaragua [20]							
1963 Total population	15+	399 585	189 005	210 580	50.4	49.9	50.8
	10-14	89 970	48 535	41 435	45.9	48.0	43.6
	15-19	68 790	35 410	33 380	46.2	50.1	42.7
	20-24	56 930	27 400	29 530	47.7	48.6	46.8
	25-34	96 235	44 470	51 765	50.3	49.1	51.1
	35-44	76 075	36 365	39 710	53.2	51.5	54.8
	45-54	48 225	22 505	25 720	54.3	51.3	57.1
	55-64	30 080	13 505	16 575	52.4	49.5	55.1
	65+	23 250	9 350	13 900	53.0	48.0	56.9
Urban population	10+	86 400	32 200	54 200	20.6	17.5	23.0
Rural population	10+	402 000	206 000	196 000	70.2	69.2	71.3
1971 Total population	15+	410 755	193 475	217 277	42.5	42.0	42.9
	10-14	108 317	58 483	49 834	41.0	43.5	38.4
	15-19	69 205	35 966	33 239	34.1	36.9	31.6
	20-24	56 669	27 268	29 401	36.9	37.7	36.2
	25-34	90 176	41 542	48 631	42.1	41.1	42.9
	35-44	80 391	36 962	43 429	47.4	45.3	49.3
	45-54	53 347	24 613	28 734	50.3	48.0	52.5
	55-64	32 932	14 971	17 961	51.0	48.5	53.3
	65+	28 035	12 153	15 882	49.8	47 6	51.6
Urban population	15+	94 319	33 873	60 446	19.5	16.1	22.1
	10-14	17 694	9 033	8 661	13.9	14.6	13.3
	15-19	10 922	4 519	6 403	10.5	9.8	11.1
	20-24	10 675	4 065	6 610	13.9	12.2	15.2
	25-34	18 451	6 799	11 652	17.9	15.0	20.2
	35-44	19 646	7 085	12 561	23.7	19.2	27.3
	45-54	14 369	5 070	9 299	27.7	22.5	31.8
	55-64	10 048	3 262	6 786	30.4	23.8	35.0
	65+	10 208	3 073	7 135	32.4	25.5	36.6
Rural population	15+	316 436	159 605	156 831	65.4	63.8	67.0
	10-14	90 623	49 450	41 173	66.3	68.4	63.9
	15-19	58 283	31 447	26 836	58.8	61.0	56.4
	20-24	45 994	23 203	22 791	59.8	59.5	60.1
	25-34	71 725	34 746	36 979	64.6	62.5	66.6
	35-44	60 745	29 877	30 868	70.1	67.0	73.5
	45-54	38 978	19 543	19 435	72.0	68.2	76.3
	55-64	22 884	11 709	11 175	72.6	68.0	78.0
	65+	17 827	9 080	8 747	72.1	67.3	77.8

Table 7

country (or territory) and year of census or survey		age group	illiterate population			percentage of illiterates		
			total	male	female	total	male	female
Panama [21]								
1960	Total population	15+	162 204	79 554	82 650	26.7	25.8	27.6
		10-14	23 300	12 662	10 638	18.0	19.2	16.7
		15-19	17 426	8 335	9 091	16.3	15.8	16.7
		20-24	18 661	9 036	9 625	20.6	20.1	21.1
		25-34	34 545	16 661	17 884	24.5	23.4	25.6
		35-44	28 025	13 746	14 279	25.6	24.3	27.1
		45-54	24 534	12 350	12 184	32.3	30.7	34.2
		55-64	20 321	10 212	10 109	44.4	43.4	45.4
		65+	18 692	9 214	9 478	49.4	48.1	50.6
	Urban population	10+	20 120	8 234	11 886	6.2	5.3	6.9
	Rural population	10+	165 384	83 982	81 402	40.2	38.1	42.6
1970	Total population	15+	175 152	86 388	88 764	21.7	21.0	22.2
		10-14	27 497	15 156	12 341	15.9	17.1	14.5
		15-19	16 171	7 534	8 637	11.1	10.4	11.8
		20-24	17 972	8 669	9 303	14.3	14.0	14.8
		25-34	33 305	15 998	17 307	18.1	17.3	18.9
		35-44	33 171	16 330	16 841	24.7	23.8	25.7
		45-54	26 758	13 604	13 154	26.8	25.8	27.9
		55-64	22 228	11 469	10 759	33.9	32.8	35.1
		65+	25 547	12 784	12 763	48.2	48.7	47.9
	Urban population	15+	26 221	10 985	15 236	6.3	5.6	7.0
		10-14	...	...	...	5.0	...	...
		15-19	...	...	...	2.2	...	...
		20-24	...	...	...	3.0	...	...
		25-29	...	...	...	3.4	...	...
		30-34	...	...	...	4.0	...	...
		35-39	...	...	...	5.2	...	...
		40-44	...	...	...	6.5	...	...
		45-49	...	...	...	7.6	...	...
		50-54	...	...	...	8.5	...	...
		55-59	...	...	...	10.7	...	...
		60+	...	...	...	22.2	...	...
	Rural population	15+	149 162	75 687	73 475	38.1	35.5	41.1
		10-14	...	...	...	25.0	...	...
		15-19	...	...	...	20.9	...	...
		20-24	...	...	...	27.6	...	...
		25-29	...	...	...	31.5	...	...
		30-34	...	...	...	35.2	...	...
		35-39	...	...	...	41.7	...	...
		40-44	...	...	...	44.8	...	...
		45-49	...	...	...	46.4	...	...
		50-54	...	...	...	46.9	...	...
		55-59	...	...	...	49.5	...	...
		60+	...	...	...	69.0	...	...
1980	Total population	15+	156 531	74 737	81 794	14.4	13.7	15.1
		10-14	17 594	9 778	7 816	7.7	8.4	7.0
		15-19	10 036	4 467	5 569	5.0	4.5	5.5
		20-24	11 263	4 743	6 520	6.9	5.9	7.9
		25-34	28 336	12 803	15 533	10.9	9.9	11.9
		35-44	29 247	14 039	15 208	16.6	15.7	17.5
		45-54	27 645	13 705	13 940	22.5	21.7	23.4
		55-59	11 212	5 597	5 615	23.9	22.9	24.8
		60+	38 792	19 383	19 409	32.4	31.7	33.3
	Urban population	15+	26 727	11 373	15 354	4.5	4.1	4.9
		10-14	3 243	1 806	1 437	3.0	3.4	2.7
		15-19	1 892	925	967	1.8	1.9	1.7
		20-24	2 014	978	1 036	2.2	2.3	2.1
		25-34	4 608	2 236	2 372	3.1	3.2	3.1
		35-44	3 593	1 585	2 008	3.9	3.6	4.2
		45-54	3 835	1 528	2 307	6.1	5.1	7.0
		55-59	1 926	737	1 189	7.7	6.0	9.2
		60+	8 859	3 384	5 475	14.1	11.6	16.1
	Rural population	15+	129 804	63 364	66 440	26.0	23.6	28.9
		10-14	14 351	7 972	6 379	11.8	12.5	10.9
		15-19	8 144	3 542	4 602	8.8	7.1	10.8
		20-24	9 249	3 765	5 484	13.1	10.2	16.3
		25-34	23 728	10 567	13 161	21.0	17.9	24.4
		35-44	25 654	12 454	13 200	30.5	27.6	33.9
		45-54	23 810	12 177	11 633	40.1	37.0	43.9
		55-59	9 286	4 860	4 426	42.4	39.9	45.6
		60+	29 933	15 999	13 934	52.8	49.8	56.8

Table 7

country (or territory) and year of census or survey	age group	illiterate population total	male	female	percentage of illiterates total	male	female
Puerto Rico [22)							
1960 Total population	15+	261 140	111 480	149 660	19.4	17.0	21.7
	10-14	21 968	13 248	8 720	6.8	8.1	5.5
	15-19	18 676	10 192	8 484	7.4	8.2	6.7
	20-24	17 152	7 532	9 620	10.1	9.6	10.5
	25-34	29 332	11 652	17 680	11.2	9.8	12.4
	35-44	36 188	13 220	22 968	15.0	11.4	18.2
	45-54	40 544	15 920	24 624	22.2	16.6	28.5
	55-64	48 012	20 848	27 164	39.5	33.1	46.4
	65+	71 236	32 116	39 120	60.2	55.3	64.8
1970 Total population	15+	208 981	89 082	119 899	12.2	10.8	13.4
	10-14	12 505	7 458	5 047	3.7	4.4	3.1
	15-19	10 208	6 123	4 085	3.5	4.2	2.8
	20-24	10 630	5 451	5 179	4.6	5.1	4.2
	25-34	20 478	9 032	11 446	6.0	5.7	6.3
	35-44	23 413	9 052	14 361	8.5	6.9	10.0
	45-54	28 932	10 826	18 106	12.7	9.7	15.6
	55-64	38 150	15 004	23 146	21.5	16.6	26.5
	65+	77 170	33 534	43 576	43.4	39.1	47.4
Urban population	15+	87 440	34 017	53 423	8.4	6.9	9.6
	10-14	5 012	2 922	2 090	2.8	3.3	2.4
	15-19	3 705	2 212	1 493	2.3	2.8	1.8
	20-24	3 951	2 061	1 890	2.9	3.2	2.5
	25-34	7 567	3 290	4 277	3.5	3.3	3.7
	35-44	8 881	3 178	5 703	5.0	3.8	6.1
	45-54	11 654	4 075	7 579	8.2	5.9	10.3
	55-64	15 751	5 426	10 325	14.9	10.7	18.9
	65+	35 931	13 775	22 156	34.0	29.7	37.4
Rural population	15+	121 541	55 065	66 476	18.0	16.4	19.7
	10-14	7 493	4 536	2 957	4.8	5.7	3.9
	15-19	6 503	3 911	2 592	5.0	6.0	4.1
	20-24	6 679	3 390	3 289	7.2	8.0	6.7
	25-34	12 911	5 742	7 169	10.2	9.7	10.7
	35-44	14 532	5 874	8 658	15.1	12.6	17.5
	45-54	17 278	6 751	10 527	20.2	15.6	24.9
	55-64	22 399	9 578	12 821	31.0	24.3	39.0
	65+	41 239	19 819	21 420	57.2	50.0	65.8
1980 Total population	15+	239 095	107 372	131 723	10.9	10.3	11.5
	15-19	19 946	10 856	9 090	5.9	6.4	5.4
	20-24	16 607	8 804	7 803	6.1	6.8	5.5
	25-34	31 711	16 460	15 251	6.8	7.5	6.2
	35-44	31 778	14 854	16 924	8.8	8.8	8.9
	45-54	29 275	12 069	17 206	10.7	9.4	11.9
	55-64	34 869	13 752	21 117	15.4	12.6	17.9
	65+	74 909	30 577	44 332	29.6	25.4	33.5
Urban population	18+	125 206	...	...	9.3	...	...
	10-17	18 527	...	...	5.3	...	...
	18-44	47 902	...	...	5.8	...	...
	46-64	34 808	...	...	9.9	...	...
	65+	42 496	...	...	24.8	...	...
Rural population	18+	101 253	...	...	16.3	...	...
	10-17	14 453	...	...	7.2	...	...
	18-44	39 504	...	...	10.1	...	...
	45-64	29 336	...	...	19.9	...	...
	65+	32 413	...	...	40.0	...	...
St. Kitts and Nevis [13)							
1960 Total population	15+	3 605	1 492	2 113	11.8	11.2	12.2
	10-14	183	101	82	2.9	3.2	2.6
	15-19	104	73	31	2.1	3.1	1.2
	20-24	122	75	47	3.6	4.9	2.5
	25-34	322	167	155	5.8	6.9	4.9
	35-44	467	224	243	8.8	9.6	8.3
	45-54	807	343	464	15.3	14.3	16.1
	55-64	770	313	457	23.7	23.4	23.9
	65+	1 013	297	716	36.1	33.3	37.4
1970 Total population	15+	546	247	299	2.4	2.4	2.3
	15-19	74	39	35	1.5	1.6	1.5
	20-24	29	15	14	1.3	1.4	1.2
	25-34	47	23	24	1.7	2.1	1.6
	35-44	56	22	34	1.8	1.7	1.9
	45-54	89	41	48	2.5	2.6	2.5
	55-64	107	51	56	2.9	3.1	2.8
	65+	144	56	88	4.6	5.0	4.3

Table 7

country (or territory) and year of census or survey	age group	illiterate population total	male	female	percentage of illiterates total	male	female
St. Lucia [13]							
1970 Total population	15+	9 195	4 251	4 944	18.3	19.2	17.6
	15-19	370	229	141	3.9	4.9	2.8
	20-24	481	264	217	7.1	9.0	5.7
	25-34	1 314	638	676	15.1	16.8	13.7
	35-44	1 812	817	995	23.4	25.1	22.2
	45-54	1 809	880	929	25.9	27.2	24.8
	55-64	1 521	692	829	29.4	29.6	29.2
	65+	1 888	731	1 157	35.8	37.5	34.8
St. Pierre and Miquelon							
1962 Total population	15+	31	13	18	0.9	0.8	1.0
1967 Total population	15+	39	6	33	1.1	0.3	1.9
	15-19	5	–	5	0.9	–	1.9
	20-64	19	6	13	0.7	0.5	1.0
	65+	15	–	15	4.1	–	6.6
St. Vincent and the Grenadines							
[13] 1970 Total population	15+	1 839	779	1 060	4.4	4.2	4.5
	15-19	173	89	84	1.9	2.0	1.8
	20-24	132	59	73	2.2	2.2	2.3
	25-34	221	91	130	3.2	3.0	3.3
	35-44	272	125	144	4.4	4.8	4.0
	45-54	312	131	181	5.9	5.8	5.9
	55-64	353	160	193	8.1	8.3	8.1
	65+	376	124	252	9.0	8.4	9.3
Trinidad and Tobago [23]							
1970 Total population	15+	41 750	13 724	28 026	7.8	5.3	10.3
	10-14	1 230	652	578	1.0	1.0	0.9
	15-19	926	468	458	0.9	0.9	0.9
	20-24	1 235	498	737	1.5	1.3	1.8
	25-34	3 519	1 042	2 477	3.3	2.0	4.5
	35-44	7 676	1 782	5 894	9.3	4.5	13.8
	45-54	10 428	3 102	7 326	14.5	8.5	20.7
	55-64	8 661	3 176	5 485	18.3	13.1	23.6
	65+	9 305	3 656	5 649	23.2	20.8	25.0
1980 Total population	15+	34 800	11 890	22 910	5.1	3.5	6.6
	10-14	700	390	310	0.6	0.7	0.5
	15-19	970	530	440	0.7	0.8	0.7
	20-24	900	430	470	0.8	0.8	0.9
	25-34	1 800	890	910	1.1	1.1	1.2
	35-44	3 420	1 110	2 310	3.4	2.2	4.5
	45-54	7 200	1 910	5 290	10.0	5.5	14.1
	55-64	8 220	2 550	5 670	14.6	8.9	20.6
	65+	12 290	4 470	7 820	20.0	16.2	23.1
Turks and Caicos Islands [13]							
1960 Total population	15+	275	125	150	8.9	9.9	8.1
	10-14	14	7	7	2.0	2.0	2.1
	15-19	14	10	4	2.9	4.2	1.7
	20-24	18	7	11	5.9	6.0	5.9
	25-34	26	14	12	4.4	6.6	3.2
	35-44	47	24	23	7.9	9.3	6.8
	45-54	44	22	22	8.9	10.5	7.7
	55-64	41	17	24	13.3	14.6	12.4
	65+	85	31	54	25.9	29.5	24.2
1970 Total population	15+	56	18	38	1.9	1.4	2.3
	15-19	6	2	4	1.0	0.7	1.4
	20-24	2	–	2	0.7	–	1.2
	25-34	6	2	4	1.3	0.9	1.7
	35-44	6	2	4	1.3	1.2	1.3
	45-54	6	3	3	1.3	1.5	1.2
	55-64	6	2	4	1.7	1.3	2.1
	65+	24	7	17	7.0	5.3	8.1
United States							
1969 Total population	14+	1 435 000	708 000	727 000	1.0	1.1	1.0
	14-15	22 000	14 000	8 000	0.3	0.3	0.2
	16-24	76 000	47 000	29 000	0.3	0.3	0.2
	25-44	239 000	118 000	121 000	0.5	0.5	0.5
	45-64	448 000	257 000	191 000	1.1	1.3	0.9
	65+	650 000	272 000	378 000	3.4	3.4	3.5

Table 7

country (or territory) and year of census or survey	age group	illiterate population total	male	female	percentage of illiterates total	male	female
United States (contd.)							
1979 Total population	14+	...	...	...	0.5	...	...
	14-24	...	...	...	0.2	...	...
	25-44	...	...	...	0.3	...	...
	45-64	...	...	...	0.7	...	...
	65+	...	...	...	1.4	...	...
AMERICA, SOUTH							
Argentina [24]							
1960 Total population	15+	1 189 799	515 046	674 753	8.6	7.5	9.7
	15-19	84 529	45 186	39 343	5.0	5.4	4.6
	20-24	75 820	37 080	38 740	5.0	4.9	5.0
	25-34	164 287	73 812	90 475	5.3	4.8	5.8
	35-44	188 189	81 710	106 479	7.1	6.2	8.0
	45-54	218 727	94 778	123 949	10.0	8.6	11.5
	55-64	201 395	82 825	118 570	13.4	10.8	16.2
	65+	256 852	99 655	157 197	22.2	18.1	25.9
Urban population	15+	610 500	232 200	378 300	5.8	4.5	6.9
Rural population	15+	579 300	282 900	296 400	18.1	16.2	20.5
1970 Total population	15+	1 225 850	532 350	693 500	7.4	6.5	8.3
	10-14	100 550	54 900	45 650	4.6	4.9	4.2
	15-19	85 800	45 050	40 750	4.1	4.3	3.9
	20-24	83 100	44 050	39 050	4.3	4.5	4.0
	25-34	156 950	71 350	85 600	4.8	4.4	5.2
	35-44	176 150	78 650	97 500	5.7	5.1	6.3
	45-54	196 900	85 250	111 650	7.8	6.8	8.7
	55-64	229 200	97 000	132 200	11.7	10.2	13.2
	65+	297 750	111 000	186 750	18.3	15.0	20.9
1971 Total population	18+	1 177 400	...	...	8.4	...	...
1980 Total population	15+	1 184 964	543 174	641 790	6.1	5.7	6.4
	10-14	79 686	45 682	34 004	3.2	3.7	2.8
	15-19	70 135	41 832	28 303	3.0	3.6	2.4
	20-24	72 197	38 673	33 524	3.2	3.5	3.0
	25-29	83 473	43 882	39 591	3.9	4.2	3.7
	30-34	93 199	48 050	45 149	4.7	4.9	4.5
	35-39	90 098	44 030	46 068	5.2	5.1	5.3
	40-44	87 116	41 902	45 214	5.6	5.4	5.8
	45-49	88 451	41 585	46 866	5.9	5.6	6.3
	50-54	96 896	42 871	54 025	6.6	6.0	7.2
	55-59	98 384	43 258	55 126	7.7	7.0	8.4
	60-64	93 436	39 558	53 878	9.3	8.4	10.1
	65+	311 579	117 533	194 046	13.6	11.9	14.9
Urban population	10+	747 233	315 215	432 018	4.1	3.6	4.5
Rural population	10+	517 417	273 641	243 776	14.6	14.2	15.1
Bolivia [25]							
1976 Total population	15+	993 437	315 460	677 977	36.8	24.2	48.6
	10-14	57 885	19 004	38 881	10.6	6.8	14.7
	15-19	69 145	18 150	50 995	13.9	7.3	20.5
	20-24	79 628	19 931	59 697	19.5	10.0	28.5
	25-34	183 943	49 036	134 907	29.9	16.3	42.8
	35-44	196 862	58 833	138 029	45.0	28.1	60.6
	45-54	183 575	61 631	121 944	54.2	37.8	69.5
	55-64	136 014	50 802	85 212	64.6	51.1	76.5
	65+	144 270	57 077	87 193	74.5	65.3	82.0
Urban population	15+	176 748	34 393	142 355	15.2	6.2	23.2
	10-14	6 034	1 916	4 118	2.6	1.6	3.6
	15-19	10 146	1 829	8 317	4.1	1.5	6.6
	20-24	11 943	1 800	10 143	5.9	1.8	9.8
	25-34	28 263	4 182	24 081	10.4	3.2	17.2
	35-44	35 740	5 781	29 959	20.4	7.1	31.7
	45-54	37 555	7 406	30 149	27.9	11.8	42.1
	55-64	26 807	6 329	20 478	35.4	18.6	49.2
	65+	26 294	7 066	19 228	43.9	28.2	55.2
Rural population	15+	816 689	281 067	535 622	53.2	37.3	68.5
	10-14	51 851	17 088	34 763	16.5	10.4	23.3
	15-19	58 999	16 321	42 678	23.6	12.9	34.6
	20-24	67 685	18 131	49 554	32.8	17.9	47.0
	25-34	155 680	44 854	110 826	45.1	26.3	63.4
	35-44	161 122	53 052	108 070	61.7	41.5	80.9
	45-54	146 020	54 225	91 795	71.6	54.2	88.4
	55-64	109 207	44 473	64 734	80.8	68.0	92.9
	65+	117 976	50 011	67 965	88.1	80.2	95.1

Table 7

country (or territory) and year of census or survey		age group	illiterate population			percentage of illiterates		
			total	male	female	total	male	female
Brazil [11]								
1960	Total population	13+	16 856 600	7 473 074	9 383 526	39.0	35.0	42.9
		7-12	6 245 006	3 193 010	3 051 996	55.2	56.0	54.4
		13-19	3 424 799	1 708 897	1 715 902	33.4	34.3	32.5
		20-24	2 030 373	910 507	1 119 866	33.0	30.7	35.0
		25-29	1 817 108	776 741	1 040 367	34.9	30.8	38.7
		30-39	3 191 027	1 350 124	1 840 903	37.5	32.1	42.9
		40-49	2 636 150	1 144 608	1 491 542	44.3	37.5	51.3
		50-59	1 848 451	777 395	1 071 056	48.8	39.9	58.4
		60+	1 908 692	804 802	1 103 890	56.2	47.6	64.8
1970	Total population	15+	18 146 977	8 109 291	10 037 686	33.8	30.6	36.9
		10-14	3 491 936	1 848 630	1 643 306	29.6	31.3	27.9
		15-19	2 487 024	1 283 743	1 203 281	24.3	25.8	23.0
		20-24	2 199 723	1 029 884	1 169 839	26.6	25.6	27.6
		25-34	3 719 514	1 649 289	2 070 225	30.7	27.7	33.5
		35-44	3 446 517	1 477 819	1 968 698	35.9	30.9	40.8
		45-54	2 742 440	1 181 708	1 560 732	42.4	36.1	48.8
		55-64	1 946 096	833 979	1 112 117	47.8	40.5	55.4
		65+	1 605 663	652 869	952 794	54.0	46.0	61.2
	Urban population	15+	6 381 253	2 378 134	4 003 119	20.0	15.8	24.0
		10-14	851 630	446 770	404 860	13.4	14.3	12.5
		15-19	603 403	276 303	327 100	10.5	10.3	10.7
		20-24	622 538	248 626	373 912	12.9	10.9	14.6
		25-34	1 204 100	450 041	754 059	16.7	13.1	20.0
		35-44	1 263 157	459 376	803 781	21.7	16.3	26.8
		45-54	1 082 996	392 938	690 058	27.9	20.9	34.6
		55-64	838 807	293 574	545 233	34.1	25.1	42.3
		65+	766 252	257 276	508 976	41.5	31.4	50.0
	Rural population	15+	11 765 724	5 731 157	6 034 567	53.6	50.2	57.3
		10-14	2 640 306	1 401 860	1 238 446	48.5	50.3	46.5
		15-19	1 883 621	1 007 440	876 181	42.1	43.9	40.2
		20-24	1 577 185	781 258	795 927	45.9	44.6	47.4
		25-34	2 515 414	1 199 248	1 316 166	51.1	47.6	54.8
		35-44	2 183 360	1 018 443	1 164 917	57.7	51.9	64.0
		45-54	1 659 444	788 770	870 674	64.0	56.7	72.3
		55-64	1 107 289	540 405	566 884	68.9	60.8	78.7
		65+	839 411	395 593	443 818	74.3	66.0	83.7
1976	Total population	15+	15 644 700	6 916 600	8 728 100	24.3	22.0	26.5
		10-14	2 526 900	1 398 800	1 128 100	18.4	20.3	16.5
		15-19	1 666 400	936 600	729 800	13.7	15.8	11.7
		20-29	2 946 200	1 386 000	1 560 200	16.4	15.9	16.8
		30-59	7 928 700	3 350 600	4 578 200	28.4	24.3	32.5
		60+	3 103 400	1 243 400	1 859 900	49.1	41.2	56.3
1976	Total population	10+	18 171 552	8 315 449	9 856 103	23.2	21.7	24.8
	Urban population	10+	7 427 313	2 972 258	4 455 055	14.4	12.0	16.6
	Rural population	10+	10 744 239	5 343 191	5 401 048	40.6	39.4	41.9
1978	Total population	15+	16 223 404	7 308 436	8 914 965	23.9	22.0	25.7
		10-14	2 730 043	1 522 222	1 207 821	19.3	21.4	17.2
		15-19	1 661 644	950 273	711 371	13.1	15.3	11.0
		20-24	1 399 745	680 380	719 365	13.2	13.1	13.3
		25-29	1 451 447	670 896	780 551	16.9	16.1	17.7
		30-39	2 988 319	1 337 985	1 650 334	23.1	21.0	25.0
		40-49	2 914 012	1 230 470	1 683 539	29.6	25.3	33.8
		50-59	2 482 162	1 083 812	1 398 350	37.2	32.5	41.9
		60+	3 326 075	1 354 620	1 971 455	50.2	42.9	56.9
	Urban population	15+	7 308 975	2 870 786	4 438 189	15.6	12.8	18.1
		10-14	885 183	480 745	404 438	10.1	11.0	9.2
		15-19	524 999	278 259	246 740	6.2	6.9	5.6
		20-24	524 316	225 074	299 242	7.0	6.3	7.7
		25-29	571 793	243 824	327 969	9.4	8.3	10.3
		30-39	1 278 516	506 098	772 418	14.1	11.5	16.4
		40-49	1 360 761	505 440	855 321	20.0	15.3	24.4
		50-59	1 257 559	484 700	772 859	27.4	21.7	32.7
		60+	1 791 031	627 391	1 163 640	40.2	31.2	47.7
	Rural population	15+	8 914 429	4 437 653	4 476 776	42.4	40.9	43.9
		10-14	1 844 860	1 041 477	803 383	34.3	38.0	30.4
		15-19	1 136 645	672 014	464 631	26.5	30.3	22.5
		20-24	875 429	455 306	420 123	28.0	28.6	27.3
		25-29	879 654	427 072	452 582	35.7	34.6	36.9
		30-39	1 709 803	831 887	877 916	44.1	42.0	46.2
		40-49	1 553 251	725 033	828 218	51.2	46.5	56.2
		50-59	1 224 603	599 112	625 491	59.2	54.4	64.6
		60+	1 535 044	727 229	807 815	70.8	63.5	79.0

Table 7

country (or territory) and year of census or survey		age group	illiterate population			percentage of illiterates		
			total	male	female	total	male	female
Brazil (contd.)								
1980	Total population	15+	18 716 847	8 560 176	10 156 671	25.5	23.7	27.2
		10-14	3 676 448	2 029 877	1 646 571	25.8	28.4	23.2
		15-19	2 235 370	1 258 297	977 073	16.5	18.8	14.2
		20-24	1 799 071	900 410	898 661	15.6	15.9	15.4
		25-34	3 382 290	1 565 180	1 817 110	19.8	18.5	20.9
		35-44	3 380 639	1 490 425	1 890 214	28.0	24.9	31.0
		45-54	2 951 392	1 264 454	1 686 938	33.7	29.2	38.1
		55-64	2 335 250	993 481	1 341 769	41.8	36.2	47.3
		65+	2 632 835	1 087 929	1 544 906	53.8	47.5	59.3
	Urban population	15+	8 743 376	3 540 018	5 203 358	16.8	14.2	19.2
		10-14	1 299 216	715 522	583 694	14.3	15.9	12.7
		15-19	779 196	416 173	363 023	8.4	9.4	7.6
		20-24	710 745	332 876	377 869	8.6	8.3	8.8
		25-34	1 458 984	612 073	846 911	11.7	10.2	13.2
		35-44	1 562 977	618 938	944 039	18.4	15.0	21.6
		45-54	1 488 869	563 626	925 243	24.0	18.9	28.7
		55-64	1 252 899	464 458	788 441	32.0	25.2	38.0
		65+	1 489 706	531 874	957 832	44.1	35.9	50.4
	Rural population	15+	9 973 471	5 020 158	4 953 313	46.3	44.7	48.0
		10-14	2 377 232	1 314 355	1 062 877	45.9	49.4	42.2
		15-19	1 456 174	842 124	614 050	33.5	37.3	29.4
		20-24	1 088 326	567 534	520 792	33.7	34.2	33.2
		25-34	1 923 306	953 107	970 199	41.1	39.5	42.8
		35-44	1 817 662	871 487	946 175	50.9	47.2	54.9
		45-54	1 462 523	700 828	761 695	57.3	52.1	63.3
		55-64	1 082 351	529 023	553 328	64.9	58.4	72.6
		65+	1 143 129	556 055	587 074	75.6	68.9	83.1
Chile								
1960	Total population	15+	730 038	324 450	405 588	16.4	15.1	17.6
		7-14	298 626	154 349	144 277	21.3	21.9	20.7
		15-19	68 143	35 396	32 747	9.4	10.0	8.8
		20-24	68 525	32 994	35 531	11.5	11.5	11.4
		25-34	130 647	59 729	70 918	12.6	12.0	13.2
		35-44	129 667	57 270	72 397	16.6	15.1	18.1
		45-54	120 413	52 486	67 927	20.0	17.8	22.1
		55-64	102 322	42 883	59 439	25.9	22.6	28.9
		65+	110 321	43 692	66 629	34.8	31.0	37.9
	Urban population	15+	...	...	...	9.2	7.0	10.9
		15-19	...	...	...	4.2	3.6	4.7
		20-24	...	...	...	5.5	4.4	6.5
		25-29	...	...	...	5.9	4.6	7.0
		30-34	...	...	...	6.8	5.3	8.1
		35-39	...	...	...	8.6	6.7	10.1
		40-44	...	...	...	8.9	7.0	10.7
		45-49	...	...	...	10.0	7.7	11.9
		50-54	...	...	...	12.6	9.1	15.7
		55-59	...	...	...	15.1	10.9	18.5
		60-64	...	...	...	18.3	13.4	22.1
		65+	...	...	...	25.1	20.2	28.4
	Rural population	15+	...	...	...	33.6	31.2	36.6
		15-19	...	...	...	20.7	21.4	19.8
		20-24	...	...	...	25.2	24.8	25.8
		25-29	...	...	...	27.7	26.5	29.2
		30-34	...	...	...	30.9	29.0	33.1
		35-39	...	...	...	36.1	32.9	39.7
		40-44	...	...	...	36.9	33.3	41.2
		45-49	...	...	...	38.6	34.7	43.2
		50-54	...	...	...	42.3	37.9	48.0
		55-59	...	...	...	44.4	39.9	50.0
		60-64	...	...	...	48.7	43.3	55.2
		65+	...	...	...	56.1	49.2	63.6
1970	Total population	15+	594 749	262 937	331 812	11.0	10.1	11.8
		10-14	70 613	38 172	32 441	6.3	6.8	5.8
		15-19	34 783	17 927	16 856	3.8	4.0	3.6
		20-24	41 639	19 884	21 755	5.4	5.4	5.5
		25-34	91 461	41 664	49 797	8.0	7.6	8.4
		35-44	109 234	48 146	61 088	11.3	10.2	12.2
		45-54	102 097	44 290	57 807	15.3	13.8	16.6
		55-64	96 832	42 211	54 621	19.7	18.1	21.1
		65+	118 703	48 815	69 888	26.6	24.5	28.2

Table 7

country (or territory) and year of census or survey		age group	illiterate population			percentage of illiterates		
			total	male	female	total	male	female
Chile (contd.)								
1970	Urban population	15+	276 270	103 183	173 087	6.6	5.4	7.7
		10-14	33 222	17 508	15 714	4.1	4.3	3.8
		15-19	15 516	7 152	8 364	2.2	2.2	2.2
		20-24	18 114	7 337	10 777	3.0	2.6	3.3
		25-34	38 995	15 022	23 973	4.4	3.6	5.0
		35-44	47 628	17 610	30 018	6.3	5.0	7.5
		45-54	44 944	16 253	28 691	8.9	7.0	10.5
		55-64	45 940	16 377	29 563	12.6	10.1	14.6
		65+	65 133	23 432	41 701	19.5	16.8	21.5
	Rural population	15+	318 479	159 754	158 725	25.6	23.6	27.9
		10-14	37 391	20 664	16 727	12.7	13.4	11.9
		15-19	19 267	10 775	8 492	9.0	9.2	8.8
		20-24	23 525	12 547	10 978	14.1	13.6	14.8
		25-34	52 466	26 642	25 824	21.3	20.1	22.7
		35-44	61 606	30 536	31 070	28.7	26.4	31.3
		45-54	57 153	28 037	29 116	35.0	31.8	38.7
		55-64	50 892	25 834	25 058	39.8	36.3	44.1
		65+	53 570	25 383	28 187	47.3	42.8	52.3
1982	Total population	15+	681 039	315 538	365 501	8.9	8.5	9.2
		10-14	58 851	34 355	24 496	4.7	5.5	4.0
		15-19	44 757	26 264	18 493	3.4	4.0	2.8
		20-24	37 954	20 457	17 497	3.2	3.6	2.9
		25-34	78 614	38 196	40 418	4.6	4.6	4.6
		35-44	113 859	52 703	61 156	9.1	8.7	9.5
		45-54	122 305	55 269	67 036	13.0	12.3	13.7
		55-64	119 023	53 089	65 934	18.4	17.5	19.1
		65+	164 527	69 560	94 967	24.9	24.2	25.5
	Urban population	15+	397 557	165 546	232 011	6.2	5.5	6.8
		10-14	33 772	19 233	14 479	3.4	3.9	2.9
		15-19	27 992	15 488	12 504	2.6	3.0	2.3
		20-24	22 691	11 587	11 104	2.3	2.5	2.2
		25-34	45 470	20 464	25 006	3.1	3.0	3.3
		35-44	63 183	26 111	37 072	6.0	5.3	6.7
		45-54	68 288	27 033	41 255	8.8	7.5	9.9
		55-64	67 536	26 373	41 163	12.9	11.2	14.2
		65+	102 397	38 490	63 907	19.2	17.6	20.4
	Rural population	15+	283 482	149 992	133 490	21.9	20.9	23.2
		10-14	25 139	15 122	10 017	10.0	11.1	8.4
		15-19	16 765	10 776	5 989	7.2	8.3	5.9
		20-24	15 263	8 870	6 393	8.1	8.3	7.9
		25-34	33 144	17 732	15 412	12.7	12.2	13.2
		35-44	50 676	26 592	24 084	25.3	24.1	26.9
		45-54	54 017	28 236	25 781	33.3	31.6	35.4
		55-64	51 487	26 716	24 771	41.8	39.2	45.0
		65+	62 130	31 070	31 060	48.8	45.3	52.8
Colombia [26]								
1964	Total population	15+	2 526 590	1 128 546	1 398 044	27.1	25.2	28.9
		15-19	308 244	158 689	149 555	17.5	19.0	16.1
		20-24	284 223	131 198	153 025	20.1	19.5	20.5
		25-34	523 484	229 451	294 033	23.8	21.9	25.7
		35-44	481 422	208 973	272 449	29.3	26.0	32.4
		45-54	380 171	164 917	215 254	34.2	29.8	38.6
		55-64	277 472	120 541	156 931	41.3	36.4	46.1
		65+	271 574	114 777	156 797	51.8	47.7	55.2
	Urban population	15+	752 000	268 200	483 900	15.0	11.9	17.4
	Rural population	15+	1 774 600	860 400	914 200	41.3	38.4	44.4
1973	Total population	15+	2 110 850	933 027	1 177 823	19.2	18.0	20.2
		10-14	481 129	266 399	214 730	16.8	18.6	15.1
		15-19	253 924	132 997	120 927	11.0	12.3	9.9
		20-29	397 104	182 630	214 474	12.9	12.9	12.9
		30-39	401 689	169 485	232 204	19.2	17.3	20.9
		40+	1 058 133	447 915	610 218	30.0	26.4	33.2
	Urban population	15+	814 945	288 686	526 259	11.2	9.0	13.0
		10-14	172 862	90 734	82 128	9.6	10.3	8.9
		15-19	92 515	38 341	54 174	5.9	5.6	6.1
		20-29	138 986	50 227	88 759	6.6	5.5	7.5
		30-39	148 291	51 189	97 102	10.9	8.4	13.0
		40+	435 153	148 929	286 224	19.5	14.9	23.1

Table 7

country (or territory) and year of census or survey	age group	illiterate population			percentage of illiterates		
		total	male	female	total	male	female
Colombia (contd.)							
1973 Rural population	15+	1 295 905	644 341	651 564	34.7	32.8	36.8
	10-14	308 267	175 665	132 602	29.4	31.8	26.8
	15-19	161 409	94 656	66 753	22.1	24.0	19.9
	20-29	258 118	132 403	125 715	26.5	26.4	26.5
	30-39	253 398	118 296	135 102	34.6	31.9	37.3
	40+	622 980	298 986	323 994	47.9	42.8	54.0
1981 Total population	15+	2 407 458	1 091 407	1 316 051	14.8	13.6	16.1
	10-14	474 631	254 416	221 215	13.9	14.6	13.1
Urban population	15+	923 430	...	...	9.0	...	...
	10-14	158 227	...	...	7.8	...	...
Rural population	15+	1 484 028	...	...	24.8	...	...
	10-14	316 404	...	...	22.8	...	...
Ecuador [27]							
1962 Total population	15+	799 535	337 849	461 686	32.5	27.9	36.9
	10-14	118 504	60 118	58 386	21.4	21.1	21.7
	15-19	87 886	39 879	48 007	20.2	18.7	21.8
	20-24	95 127	40 091	55 036	25.1	21.9	28.1
	25-34	182 677	76 330	106 347	30.8	26.1	35.1
	35-44	160 983	67 727	93 256	37.3	31.7	42.9
	45-54	121 048	51 146	69 902	41.2	34.9	47.8
	55-64	81 500	34 267	47 233	43.9	36.9	50.9
	65+	70 314	28 409	41 905	48.9	41.9	55.2
Urban population	15+	107 742	33 774	73 968	11.9	8.1	15.2
	10-14	11 677	5 090	6 587	5.8	5.1	6.4
	15-19	9 571	3 203	6 368	5.7	4.1	7.0
	20-24	10 792	3 539	7 253	7.9	5.6	9.7
	25-34	21 473	6 889	14 584	10.0	6.8	12.7
	35-44	22 246	6 862	15 384	14.4	9.5	18.6
	45-54	18 517	5 751	12 766	17.3	11.5	22.4
	55-64	13 146	4 056	9 090	19.4	12.9	25.0
	65+	11 997	3 474	8 523	23.2	15.9	28.5
Rural population	15+	691 793	304 075	387 718	44.5	38.4	50.7
	10-14	106 827	55 028	51 799	30.4	29.6	31.3
	15-19	78 315	36 676	41 639	29.5	27.0	32.1
	20-24	84 335	36 552	47 783	35.1	30.5	39.7
	25-34	161 204	69 441	91 763	42.6	36.4	48.9
	35-44	138 737	60 865	77 872	50.3	43.1	57.9
	45-54	102 531	45 395	57 136	55.1	47.1	63.7
	55-64	68 354	30 211	38 143	58.1	49.3	67.6
	65+	58 317	24 935	33 382	63.4	54.1	72.6
1974 Total population	15+	932 723	390 435	542 288	25.8	21.8	29.6
	10-14	135 531	68 260	65 271	15.5	15.3	15.2
	15-19	89 002	40 557	48 445	12.7	11.6	13.7
	20-24	90 673	38 038	52 635	15.6	13.3	17.8
	25-34	174 961	70 753	104 208	21.7	17.8	25.7
	35-44	186 298	76 971	109 327	31.0	25.9	36.0
	45-54	151 903	64 357	87 546	37.1	31.3	43.0
	55-64	119 168	50 806	68 362	43.5	37.2	49.8
	65+	120 718	48 953	71 765	48.3	41.6	54.4
Urban population	15+	153 280	50 615	102 665	9.7	6.^	12.2
	10-14	15 723	7 318	8 405	4.3	4.1	4.5
	15-19	12 555	4 580	7 975	3.8	3.0	4.5
	20-24	12 853	4 410	8 443	4.7	3.5	5.8
	25-34	24 946	8 245	16 701	7.1	4.9	9.0
	35-44	29 723	9 662	20 061	12.0	8.3	15.3
	45-54	26 724	8 871	17 853	16.0	11.2	20.3
	55-64	22 456	7 442	15 014	20.5	14.7	25.5
	65+	24 023	7 405	16 618	24.4	17.4	29.6
Rural population	15+	779 443	339 820	439 623	38.2	32.3	44.4
	10-14	117 808	60 942	56 866	23.1	22.9	23.4
	15-19	76 447	35 977	40 470	20.5	18.4	22.9
	20-24	77 820	33 628	44 192	25.2	21.3	29.4
	25-34	150 015	62 508	87 507	33.3	27.2	39.6
	35-44	156 575	67 309	89 266	44.4	37.2	51.9
	45-54	125 179	55 486	69 693	51.8	44.0	60.3
	55-64	96 712	43 364	53 348	58.9	50.5	68.1
	65+	96 695	41 548	55 147	64.0	55.2	72.7

Table 7

country (or territory) and year of census or survey		age group	illiterate population total	male	female	percentage of illiterates total	male	female
Ecuador (contd.)								
1982	Total population	15+	758 272	298 018	460 254	16.1	12.8	19.4
		10-14	71 092	36 289	34 803	6.9	7.0	6.8
		15-19	46 139	20 187	25 952	5.2	4.6	5.9
		20-24	57 821	22 695	35 126	7.4	5.9	8.9
		25-34	123 618	45 638	77 980	11.0	8.3	13.7
		35-44	143 034	53 126	89 908	19.3	14.4	24.1
		45-54	138 518	55 253	83 265	26.8	21.6	31.9
		55-64	115 613	47 577	68 036	33.9	28.0	39.8
		65+	133 529	53 542	79 987	41.5	34.5	48.0
	Urban population	15+	154 736	51 134	103 602	6.2	4.3	8.0
		10-14	14 485	6 906	7 579	3.0	2.9	3.1
		15-19	9 405	3 619	5 786	2.0	1.6	2.4
		20-24	11 481	4 223	7 258	2.5	2.0	3.1
		25-34	22 860	7 405	15 455	3.6	2.4	4.7
		35-44	26 814	8 641	18 173	7.2	4.8	9.5
		45-54	28 036	9 522	18 514	11.1	7.9	14.1
		55-64	24 978	8 484	16 494	15.7	11.2	19.6
		65+	31 162	9 240	21 922	21.6	14.4	27.3
	Rural population	15+	603 536	246 884	356 652	27.3	21.7	33.1
		10-14	56 607	29 383	27 224	10.3	10.4	10.1
		15-19	36 734	16 568	20 166	9.1	7.8	10.6
		20-24	46 340	18 472	27 868	14.2	10.9	17.6
		25-34	100 758	38 233	62 525	20.5	15.5	25.6
		35-44	116 220	44 485	71 735	31.4	23.6	39.6
		45-54	110 482	45 731	64 751	41.6	33.7	49.9
		55-64	90 635	39 093	51 542	49.9	41.3	59.3
		65+	102 367	44 302	58 065	57.6	48.6	67.1
French Guiana								
1961	Total population	15+	5 825	3 155	2 670	27.8	29.3	26.3
		15-19	257	122	135	11.5	11.2	11.7
		20-24	313	146	167	16.2	16.3	16.0
		25-34	953	552	401	22.9	25.8	19.8
		35-44	1 089	631	458	26.4	29.1	23.5
		45-54	971	546	425	29.5	30.5	28.3
		55+	2 242	1 158	1 084	43.4	43.2	43.7
1967	Total population	15+	7 140	4 376	2 764	26.1	28.4	23.1
		15-19	559	335	224	14.5	17.1	11.8
		20-24	790	566	224	18.6	19.0	17.7
		25-34	1 499	985	514	27.1	32.3	20.7
		35-44	1 324	827	497	26.6	29.4	23.0
		45-54	1 158	683	475	30.1	32.5	27.3
		55-64	780	451	329	32.4	34.5	29.8
		65+	1 030	529	501	41.9	45.6	38.8
1982	Total population	15+	8 372	4 321	4 051	17.0	16.4	17.7
		10-14	457	228	229	5.8	5.7	5.8
		15-19	454	200	254	6.4	5.7	7.2
		20-24	792	342	450	10.9	7.9	15.1
		25-34	2 242	1 159	1 083	16.6	16.2	17.2
		35-44	1 719	896	823	19.7	18.8	20.9
		45-54	1 203	685	518	22.2	23.0	21.3
		55-64	907	515	392	25.0	27.0	22.7
		65+	1 055	524	531	28.9	30.8	27.4
Guyana [28]								
1960	Total population	15+	38 700	13 000	25 700	12.9	8.8	16.8
	Urban population	15+	1 500	500	1 000	2.8	2.0	3.3
	Rural population	15+	37 200	12 500	24 700	15.1	10.1	20.2
1970	Total population	15+	31 042	10 454	20 588	8.4	5.7	11.0
		15-19	1 237	589	648	1.6	1.5	1.6
		20-24	1 318	569	749	2.3	2.1	2.6
		25-34	3 395	1 355	2 040	4.6	3.8	5.4
		35-44	6 061	1 800	4 261	10.1	6.1	14.0
		45-54	7 463	2 161	5 302	16.7	9.5	24.1
		55-64	6 328	2 119	4 209	20.4	13.2	27.9
		65+	5 240	1 861	3 379	20.9	16.7	24.2

Table 7

country (or territory) and year of census or survey	age group	illiterate population total	male	female	percentage of illiterates total	male	female
Paraguay							
1962 Total population	15+	250 426	88 739	161 687	25.4	19.0	31.3
	10-14	59 741	30 931	28 810	25.7	26.0	25.4
	15-19	24 404	10 943	13 461	13.2	12.0	14.4
	20-24	23 007	8 962	14 045	15.9	13.1	18.5
	25-34	46 951	17 680	29 271	21.5	17.0	25.7
	35-44	46 724	16 487	30 237	27.4	20.3	34.0
	45-54	41 156	13 414	27 742	34.5	24.1	43.6
	55-64	30 126	9 591	20 535	39.8	27.6	50.4
	65+	38 058	11 662	26 396	53.7	37.3	66.7
1972 Total population	15+	256 690	93 150	163 540	19.9	14.9	24.5
	10-14	58 860	32 610	26 250	18.0	19.2	16.7
	15-19	23 400	10 200	13 200	9.1	7.9	10.2
	20-24	20 680	8 210	12 470	10.8	8.9	12.7
	25-34	40 800	16 140	24 660	14.8	11.9	17.6
	35-44	46 250	17 190	29 060	21.9	16.8	26.6
	45-54	45 350	16 090	29 260	28.4	20.8	35.5
	55-64	37 030	12 460	24 570	36.0	25.2	46.0
	65+	43 180	12 860	30 320	46.3	31.8	57.4
Urban population	15+	61 570	18 240	43 330	11.4	7.4	14.7
	10-14	12 780	6 490	6 290	10.7	11.1	10.2
	15-19	5 230	2 350	2 880	4.6	4.3	4.9
	20-24	3 910	1 390	2 520	4.9	3.9	5.7
	25-34	7 310	2 390	4 920	6.5	4.6	8.1
	35-44	9 560	2 900	6 660	11.2	7.4	14.5
	45-54	11 500	3 180	8 320	17.4	10.7	22.8
	55-64	10 170	2 620	7 550	23.3	13.3	31.6
	65+	13 890	3 410	10 480	34.5	21.4	43.0
Rural population	15+	195 120	74 910	120 210	25.9	19.7	32.3
	10-14	46 080	26 120	19 960	22.2	23.4	20.8
	15-19	18 170	7 850	10 320	12.5	10.6	14.5
	20-24	16 770	6 820	9 950	15.1	12.0	18.3
	25-34	33 490	13 750	19 740	20.5	16.4	24.8
	35-44	36 690	14 290	22 400	29.0	22.6	35.4
	45-54	33 850	12 910	20 940	36.2	27.1	45.6
	55-64	26 860	9 840	17 020	45.4	33.1	57.8
	65+	29 290	9 450	19 840	55.3	38.5	69.8
1982 Total population	15+	219 120	84 340	134 780	12.5	9.7	15.2
	10-14	28 410	15 140	13 270	7.6	7.9	7.2
	15-19	17 790	8 500	9 290	5.5	5.3	5.6
	20-24	17 920	7 440	10 480	6.3	5.3	7.3
	25-34	35 100	14 850	20 250	8.6	7.2	10.1
	35-44	36 590	14 220	22 370	13.1	10.1	16.0
	45-54	37 940	14 380	23 560	19.1	14.7	23.3
	55-64	32 170	11 760	20 410	24.4	18.2	30.3
	65+	41 610	13 190	28 420	33.2	23.5	41.1
Peru [29]							
1961 Total population	15+	2 185 646	704 833	1 480 813	38.9	25.6	51.7
	15-19	255 225	84 381	170 844	26.2	17.1	35.6
	20-24	257 936	76 037	181 899	30.4	18.1	42.5
	25-29	253 005	72 588	180 417	34.1	20.2	47.3
	30-34	216 300	66 213	150 087	34.9	21.3	48.7
	35-44	406 260	127 536	278 724	42.3	27.2	56.8
	45-54	318 811	108 301	210 510	48.6	33.8	62.6
	55-64	234 233	82 642	151 591	53.7	39.6	66.6
	65+	243 876	87 135	156 741	64.1	52.1	73.5
Urban population	15+	487 698	126 347	361 351	17.7	9.3	25.9
	15-19	49 141	14 021	35 120	9.8	5.6	14.1
	20-24	53 031	13 386	39 645	12.1	6.0	18.4
	25-34	98 144	22 759	75 385	14.4	6.7	22.0
	35-44	91 103	22 324	68 779	19.7	9.7	29.4
	45-54	78 095	20 896	57 199	25.0	13.6	35.9
	55-64	59 817	16 646	43 171	29.4	17.2	40.6
	65+	58 367	16 315	42 052	37.0	24.1	46.7
Rural population	15+	1 697 948	578 486	1 119 462	59.4	41.6	76.2
	15-19	206 084	70 360	135 724	43.6	29.1	58.8
	20-24	204 905	62 651	142 254	49.8	31.5	66.9
	25-34	371 161	116 042	255 119	54.8	35.2	73.4
	35-44	315 157	105 212	209 945	63.4	43.8	81.9
	45-54	240 716	87 405	153 311	70.0	52.3	86.8
	55-64	174 416	65 996	108 420	74.9	59.0	89.5
	65+	185 509	70 820	114 689	83.4	71.2	93.2

Table 7

country (or territory) and year of census or survey			age group	illiterate population			percentage of illiterates		
				total	male	female	total	male	female
Peru (contd.)									
	1972	Total population	15+	2 062 870	624 018	1 438 852	27.5	16.7	38.2
			10-14	250 667	100 870	149 797	14.8	11.5	18.3
			15-19	161 140	45 315	115 825	11.5	6.4	16.8
			20-24	178 679	45 163	133 516	15.7	8.0	23.4
			25-29	201 577	50 650	150 927	21.9	11.1	32.4
			30-39	429 360	119 464	309 896	28.9	16.1	41.6
			40-49	383 063	117 057	266 006	35.4	21.5	49.5
			50-59	288 186	96 745	191 441	42.3	28.3	56.4
			60+	420 865	149 624	271 241	53.7	40.8	65.1
		Urban population	15+	581 194	137 018	444 176	12.4	5.9	18.9
			10-14	45 048	17 704	27 344	4.5	3.5	5.5
			15-19	32 766	8 135	24 631	3.5	1.8	5.3
			20-24	41 632	8 281	33 351	5.5	2.2	8.8
			25-29	49 627	8 870	40 757	8.5	3.0	13.9
			30-39	116 945	23 894	93 051	12.9	5.3	20.7
			40-49	113 608	26 242	87 366	17.7	8.1	27.5
			50-59	91 648	23 855	67 793	23.3	12.1	34.4
			60+	134 968	37 741	97 227	31.9	19.3	42.7
		Rural population	15+	1 481 676	487 000	994 676	51.1	33.9	68.0
			10-14	205 619	83 166	122 453	29.9	22.9	37.8
			15-19	128 374	37 180	91 194	26.9	15.0	39.8
			20-24	137 047	36 882	100 165	36.5	19.9	52.5
			25-29	151 950	41 780	110 170	45.5	25.8	64.1
			30-39	312 415	95 570	216 845	53.7	33.3	73.5
			40-49	269 455	90 815	178 640	61.4	41.4	81.5
			50-59	196 538	72 890	123 648	68.4	50.2	87.0
			60+	285 897	111 883	174 014	79.3	65.3	91.9
	1981	Total population	15+	1 799 458	485 486	1 313 972	18.1	9.9	26.1
			10-14	169 446	68 447	100 999	7.8	6.2	9.5
			15-19	115 013	32 448	82 565	6.2	3.5	8.9
			20-24	122 706	27 452	95 254	7.7	3.5	11.8
			25-34	277 203	60 311	216 892	12.1	5.3	18.7
			35-39	186 199	41 776	144 423	21.1	9.7	32.0
			40+	1 098 337	323 499	774 838	33.0	19.6	46.2
Suriname									
	1964	Total population	15+	29 000	14 000	15 000	16.4	16.0	16.7
			15-34	13 000	6 000	7 000	14.0	13.3	14.6
			35-64	12 000	6 000	6 000	18.7	18.8	18.8
			65+	4 000	2 000	2 000	20.0	20.0	20.0
	1978 30)	Total population	15-59	60 305	20 677	39 628	35.0	31.6	37.1
Uruguay									
	1963	Total population	15+	177 296	89 715	87 581	9.6	9.8	9.3
			10-14	4 381	2 585	1 796	2.0	2.3	1.6
			15-19	4 710	2 957	1 753	2.3	2.9	1.7
			20-24	5 946	3 470	2 476	3.1	3.7	2.5
			25-34	16 492	9 278	7 214	4.3	4.9	3.7
			35-44	24 430	13 234	11 196	6.9	7.5	6.3
			45-54	32 504	16 947	15 557	11.3	11.8	10.9
			55-64	37 563	18 936	18 627	17.2	17.1	17.2
			65+	55 651	24 893	30 758	26.2	25.9	26.3
		Urban population	8+	129 500	58 400	71 100	7.2	6.8	7.6
		Rural population	8+	60 200	38 300	21 900	16.0	17.6	13.9
	1975	Total population	15+	124 664	65 007	59 657	6.1	6.6	5.7
			10-14	5 925	3 667	2 258	2.3	2.8	1.8
			15-19	3 213	1 988	1 225	1.4	1.7	1.0
			20-24	4 269	2 911	1 358	2.1	2.9	1.3
			25-34	8 685	5 240	3 445	2.4	2.9	1.9
			35-44	14 701	8 539	6 162	4.1	4.9	3.4
			45-54	20 448	11 084	9 364	6.0	6.6	5.5
			55-64	26 532	14 317	12 215	10.2	11.4	9.2
			65+	46 816	20 928	25 888	17.2	17.5	16.9
		Urban population	15+	87 500	40 200	47 300	5.2	5.1	5.2
			10-14	4 300	2 600	1 700	2.1	2.5	1.7
			15-19	2 100	1 100	1 000	1.1	1.2	1.0
			20-24	2 700	1 700	1 000	1.6	2.1	1.1
			25-34	5 400	2 900	2 500	1.8	2.0	1.6
			35-64	40 500	19 400	21 100	5.1	5.2	5.0
			65+	36 800	15 100	21 700	15.5	15.2	15.7

Table 7

country (or territory) and year of census or survey	age group	illiterate population total	male	female	percentage of illiterates total	male	female
Uruguay (contd.)							
1975 Rural population	15+	37 000	24 900	12 100	11.0	12.6	8.6
	10-14	1 600	1 100	500	3.5	4.5	2.3
	15-19	1 100	900	200	2.6	3.8	1.1
	20-24	1 500	1 200	300	4.0	5.6	1.8
	25-34	3 200	2 300	900	5.0	6.2	3.4
	35-64	16 900	11 600	5 300	12.1	14.0	9.3
	65+	14 300	8 900	5 400	26.3	27.7	24.2
1985 Total population	15+	108 400	57 300	51 100	5.0	5.6	4.5
	10-14	4 500	2 900	1 600	1.8	2.2	1.3
	15-19	3 200	1 900	1 300	1.4	1.7	1.1
	20-24	3 900	2 300	1 600	1.7	2.0	1.4
	25-34	9 100	5 500	3 600	2.2	2.7	1.7
	35-44	10 700	6 600	4 100	3.1	3.9	2.3
	45-54	15 400	9 100	6 300	4.7	5.8	3.8
	55-64	20 600	11 200	9 400	6.9	7.9	6.0
	65+	45 500	20 700	24 800	13.9	15.2	13.1
Urban population	15+	79 800	37 600	42 200	4.3	4.4	4.2
	10-14	3 500	2 200	1 300	1.6	2.0	1.2
	15-19	2 600	1 400	1 200	1.3	1.5	1.2
	20-24	2 900	1 600	1 300	1.5	1.7	1.3
	25-34	6 600	3 700	2 900	1.9	2.2	1.6
	35-44	6 900	3 800	3 100	2.3	2.7	2.0
	45-54	9 900	5 000	4 900	3.6	3.9	3.3
	55-64	14 200	6 800	7 400	5.5	5.9	5.2
	65+	36 700	15 300	21 400	12.5	13.1	12.2
Rural population	15+	28 600	19 700	8 900	9.6	11.1	7.4
	10-14	1 000	700	300	2.8	3.7	1.9
	15-19	600	500	100	1.8	2.5	0.7
	20-24	1 000	700	300	3.1	3.6	2.3
	25-34	2 500	1 800	700	4.3	5.5	2.8
	35-44	3 800	2 800	1 000	7.5	9.3	4.9
	45-54	5 500	4 100	1 400	11.6	14.1	7.7
	55-64	6 400	4 400	2 000	15.8	17.4	13.2
	65+	8 800	5 400	3 400	26.1	27.8	23.8
Venezuela [31]							
1961 Total population	15+	1 499 250	663 031	836 219	36.7	32.0	41.6
	10-14	235 541	128 057	109 484	26.1	27.5	24.7
	15-19	171 622	86 705	84 917	25.2	25.5	25.0
	20-24	169 482	75 552	93 930	27.4	24.2	30.6
	25-34	325 477	137 576	187 901	30.8	25.1	37.2
	35-44	297 819	126 779	171 040	40.4	32.9	48.6
	45-54	248 097	110 626	137 471	49.7	42.8	57.0
	55-64	171 858	78 113	93 745	57.4	53.3	61.5
	65+	114 895	47 680	67 215	58.1	57.0	58.9
Urban population	15+	545 100	...	...	20.9	...	...
Rural population	15+	876 100	...	...	62.7	...	...
1971 Total population	15+	1 373 561	585 928	787 633	23.5	20.3	26.6
	10-14	254 340	138 075	116 265	17.6	19.0	16.3
	15-19	153 432	79 819	73 613	12.7	13.4	12.0
	20-24	123 787	54 815	68 972	13.0	11.˜	14.1
	25-34	234 820	95 824	138 996	18.4	15.3	21.4
	35-44	264 100	105 177	158 923	26.4	20.7	32.2
	45-54	237 942	98 002	139 940	35.4	28.4	42.8
	55-64	193 542	82 591	110 951	45.9	39.6	52.1
1981 Total population	15+	1 319 265	579 180	740 085	15.3	13.5	17.0
	10-14	143 167	84 651	58 516	7.9	9.3	6.5
	15-19	112 289	64 807	47 482	6.8	7.8	5.7
	20-24	106 145	55 040	51 105	7.3	7.7	7.0
	25-34	198 884	92 072	106 812	9.0	8.4	9.6
	35-44	216 561	90 593	125 968	16.4	13.7	19.1
	45-54	240 800	97 065	143 735	25.7	20.5	30.9
	55-64	209 666	83 783	125 883	35.6	28.6	42.5
	65+	234 920	95 820	139 100	48.6	44.0	52.3

Table 7

country (or territory) and year of census or survey			age group	illiterate population			percentage of illiterates		
				total	male	female	total	male	female
ASIA									
Afghanistan [32]									
	1965	Total population	15+	7 509 000	3 472 000	4 037 000	93.6	88.0	99.0
			10-14	1 466 000	657 000	809 000	86.4	77.0	96.0
			15-19	1 315 000	617 000	698 000	91.4	85.0	98.0
			20-24	1 121 000	529 000	592 000	92.5	87.0	98.0
			25-34	1 778 000	849 000	929 000	94.5	90.0	99.0
			35-44	1 285 000	615 000	670 000	95.5	92.0	99.0
			45-54	914 000	429 000	485 000	98.1	96.0	100.0
			55-64	633 000	267 000	366 000	99.2	98.0	100.0
			65+	463 000	166 000	297 000	99.4	98.0	100.0
	1975	Total population	6+	...	...	...	87.8	80.8	96.3
		Urban population	6+	...	...	...	73.2	63.8	84.3
		Rural population	6+	...	...	...	90.5	83.8	98.4
	1979	Total population	15+	5 832 988	2 583 581	3 249 407	81.8	69.7	95.0
			10-14	948 950	353 850	595 100	61.5	42.6	83.5
			15-19	805 581	348 739	456 842	67.2	51.8	87.1
			20-24	757 878	313 006	444 872	73.0	57.2	90.8
			25-34	1 265 547	466 411	799 136	81.9	65.8	95.4
			35-44	1 113 414	476 943	636 471	88.3	77.8	98.3
			45-54	855 869	415 319	440 550	89.2	80.8	98.9
			55-64	564 422	300 228	264 194	91.1	84.9	99.3
			65+	470 277	262 935	207 342	93.1	88.6	99.4
		Urban population	15+	680 510	274 463	406 047	62.5	47.7	79.2
			10-14	95 233	35 457	59 776	37.0	25.7	50.1
			15-19	87 740	34 208	53 532	43.0	31.4	56.4
			20-24	82 418	28 425	53 993	49.5	33.5	66.0
			25-34	146 412	48 662	97 750	60.4	40.7	79.6
			35-44	131 632	51 345	80 287	72.1	54.3	91.2
			45-54	100 896	44 202	56 694	75.6	59.9	95.2
			55-64	68 773	34 178	34 595	80.3	68.4	97.0
			65+	62 639	33 443	29 196	84.9	76.0	97.9
		Rural population	15+	5 152 478	2 309 118	2 843 360	85.3	73.7	97.8
			10-14	853 717	318 393	535 324	66.4	46.1	90.2
			15-19	717 841	314 531	403 310	72.2	55.7	93.8
			20-24	675 460	284 581	390 879	77.6	61.5	95.8
			25-34	1 119 135	417 749	701 386	85.9	70.9	98.2
			35-44	981 782	425 598	556 184	91.0	82.1	99.4
			45-54	754 973	371 117	383 856	91.4	84.3	99.5
			55-64	495 649	266 050	229 599	92.8	87.6	99.6
			65+	407 638	229 492	178 146	94.5	90.8	99.7
Bahrain									
	1965	Total population	15+	72 727	37 569	35 158	71.5	63.9	81.8
			15-20	9 875	4 118	5 757	49.8	37.8	64.3
			21-30	23 261	12 606	10 655	70.8	65.2	78.9
			31-40	17 615	9 375	8 240	76.0	68.5	86.9
			41-50	10 923	5 880	5 043	81.0	73.2	92.3
			51-60	6 118	3 181	2 937	86.4	78.5	96.9
			61-75	3 797	1 919	1 878	91.2	84.9	98.6
			76+	1 138	490	648	94.5	88.9	99.2
	1971	Total population	15+	71 978	34 598	37 380	59.8	50.8	71.5
			10-14	7 619	2 542	5 077	25.4	16.7	34.4
			15-19	5 891	1 794	4 097	26.5	15.5	38.7
			20-24	6 884	3 041	3 843	41.8	31.7	55.8
			25-34	17 190	8 376	8 814	58.8	49.5	71.6
			35-44	16 885	8 339	8 546	73.1	63.0	86.6
			45-54	12 814	6 784	6 030	81.5	73.1	93.5
			55-64	6 862	3 673	3 189	88.3	81.9	97.2
			65+	5 452	2 591	2 861	91.8	85.2	98.7
		Urban population	15+	60 577	...	...	57.4	...	...
			10-14	5 361	...	...	20.9	...	...
			15-19	4 412	...	...	23.0	...	...
			20-24	5 788	...	...	39.8	...	...
			25-34	14 583	...	...	56.2	...	...
			35-44	14 397	...	...	70.8	...	...
			45+	21 397	...	...	84.0	...	...
		Rural population	15+	11 401	...	...	76.2	...	...
			10-14	2 258	...	...	51.7	...	...
			15-19	1 479	...	...	49.2	...	...
			20-24	1 096	...	...	57.1	...	...
			25-34	2 607	...	...	79.5	...	...
			35-44	2 488	...	...	89.6	...	...
			45+	3 731	...	...	93.7	...	...

Table 7

country (or territory) and year of census or survey		age group	illiterate population			percentage of illiterates		
			total	male	female	total	male	female
Bahrain (contd.)								
1981	Total population	15+	71 160	34 398	36 762	30.2	23.5	41.4
		10-14	2 157	469	1 688	6.3	2.7	9.9
		15-19	3 590	971	2 619	10.1	5.5	14.8
		20-24	6 955	3 421	3 534	16.7	13.8	21.2
		25-34	15 819	8 888	6 931	21.0	16.9	30.5
		35-44	14 893	6 657	8 236	38.1	26.1	60.7
		45-54	14 085	6 651	7 434	58.7	45.6	78.9
		55-64	9 049	4 569	4 480	74.6	64.2	89.5
		65+	6 769	3 241	3 528	87.2	79.8	95.4
Bangladesh [33]								
1961	Total population	15+	21 483 182	9 511 280	11 971 902	78.4	66.6	91.3
		10-14	3 234 788	1 629 656	1 605 132	69.6	62.4	78.8
		15-19	2 872 186	1 186 494	1 685 692	73.6	61.7	85.0
		20-24	2 890 157	1 140 089	1 750 068	75.8	62.5	88.0
		25+	15 720 839	7 184 697	8 536 142	79.9	68.1	93.4
	Urban population	15+	786 574	395 457	391 117	51.1	40.5	69.7
		10-14	137 296	74 593	62 703	47.6	45.6	50.3
		15-19	106 521	56 129	50 392	45.9	39.9	55.0
		20-24	117 301	63 287	54 014	44.9	36.6	61.0
		25+	562 752	276 041	286 711	53.9	41.6	75.2
	Rural population	15+	20 696 608	9 115 823	11 580 785	80.0	68.5	92.3
		10-14	3 097 492	1 555 063	1 542 429	71.1	63.6	80.7
		15-19	2 765 665	1 130 365	1 635 300	75.3	63.5	86.4
		20-24	2 772 856	1 076 802	1 696 054	78.1	65.2	89.3
		25+	15 158 087	6 908 656	8 249 431	81.3	69.9	94.2
1974	Total population	15+	27 531 843	12 228 895	15 302 948	74.2	62.7	86.8
		10-14	5 930 820	2 941 007	2 989 813	64.6	59.0	71.3
		15-19	3 740 038	1 673 391	2 066 647	63.2	53.1	74.8
		20-24	3 318 048	1 296 248	2 021 800	67.6	53.6	81.0
		25-34	6 653 154	2 728 659	3 924 495	74.5	62.1	86.4
		35-44	5 494 544	2 518 530	2 976 014	77.5	66.3	90.4
		45-54	3 879 323	1 823 760	2 055 563	79.7	68.5	93.3
		55-64	2 479 148	1 194 288	1 284 860	81.7	70.4	95.9
		65+	1 967 588	994 019	973 569	82.9	72.4	97.2
	Urban population	15+	1 846 447	906 854	939 593	51.9	42.1	66.8
		10-14	414 215	203 321	210 894	48.8	45.7	52.2
		15-19	271 305	132 730	138 575	43.4	38.4	49.5
		20-24	252 573	119 746	132 827	43.2	33.9	57.5
		25-34	475 736	230 762	244 974	50.8	40.2	67.5
		35-44	367 405	188 836	178 569	56.2	45.7	74.1
		45-54	236 993	119 240	117 753	59.1	46.8	80.5
		55-64	137 466	67 585	69 881	65.6	52.7	86.0
		65+	104 969	47 955	57 014	70.9	56.5	90.2
	Rural population	15+	25 685 396	11 322 041	14 363 355	76.5	65.3	88.5
		10-14	5 516 605	2 737 686	2 778 919	66.2	60.3	73.3
		15-19	3 468 733	1 540 661	1 928 072	65.5	54.9	77.6
		20-24	3 065 475	1 176 502	1 888 973	70.8	57.0	83.4
		25-34	6 177 418	2 497 897	3 679 521	77.3	65.5	88.1
		35-44	5 127 139	2 329 694	2 797 445	79.6	68.8	91.6
		45-54	3 642 330	1 704 520	1 937 810	81.6	70.8	94.2
		55-64	2 341 682	1 126 703	1 214 979	82.9	71.9	96.6
		65+	1 862 619	946 064	916 555	83.7	73.4	97.7
1981	Total population	15+	32 923 083	14 501 583	18 421 500	70.8	60.3	82.0
		10-14	8 715 441	4 545 096	4 170 345	74.8	73.0	76.9
		15-19	5 232 801	2 375 362	2 857 439	64.2	57.2	71.1
		20-24	4 371 789	1 727 112	2 644 677	64.5	53.2	74.8
		25-34	7 796 087	3 245 033	4 551 054	68.5	56.6	80.5
		35-44	6 020 420	2 670 465	3 349 955	74.0	62.4	86.9
		45-54	4 276 890	1 958 337	2 318 553	77.0	65.2	90.9
		55-64	2 832 959	1 331 169	1 501 790	79.4	67.6	93.9
		65+	2 392 137	1 194 105	1 198 032	81.0	70.0	95.9
	Urban population	15+	3 992 749	1 901 951	2 090 798	51.8	42.0	65.9
		10-14	1 082 320	560 084	522 236	60.3	59.1	61.6
		15-19	636 915	313 349	323 566	46.7	42.1	52.1
		20-24	581 301	262 010	319 291	44.6	35.4	56.7
		25-34	982 615	462 664	519 951	47.8	37.4	63.6
		35-44	712 389	353 247	359 142	54.6	43.6	72.8
		45-54	499 055	233 916	265 139	60.7	47.5	80.5
		55-64	310 324	147 324	163 000	65.5	52.0	85.6
		65+	270 150	129 441	140 709	70.7	57.4	89.9

Table 7

country (or territory) and year of census or survey		age group	illiterate population			percentage of illiterates		
			total	male	female	total	male	female
Bangladesh (contd.)								
1981	Rural population	15+	28 930 334	12 599 632	16 330 702	74.5	64.5	84.7
		10-14	7 633 121	3 985 012	3 648 109	77.5	75.5	79.7
		15-19	4 595 886	2 062 013	2 533 873	67.8	60.9	74.6
		20-24	3 790 488	1 465 102	2 325 386	69.2	58.5	78.2
		25-34	6 813 472	2 782 369	4 031 103	73.0	61.9	83.4
		35-44	5 308 031	2 317 218	2 990 813	77.7	66.8	89.0
		45-54	3 777 472	1 724 421	2 053 414	80.0	68.7	92.5
		55-64	2 522 635	1 183 845	1 338 790	81.5	70.2	95.0
		65+	2 121 987	1 064 664	1 057 323	82.5	72.0	96.7
Brunei Darussalam								
1960	Total population	15+	25 677	9 549	16 128	57.4	39.8	77.6
		10-14	2 292	683	1 609	25.7	15.0	36.8
		15-19	2 468	504	1 964	38.0	15.8	59.3
		20-24	3 053	888	2 165	46.3	26.3	67.2
		25-34	6 097	1 988	4 109	52.8	32.9	74.7
		35-44	4 961	1 848	3 113	58.9	39.4	83.5
		45-54	3 552	1 699	1 853	66.7	51.8	90.6
		55-59	1 316	756	560	78.8	69.4	96.6
		60+	4 230	1 866	2 364	89.7	80.5	98.7
1971	Total population	15+	27 795	10 464	17 331	36.1	24.5	50.3
		10-14	1 368	584	784	7.6	6.5	8.8
		15-19	1 400	545	855	8.8	6.6	11.3
		20-24	2 375	837	1 538	18.3	11.7	26.3
		25-34	5 727	1 669	4 058	32.6	17.0	52.4
		35-44	6 601	2 281	4 320	50.3	31.7	73.0
		45-54	4 988	2 049	2 939	59.0	41.6	83.4
		55-59	1 672	770	902	65.2	49.7	88.8
		60+	5 032	2 313	2 719	77.3	63.5	94.6
1981	Total population	15+	26 224	9 574	16 650	22.2	14.8	31.0
		10-14	1 224	612	612	5.7	5.6	5.8
		15-19	933	463	470	4.6	4.3	4.9
		20-24	1 786	905	881	7.9	7.3	8.5
		25-34	4 140	1 365	2 775	12.1	7.3	17.9
		35-44	5 318	1 452	3 866	30.5	14.6	51.3
		45-54	5 836	1 894	3 942	50.4	30.2	74.2
		55+	8 211	3 495	4 716	68.6	52.7	88.4
Cambodia								
1962	Total population	15+	2 050 046	598 859	1 451 187	63.9	37.7	89.6
		10-14	385 394	149 804	235 590	51.0	38.7	63.8
		15-19	253 794	69 438	184 356	47.7	26.0	69.5
		20-24	264 219	62 478	201 741	56.5	27.5	83.9
		25-34	521 689	142 588	379 101	65.4	36.4	93.2
		35-44	402 517	124 473	278 044	69.6	43.0	96.1
		45-54	297 119	97 075	200 044	71.9	46.9	97.1
		55-64	191 206	64 607	126 599	73.7	49.6	97.9
		65+	119 502	38 200	81 302	75.0	49.9	98.2
	Urban population	15+	144 302	28 872	115 430	44.2	17.4	71.9
		10-14	19 904	6 388	13 516	27.5	17.9	36.9
		15-19	14 643	2 983	11 660	26.9	11.0	42.7
		20-24	19 961	3 190	16 771	36.6	11.6	61.8
		25-34	42 182	7 899	34 283	45.6	16.4	77.3
		35-44	28 827	6 345	22 482	48.8	20.0	81.9
		45-54	19 531	4 393	15 138	54.2	24.0	85.5
		55-64	11 546	2 600	8 946	60.8	28.8	89.9
		65+	7 612	1 462	6 150	68.6	32.8	92.6
	Rural population	15+	1 905 744	569 987	1 335 757	66.1	40.0	91.5
		10-14	365 490	143 419	222 074	53.5	40.8	66.8
		15-19	239 151	66 455	172 696	50.0	27.7	72.6
		20-24	244 258	59 288	184 970	59.1	29.6	86.8
		25-34	479 507	134 689	344 818	67.9	39.2	95.1
		35-44	373 690	118 128	255 562	71.9	45.9	97.6
		45-54	277 588	92 682	184 906	73.6	49.1	98.2
		55-64	179 660	62 007	117 653	74.7	51.1	98.5
		65+	111 890	36 738	75 152	75.4	50.9	98.6
China [34]								
1982	Total population	15+	230 146 750	71 110 590	159 036 130	34.5	20.8	48.9
		15-19	11 783 220	2 710 540	9 072 680	9.4	4.3	14.7
		20-24	10 642 090	2 159 880	8 482 210	14.3	5.7	23.3
		25-34	39 953 810	9 587 710	30 366 100	24.1	11.2	38.0
		35-44	33 968 230	9 837 370	24 130 860	33.1	18.1	50.0
		45-54	49 905 630	16 850 740	33 054 890	56.6	36.2	79.4
		55-59	23 020 990	8 293 690	14 727 300	67.9	47.4	89.8
		60+	60 872 780	21 670 660	39 202 120	79.4	60.9	95.5

Table 7

country (or territory) and year of census or survey		age group	illiterate population			percentage of illiterates		
			total	male	female	total	male	female
China (contd.)								
1982	Urban population	15+	18 960 310	5 283 770	13 676 540	17.6	9.5	26.4
		15-19	391 730	122 120	269 610	2.3	1.4	3.2
		20-24	447 680	112 400	335 280	3.2	1.6	4.9
		25-34	1 946 380	488 470	1 457 910	7.0	3.4	10.9
		35-44	2 194 030	597 680	1 596 350	12.9	6.7	19.8
		45-54	4 847 420	1 288 570	3 558 850	31.5	15.6	49.9
		55-59	2 324 160	663 720	1 660 440	45.3	24.4	69.0
		60+	6 808 910	2 010 810	4 798 100	63.7	39.8	85.1
	Rural population	15+	211 186 440	65 826 820	145 359 620	37.8	23.1	53.2
		15-19	11 391 490	2 588 420	8 803 070	10.6	4.7	16.6
		20-24	10 194 410	2 047 480	8 146 930	16.9	6.7	27.5
		25-34	38 007 430	9 099 240	28 908 190	27.6	12.8	43.5
		35-44	31 774 200	9 239 690	22 534 510	37.1	20.4	56.1
		45-54	45 058 210	15 562 170	29 496 040	61.9	40.6	85.6
		55-59	20 696 830	7 629 970	13 066 860	71.9	51.6	93.3
		60+	54 063 870	19 659 850	34 404 020	82.0	64.4	97.1
Cyprus								
1960	Total population	15+	87 405	20 501	66 904	24.1	11.8	35.6
		10-14	542	225	317	0.8	0.7	1.0
		15-19	1 091	364	727	2.3	1.6	3.0
		20-24	2 376	494	1 882	5.1	2.2	7.7
		25-34	9 099	1 535	7 564	12.1	4.4	18.6
		35-44	14 308	2 439	11 869	22.8	8.0	36.6
		45-54	20 650	4 482	16 168	37.1	16.6	56.3
		55-59	7 764	2 102	5 662	40.4	20.6	62.6
		60+	32 117	9 085	23 032	58.9	34.9	80.7
1976	Total population	10+	...	...	...	9.5	3.5	15.2
1976	Total population	15+	...	...	...	*11.0	*4.0	*17.0
		15-39	...	...	...	*1.0	...	...
		40+	...	...	...	*23.0	...	...
	Urban population	15+	...	...	...	*7.0	...	...
	Rural population	15+	...	...	...	*15.0	...	...
Democratic Yemen								
1973	Total population	10+	736 224	254 177	482 047	72.9	52.3	92.1
	Urban population	10+	202 879	72 423	130 456	59.1	40.0	80.5
	Rural population	10+	435 920	136 935	298 985	77.4	53.8	96.8
	Nomad population	10+	97 425	44 819	52 606	94.2	88.3	99.9
Hong Kong [35]								
1960	Total population	15+	534 700	74 500	460 200	29.6	8.2	51.0
		10-14	20 300	6 100	14 200	5.8	3.2	8.8
		15-19	9 000	2 700	6 300	5.9	3.3	8.9
		20-24	22 700	4 100	18 600	11.9	4.0	20.9
		25-34	115 600	16 600	99 000	23.2	6.4	41.8
		35-44	129 300	20 600	108 700	30.3	9.3	53.0
		45-54	115 300	16 100	99 200	39.6	10.9	69.0
		55-64	83 800	9 500	74 300	53.0	15.0	78.5
		65+	59 000	4 900	54 100	65.8	17.4	88.0
1961	Total population	15+	530 073	92 676	437 397	28.6	9.8	48.1
		10-14	30 356	12 088	18 268	8.7	6.5	11.1
		15-19	14 806	5 544	9 262	9.0	6.1	12.4
		20-24	24 007	6 698	17 309	11.8	6.0	18.9
		25-34	115 948	23 239	92 709	22.4	8.4	38.8
		35-44	128 121	23 228	104 893	29.3	10.1	50.6
		45-54	111 634	18 594	93 040	38.4	12.7	64.4
		55-64	78 773	9 943	68 830	52.3	16.4	76.7
1966	Total population	15+	554 050	99 550	454 480	25.5	9.2	41.6
		10-14	15 830	6 090	9 740	3.6	2.6	4.6
		15-19	14 880	6 720	8 140	3.9	3.4	4.6
		20-24	16 040	4 380	11 660	8.3	4.3	12.9
		25-34	76 170	17 260	58 910	17.3	7.4	28.6
		35-44	143 070	26 470	116 600	29.5	10.8	48.6
		45-54	122 020	22 120	99 900	34.6	12.4	57.2
		55-64	103 390	14 940	88 450	49.9	16.8	74.8
		65+	78 480	7 660	70 820	65.4	21.5	83.9
		65+	56 784	5 430	51 354	64.7	20.8	83.2

Table 7

country (or territory) and year of census or survey			age group	illiterate population			percentage of illiterates		
				total	male	female	total	male	female
Hong Kong (contd.)									
	1971	Total population	15+	571 840	126 152	445 688	22.7	9.9	35.9
			10-14	10 011	3 996	6 015	1.9	1.5	2.4
			15-19	13 039	5 026	8 013	3.0	2.3	3.8
			20-24	16 124	6 035	10 089	4.8	3.5	6.2
			25-34	48 755	15 554	33 201	12.0	6.9	18.2
			35-44	131 072	32 184	98 888	26.2	12.2	41.6
			45-54	136 995	30 782	106 213	33.7	14.4	55.2
			55-64	116 419	22 426	93 993	43.7	17.6	67.6
			65+	110 436	14 145	96 291	62.2	23.9	81.3
India 36)									
	1961	Total population	15+	187 006 936	78 233 761	108 773 175	72.2	58.6	86.8
			10-14	28 462 395	11 975 116	16 487 279	57.7	45.6	71.6
			15-19	22 093 455	8 920 337	13 173 118	61.6	48.0	76.2
			20-24	24 790 213	9 139 740	15 650 473	66.4	50.2	81.8
			25-34	48 186 087	19 855 797	28 330 290	71.4	57.5	86.1
			35-44	36 027 726	15 691 963	20 335 763	74.6	61.1	89.8
			45-59	35 176 543	15 795 126	19 381 417	78.2	65.4	93.0
			60+	20 732 912	8 830 798	11 902 114	83.3	70.9	95.7
		Urban population	15+	21 838 352	8 451 725	13 386 627	45.3	31.5	62.8
			10-14	2 628 574	1 055 296	1 573 278	29.1	21.9	37.3
			15-19	2 256 804	870 477	1 386 327	31.7	22.3	43.3
			20-24	2 942 810	1 062 561	1 880 249	37.9	25.0	53.5
			25-34	5 764 376	2 219 165	3 545 211	44.2	30.7	61.1
			35-44	4 398 764	1 816 343	2 582 421	48.9	34.6	69.0
			45-59	4 068 920	1 640 794	2 428 126	54.3	38.2	75.8
			60+	2 406 678	842 385	1 564 293	64.0	44.3	84.2
		Rural population	15+	165 168 584	69 782 036	95 386 548	78.4	65.4	91.8
			10-14	25 833 821	10 919 820	14 914 001	64.1	50.9	79.3
			15-19	19 836 651	8 049 860	11 786 791	68.9	54.8	83.7
			20-24	21 847 403	8 077 179	13 770 224	73.9	57.9	88.2
			25-34	42 421 711	17 636 632	24 785 079	78.0	64.6	91.4
			35-44	31 628 962	13 875 620	17 753 342	80.4	67.9	94.0
			45-59	31 107 623	14 154 332	16 953 291	82.9	71.3	96.1
			60+	18 326 234	7 988 413	10 337 821	86.7	75.7	97.7
	1971	Total population	15+	209 429 991	86 345 501	123 084 490	65.9	52.3	80.6
			10-14	34 644 082	14 676 536	19 967 546	50.4	40.2	61.9
			15-19	23 096 452	9 236 938	13 859 514	48.7	36.6	62.3
			20-24	23 822 205	8 479 609	15 342 596	55.3	39.3	71.3
			25-34	50 217 559	19 274 573	30 942 986	65.2	49.9	80.7
			35+	112 293 775	49 354 381	62 939 394	74.8	62.0	89.3
		Urban population	15+	26 359 544	10 110 717	16 248 827	39.6	27.6	54.5
			10-14	3 231 174	1 370 319	1 860 855	23.8	19.1	28.9
			15-19	2 546 836	1 028 498	1 518 338	23.3	17.2	30.5
			20-24	3 015 809	1 077 620	1 938 189	28.8	18.8	41.0
			25-34	6 365 264	2 342 934	4 022 330	38.4	25.9	53.3
			35+	14 431 635	5 661 665	8 769 970	50.6	35.5	69.7
		Rural population	15+	183 070 447	76 234 784	106 835 663	72.9	59.4	87.0
			10-14	31 412 908	13 306 217	18 106 691	56.9	45.4	70.0
			15-19	20 549 616	8 208 440	12 341 176	56.3	42.6	71.5
			20-24	20 806 396	7 401 989	13 404 407	63.7	46.7	79.8
			25-34	43 852 295	16 931 639	26 920 656	72.6	57.1	87.4
			35+	97 862 140	43 692 716	54 169 424	80.5	68.6	93.5
	1981	Total population	15+	238 097 747	93 899 834	144 197 913	59.2	45.2	74.3
			10-14	37 290 123	14 957 724	22 332 399	43.5	33.1	55.2
			15-19	28 582 428	11 480 784	17 101 644	44.6	33.9	56.7
			20-24	27 497 781	9 690 257	17 807 524	48.0	33.5	62.8
			25-34	51 160 336	18 596 823	32 563 513	54.9	39.3	71.0
			35-59	96 946 774	39 730 709	57 216 065	67.2	52.5	83.5
			60+	33 910 428	14 401 261	19 509 167	78.5	65.4	92.2
		Urban population	15+	34 856 080	12 791 547	22 064 533	34.9	23.6	48.1
			10-14	4 243 434	1 792 114	2 451 320	21.9	17.6	26.6
			15-19	3 878 586	1 599 064	2 279 522	23.1	17.9	29.2
			20-24	4 084 855	1 481 444	2 603 411	25.3	17.1	34.8
			25-34	7 568 361	2 641 951	4 926 410	30.5	19.8	43.0
			35-59	14 333 957	5 368 847	8 965 110	42.4	28.5	60.1
			60+	4 990 321	1 700 241	3 290 080	59.1	40.0	78.4

Table 7

country (or territory) and year of census or survey		age group	illiterate population			percentage of illiterates		
			total	male	female	total	male	female
India (contd.)								
1981	Rural population	15+	203 241 667	81 108 287	122 133 380	67.3	52.7	82.4
		10-14	33 046 689	13 165 610	19 881 079	49.8	37.6	63.6
		15-19	24 703 842	9 881 720	14 822 122	52.3	39.6	66.3
		20-24	23 412 926	8 208 813	15 204 113	56.9	40.5	72.8
		25-34	43 591 975	15 954 872	27 637 103	63.8	46.9	80.4
		35-59	82 612 817	34 361 862	48 250 955	74.8	60.7	90.0
		60+	28 920 107	12 701 020	16 219 087	83.3	71.5	95.6
Indonesia [37]								
1961	Total population	15+	34 004 677	12 750 008	21 254 669	61.0	47.2	73.9
		10-14	2 483 465	1 133 456	1 350 009	30.4	26.2	35.0
		15-19	2 747 222	1 024 320	1 722 902	35.6	26.7	44.5
		20-24	3 570 419	995 606	2 574 813	45.8	28.8	59.3
		25-34	9 395 301	3 082 376	6 312 925	59.2	42.0	73.9
		35-44	7 387 206	2 934 693	4 452 513	66.7	51.3	83.0
		45-54	5 474 784	2 276 813	3 197 971	77.7	64.0	91.8
		55-64	3 185 156	1 424 574	1 760 582	85.0	75.1	95.1
		65+	2 244 589	1 011 626	1 232 963	88.9	82.0	95.4
1971	Total population	15+	28 802 722	9 707 044	19 095 678	43.4	30.5	55.4
		10-14	2 662 138	1 233 971	1 428 167	18.8	16.8	20.9
		15-19	2 015 943	745 900	1 270 043	17.8	13.3	22.1
		20-24	1 829 731	475 414	1 354 317	22.8	13.2	30.6
		25-34	6 412 563	1 696 823	4 715 740	38.1	22.1	51.5
		35-44	7 496 372	2 574 593	4 921 779	53.2	36.7	69.6
		45-54	5 346 811	1 981 862	3 364 949	62.8	45.8	80.4
		55-64	3 324 301	1 250 752	2 073 549	72.8	56.6	88.0
		65+	2 377 001	981 700	1 395 301	79.7	67.8	90.8
	Urban population	15+	2 765 792	723 157	2 042 635	23.3	12.4	33.9
		10-14	244 663	106 043	138 620	9.7	8.3	11.1
		15-19	166 089	53 612	112 477	6.9	4.5	9.3
		20-24	150 336	33 840	116 496	8.5	3.9	12.9
		25-34	549 390	112 561	436 829	18.6	7.8	28.9
		35-44	730 672	192 485	538 187	32.4	17.1	47.4
		45-54	542 231	150 236	391 995	40.5	22.0	59.4
		55-64	346 395	96 536	249 859	50.9	29.3	71.1
		65+	280 679	83 887	196 792	61.4	41.1	77.7
	Rural population	15+	26 036 930	8 983 887	17 053 043	47.8	34.5	59.9
		10-14	2 417 475	1 127 928	1 289 547	20.7	18.5	23.1
		15-19	1 849 854	692 288	1 157 566	20.7	15.7	25.6
		20-24	1 679 395	441 574	1 237 821	26.8	16.1	35.1
		25-34	5 863 173	1 584 262	4 278 911	42.3	25.5	55.9
		35-44	6 765 700	2 382 108	4 383 592	57.2	40.4	73.9
		45-54	4 804 580	1 831 626	2 972 954	67.0	50.2	84.3
		55-64	2 977 906	1 154 216	1 823 690	76.7	61.4	91.0
		65+	2 096 322	897 813	1 198 509	83.0	72.2	93.4
1980	Total population	15+	28 325 026	9 490 915	18 834 111	32.7	22.5	42.3
		10-14	1 759 845	849 169	910 676	10.0	9.3	10.7
		15-19	1 993 655	739 759	1 253 896	13.1	9.9	16.1
		20-24	2 123 457	663 893	1 459 564	16.3	11.1	20.8
		25-34	4 332 996	1 406 854	2 926 142	22.2	14.6	29.6
		35-44	6 064 249	1 821 514	4 242 735	38.0	23.3	52.2
		45-49	3 110 924	1 032 886	2 078 038	50.6	34.3	66.3
		50+	10 699 745	3 826 009	6 873 736	63.8	46.8	79.9
	Urban population	15+	3 326 747	878 646	2 448 101	16.5	8.8	24.0
		10-14	157 136	71 388	85 748	4.0	3.6	4.4
		15-19	213 011	65 636	147 375	5.2	3.3	7.0
		20-24	220 513	62 390	158 123	6.2	3.6	8.8
		25-34	388 231	102 847	285 384	8.3	4.3	12.5
		35-44	661 490	144 844	516 646	19.4	8.5	30.6
		45-49	381 158	95 220	285 938	31.2	16.2	45.2
		50+	1 462 344	407 709	1 054 635	45.2	26.2	62.9
	Rural population	15+	24 998 279	8 612 269	16 386 010	37.6	26.8	47.7
		10-14	1 602 709	777 781	824 928	11.7	10.9	12.6
		15-19	1 780 644	674 123	1 106 521	16.0	12.2	19.6
		20-24	1 902 944	601 503	1 301 441	20.1	14.2	25.0
		25-34	3 944 765	1 304 007	2 640 758	26.6	18.0	34.8
		35-44	5 402 759	1 676 670	3 726 089	43.0	27.4	57.9
		45-49	2 729 766	937 666	1 792 100	55.5	38.7	71.6
		50+	9 237 401	3 418 300	5 819 101	68.2	51.6	84.0

Table 7

country (or territory) and year of census or survey			age group	illiterate population			percentage of illiterates		
				total	male	female	total	male	female
Iran, Islamic Rep. of									
	1966	Total population	15+	10 407 726	4 663 164	5 744 562	77.2	67.1	87.7
			10-14	1 433 196	535 920	897 276	47.7	33.7	63.4
			15-19	1 235 113	465 607	769 506	58.1	43.9	72.2
			20-24	1 132 386	411 160	721 226	67.6	52.0	81.4
			25-34	2 593 145	1 117 870	1 475 275	78.3	67.2	89.4
			35-44	2 240 554	1 107 100	1 133 454	81.9	73.9	91.7
			45-54	1 343 565	650 863	692 702	84.9	76.7	94.6
			55-64	979 957	468 108	511 849	89.5	82.5	97.1
			65+	883 006	442 456	440 550	91.7	86.1	98.2
		Urban population	7+	3 770 000	1 532 000	2 239 000	49.6	38.6	61.7
		Rural population	7+	9 540 000	4 304 000	5 236 000	84.9	74.6	95.7
	1968	Total population	6+	14 567 000	6 247 000	8 320 000	66.6	55.4	78.6
		Urban population	6+	3 929 000	1 524 000	2 405 000	44.4	33.5	55.9
		Rural population	6+	10 638 000	4 723 000	5 915 000	81.7	70.1	94.2
	1971	Total population	6+	14 095 000	5 956 000	8 138 000	63.1	52.3	74.5
		Urban population	6+	3 981 000	1 529 000	2 451 000	41.4	31.3	51.9
		Rural population	6+	10 114 000	4 427 000	5 687 000	79.6	68.1	91.7
	1976	Total population	15+	11 733 299	4 875 377	6 857 922	63.5	51.8	75.6
			10-14	1 109 749	318 190	791 559	25.8	14.1	38.8
			15-19	1 387 733	463 505	924 228	38.7	25.6	52.2
			20-24	1 380 444	451 049	929 395	49.8	33.9	64.5
			25-34	2 300 095	832 343	1 467 752	60.9	45.5	75.3
			35-44	2 418 114	1 064 927	1 353 187	74.4	63.0	86.9
			45-54	2 145 278	1 038 017	1 107 261	80.2	71.4	90.7
			55-64	1 058 566	515 728	542 838	83.8	75.6	93.5
			65+	1 043 069	509 808	533 261	89.7	83.5	96.5
		Urban population	15+	4 068 074	1 591 770	2 476 304	44.0	32.7	56.5
			10-14	164 791	47 019	117 772	8.0	4.3	12.1
			15-19	331 104	115 634	215 470	17.3	11.3	24.3
			20-24	450 443	154 752	295 691	29.6	19.7	40.2
			25-34	785 695	266 018	519 677	39.7	26.1	54.1
			35-44	877 114	353 752	523 362	57.0	43.0	73.2
			45-54	785 303	338 512	446 791	65.3	52.2	80.7
			55-64	417 160	181 153	236 007	71.7	58.4	86.9
			65+	421 255	181 949	239 306	81.8	70.7	93.0
		Rural population	15+	7 665 225	3 283 607	4 381 618	83.0	72.3	93.4
			10-14	944 958	271 171	673 787	42.5	23.4	63.1
			15-19	1 056 629	347 871	708 758	63.2	44.2	80.0
			20-24	930 001	296 297	633 704	74.3	54.3	89.8
			25-34	1 514 400	566 325	948 075	84.2	69.8	96.0
			35-44	1 541 000	711 175	829 825	90.1	82.0	98.5
			45-54	1 359 975	699 505	660 470	92.4	87.0	99.0
			55-64	641 406	334 575	306 831	94.2	89.8	99.4
			65+	621 814	327 859	293 955	95.9	92.9	99.5
	1981	Total population	7+	13 778 000	5 310 000	8 468 000	45.2	33.8	57.3
		Urban population	7+	4 187 000	1 560 000	2 627 000	27.6	19.7	36.1
		Rural population	7+	9 591 000	3 751 000	5 842 000	62.7	48.1	77.8
Iraq									
	1965	Total population	15+	3 089 546	1 320 836	1 768 710	75.8	64.5	87.2
			10-14	476 338	169 260	307 078	49.0	32.4	68.5
			15-19	340 926	115 721	225 205	53.8	35.4	73.2
			20-24	338 486	118 261	220 225	62.7	43.6	82.1
			25-34	719 462	275 386	444 076	77.2	61.9	91.1
			35-44	619 819	281 836	337 983	83.7	73.9	94.1
			45-54	387 342	216 410	170 932	78.7	81.8	75.1
			55-64	295 067	138 509	156 558	90.2	83.2	97.5
			65+	388 444	174 713	213 731	94.2	89.9	98.1
Israel [38]									
	1961	Total population	14+	225 935	68 315	157 620	15.8	9.5	22.3
			14-19	13 515	4 020	9 495	6.1	3.5	8.9
			20-24	16 740	4 410	12 330	11.5	6.0	17.1
			25-44	86 645	24 140	62 505	15.8	9.0	22.4
			45-64	74 715	24 405	50 310	18.4	11.6	25.6
			65+	34 320	11 340	22 980	32.1	21.6	42.4

Table 7

country (or territory) and year of census or survey		age group	illiterate population			percentage of illiterates		
			total	male	female	total	male	female
Israel (contd.)								
1961	Jewish population	14+	156 470	46 765	109 705	12.1	7.2	17.1
		14-19	3 780	1 465	2 315	2.0	1.5	2.5
		20-24	8 090	2 140	5 950	6.5	3.5	9.6
		25-34	30 715	8 530	22 185	12.1	7.0	17.0
		35-44	29 770	8 705	21 065	12.2	7.2	17.2
		45-54	30 550	9 390	21 160	13.0	7.7	18.5
		55-64	27 365	8 620	18 745	18.6	11.1	26.9
		65+	26 200	7 915	18 285	27.2	16.6	37.4
	Non Jewish	14+	69 465	21 550	47 915	51.7	32.0	71.5
	population	14-19	9 735	2 555	7 180	33.2	16.4	52.4
		20-24	8 650	2 270	6 380	40.6	20.4	62.7
		25-29	8 045	2 000	6 045	46.9	23.1	71.2
		30-44	18 115	4 905	13 210	55.7	31.5	78.0
		45-64	16 800	6 395	10 405	70.7	56.1	84.1
		65+	8 120	3 425	4 695	79.0	69.6	87.7
1972	Total population	15+	238 296	73 074	165 222	12.1	7.4	16.7
		15-29	33 768	11 027	22 741	4.2	2.7	5.8
		30-44	63 687	16 150	47 537	14.1	7.3	20.6
		45+	140 841	45 897	94 944	19.5	12.9	25.9
	Urban population	15+	181 175	55 125	126 050	10.6	6.5	14.7
		15-29	18 000	6 790	11 210	2.7	2.0	3.4
		30-44	46 330	11 575	34 755	11.9	6.1	17.3
		45+	116 845	36 760	80 085	18.0	11.5	24.3
	Rural population	15+	57 121	17 949	39 172	21.4	13.1	30.3
		15-29	15 768	4 237	11 531	12.0	6.2	18.5
		30-44	17 357	4 575	12 782	27.9	14.6	41.6
		45+	23 996	9 137	14 859	32.6	24.5	40.9
1983	Total population	15+	224 080	67 020	157 140	8.2	5.0	11.3
		15-17	2 175	635	1 540	0.1	0.1	0.1
		18-24	7 495	2 625	4 870	1.6	1.1	2.2
		25-34	15 515	4 635	10 880	2.5	1.5	3.5
		35-44	26 540	6 810	19 730	6.3	3.3	9.2
		45-54	49 580	13 645	35 935	14.7	8.4	20.6
		55-64	49 385	13 980	35 405	16.2	10.0	21.7
		65+	73 390	24 610	48 780	20.2	14.5	25.3
Jordan 39)								
1961	Total population	15+	630 023	228 851	401 172	67.6	49.9	84.8
		15-19	84 839	23 542	61 297	45.3	25.0	66.0
		20-24	84 070	25 418	58 652	60.0	37.6	80.9
		25-29	78 608	25 446	53 162	65.8	44.3	85.6
		30-39	119 568	39 273	80 295	69.4	48.1	88.6
		40-49	86 830	33 975	52 855	77.6	61.7	93.1
		50+	176 108	81 197	94 911	87.6	78.9	96.8
1976	Total population	15+	...	...	...	32.4	19.0	45.6
		15-19	...	...	...	6.2	3.6	9.0
		20-24	...	...	...	13.1	4.5	20.7
		25-34	...	...	...	26.7	9.1	41.4
		35-44	...	...	...	46.2	23.2	67.6
		45-54	...	...	...	51.7	30.3	75.1
		55-64	...	...	...	65.5	46.5	86.7
		65+	...	...	...	80.2	70.	93.7
1979	Total population	15+	...	...	...	34.6	19.9	49.5
		15-19	...	...	...	7.5	2.4	13.2
		20-24	...	...	...	14.6	5.2	23.5
		25-29	...	...	...	23.3	7.7	37.0
		30-34	...	...	...	32.0	11.2	53.0
		35-44	...	...	...	49.1	25.7	72.1
		45-54	...	...	...	59.9	38.5	84.0
		55-64	...	...	...	69.7	52.6	87.4
		65+	...	...	...	84.3	73.7	94.5
Korea, Republic of 40)								
1960	Total population	15+	4 359 570	1 212 027	3 147 543	29.4	16.6	41.8
		13-14	94 434	28 092	66 342	8.5	4.8	12.6
		15-24	464 390	136 663	327 727	10.0	5.6	14.7
		25-34	643 571	112 618	530 953	18.6	6.8	29.1
		35-44	863 240	216 672	646 568	33.2	17.0	48.8
		45-54	896 765	273 933	622 832	46.8	28.9	64.3
		55-64	779 129	253 503	525 626	63.3	43.1	81.8
		65+	712 475	218 638	493 837	75.2	53.1	92.2

Table 7

country (or territory) and year of census or survey		age group	illiterate population			percentage of illiterates		
			total	male	female	total	male	female
Korea, Republic of (contd.)								
1970	Total population	15+	2 263 783	500 196	1 763 587	12.4	5.6	19.0
		10-14	35 540	13 818	21 722	0.8	0.6	1.0
		15-19	24 424	10 228	14 196	0.8	0.7	0.9
		20-24	28 744	10 396	18 348	1.1	0.8	1.5
		25-34	145 068	29 375	115 693	3.3	1.3	5.3
		35-44	327 419	48 954	278 465	9.9	3.0	16.3
		45-54	510 976	108 078	402 898	22.1	9.5	34.3
		55+	1 227 152	293 165	933 987	47.9	26.5	64.4
	Urban population	15+	458 760	77 779	380 981	5.7	2.0	9.3
		10-14	10 574	3 465	7 109	0.6	0.4	0.9
		15-19	7 867	2 345	5 522	0.5	0.3	0.7
		20-24	7 298	2 210	5 088	0.6	0.4	0.8
		25-34	29 533	5 626	23 907	1.4	0.5	2.2
		35-44	58 435	7 497	50 938	4.2	1.1	7.3
		45-54	98 980	16 941	82 039	11.7	4.0	19.7
		55+	256 647	43 160	213 487	34.9	14.4	49.1
	Rural population	15+	1 805 023	422 417	1 382 606	17.8	8.5	26.6
		10-14	24 966	10 353	14 613	0.9	0.7	1.1
		15-19	16 557	7 883	8 674	1.1	1.0	1.2
		20-24	21 446	8 186	13 260	1.7	1.2	2.4
		25-34	115 535	23 749	91 786	5.2	2.3	8.1
		35-44	268 984	41 457	227 527	14.0	4.6	22.5
		45-54	411 996	91 137	320 859	28.1	12.9	42.3
		55+	970 505	250 005	720 500	53.2	30.9	70.9
Kuwait [41])								
1961	Total population	6+	120 654	71 928	48 726	53.2	47.8	64.1
1965	Total population	10+	155 397	88 240	67 157	45.6	39.4	57.8
1970	Total population	15+	188 282	93 916	94 366	45.0	36.6	58.1
		10-14	9 740	3 177	6 563	13.3	8.3	18.7
		15-19	17 476	7 157	10 319	28.3	21.8	35.7
		20-24	27 714	14 094	13 620	38.0	33.7	43.7
		25-34	57 369	28 926	28 443	41.5	33.1	55.9
		35-44	24 193	12 654	11 539	47.0	36.3	69.5
		45-54	37 990	20 313	17 677	57.8	45.9	82.3
		55-64	12 082	5 660	6 422	76.3	63.3	93.0
		65+	11 458	5 112	6 346	89.4	81.5	97.0
1975	Total population	15+	223 970	102 192	121 778	40.4	32.0	52.0
		10-14	14 504	4 577	9 927	13.4	8.3	18.7
		15-19	19 925	7 566	12 359	23.0	16.9	29.6
		20-24	28 789	13 236	15 553	32.4	27.3	38.5
		25-34	59 601	26 098	33 503	35.6	27.3	46.6
		35-44	52 128	24 939	27 189	45.2	33.9	65.3
		45-54	32 258	16 197	16 061	57.5	45.0	79.8
		55-64	17 714	8 223	9 491	73.4	60.1	90.8
		65+	13 555	5 933	7 622	87.0	78.3	95.3
	Kuwaiti population	15+	122 209	41 500	80 709	51.2	35.0	67.2
		10-14	11 405	3 380	8 025	18.7	10.9	26.7
		15-19	12 409	2 807	9 602	25.4	11.9	37.9
		20-24	15 156	3 940	11 216	36.1	19.3	52.1
		25-34	29 612	7 983	21 629	49.7	28.0	69.5
		35-44	24 864	8 926	15 938	63.8	43.8	85.6
		45-54	17 803	7 660	10 143	75.6	60.9	92.5
		55+	22 365	10 184	12 181	87.2	77.6	97.2
	Non Kuwaiti population	15+	101 761	60 692	41 069	32.3	30.2	35.9
		10-14	3 099	1 197	1 902	6.5	4.9	8.2
		15-19	7 516	4 759	2 757	19.9	22.3	16.8
		20-24	13 633	9 296	4 337	29.1	33.2	23.0
		25-34	29 989	18 115	11 874	27.8	27.0	29.1
		35-44	27 264	16 013	11 251	35.8	30.1	48.9
		45-54	14 455	8 537	5 918	44.3	36.4	64.6
		55+	8 904	3 972	4 932	63.4	48.9	83.3
1980	Total population	15+	263 840	135 869	127 971	32.5	27.2	40.9
		15-19	20 125	8 822	11 303	16.8	13.7	20.3
		20-24	31 208	16 770	14 438	25.1	23.1	27.8
		25-34	71 917	39 233	32 684	27.7	24.3	33.6
		35-44	63 876	32 836	31 040	36.7	28.5	52.8
		45-54	41 487	22 021	19 466	48.7	38.4	70.1
		55-59	11 340	5 551	5 789	59.4	46.4	81.1
		60+	23 887	10 636	13 251	77.7	65.6	91.1

Table 7

country (or territory) and year of census or survey		age group	illiterate population			percentage of illiterates		
			total	male	female	total	male	female
Kuwait (contd.)								
1980	Kuwaiti population	15+	121 177	37 733	83 444	42.2	26.9	56.6
		15-19	11 198	2 486	8 712	18.3	8.3	28.1
		20-24	12 947	2 808	10 139	25.8	11.9	38.2
		25-34	26 648	5 742	20 906	37.6	17.6	54.6
		35-44	26 141	7 985	18 156	55.8	34.3	77.2
		45-54	19 641	7 811	11 830	68.4	51.3	87.7
		55-59	6 808	2 860	3 948	77.2	63.2	91.9
		60+	17 794	8 041	9 753	85.6	75.7	96.0
	Non Kuwaiti	15+	142 663	98 136	44 527	27.2	27.3	26.9
	population	15-19	8 927	6 336	2 591	15.2	18.6	10.6
		20-24	18 261	13 962	4 299	24.6	28.6	17.0
		25-34	45 269	33 491	11 778	24.0	25.9	20.0
		35-44	37 735	24 851	12 884	29.7	27.1	36.5
		45-54	21 846	14 210	7 636	38.7	33.7	53.5
		55-59	4 532	2 691	1 841	44.1	36.2	64.7
		60+	6 093	2 595	3 498	61.1	46.5	79.7
1985	Total population	15+	273 513	141 082	132 431	25.5	21.8	31.2
		10-14	6 877	2 184	4 693	4.0	2.5	5.5
		15-19	11 244	2 981	8 263	7.7	4.1	11.4
		20-24	25 583	10 943	14 640	17.2	14.2	20.5
		25-34	80 761	46 403	34 358	22.4	20.5	25.4
		35-44	67 407	35 927	31 480	28.6	23.4	38.2
		45-54	48 878	26 155	22 723	42.7	33.4	63.2
		55-59	13 825	7 125	6 700	43.7	35.3	58.4
		60+	25 815	11 548	14 267	71.7	58.7	87.3
	Kuwaiti population	15+	110 269	31 764	78 505	31.5	18.6	43.7
		10-14	5 604	1 702	3 902	6.3	3.8	8.9
		15-19	7 335	1 566	5 769	9.7	4.1	15.2
		20-24	9 253	1 520	7 733	15.1	5.2	24.2
		25-34	21 864	3 785	18 079	24.5	9.0	38.3
		35-44	23 189	5 245	17 944	43.1	21.1	62.1
		45-54	21 692	7 772	13 920	68.7	46.5	93.6
		55-59	7 620	3 198	4 422	49.9	40.8	59.5
		60+	19 316	8 678	10 638	82.5	72.0	93.6
	Non Kuwaiti population	15+	163 244	109 318	53 926	22.7	23.0	22.0
		10-14	1 273	482	791	1.5	1.1	1.9
		15-19	3 909	1 415	2 494	5.6	4.1	7.2
		20-24	16 330	9 423	6 907	18.8	19.9	17.5
		25-34	58 897	42 618	16 279	21.7	23.2	18.5
		35-44	44 218	30 682	13 536	24.3	23.9	25.3
		45-54	27 186	18 383	8 803	32.8	29.8	41.7
		55-59	6 205	3 927	2 278	37.9	31.9	56.5
		60+	6 499	2 870	3 629	51.5	37.6	72.9
Lao People's Dem. Rep.								
1962	Total population	15+	1 025 000	456 000	569 000	71.7	70.0	73.0
		10-14	142 000	60 000	82 000	52.4	46.0	58.0
		15-19	125 000	55 000	70 000	55.8	48.0	64.0
		20-24	130 000	61 000	69 000	67.7	64.0	71.0
		25-34	236 000	106 000	130 000	74.0	75.0	73.0
		35-44	191 000	85 000	106 000	73.7	72.0	75.0
		45-54	151 000	70 000	81 000	78.1	77.0	79.0
		55-64	107 000	44 000	63 000	82.3	80.0	84.0
		65+	85 000	35 000	50 000	84.2	83.0	85.0
Lebanon								
1970	Total population	10+	...	...	...	...	21.5	42.1
		10-14	...	...	...	...	6.1	15.3
		15-19	...	...	...	...	8.5	20.7
		20-24	...	...	...	...	11.0	28.6
		25-29	...	...	...	...	15.2	37.8
		30-39	...	...	...	...	25.0	51.3
		40-49	...	...	...	...	31.2	59.8
		50-59	...	...	...	...	35.4	66.8
		60+	...	...	...	...	53.9	79.4
	Rural population	10+	...	...	...	...	25.9	52.7
		10-14	...	...	...	...	6.5	17.9
		15-19	...	...	...	...	8.5	27.6
		20-24	...	...	...	...	12.0	37.3
		25-29	...	...	...	...	17.3	48.3
		30-39	...	...	...	...	31.2	66.2
		40-49	...	...	...	...	38.0	74.1
		50-59	...	...	...	...	45.1	81.5
		60+	...	...	...	...	59.5	89.0

Table 7

country (or territory) and year of census or survey		age group	illiterate population			percentage of illiterates		
			total	male	female	total	male	female
Lebanon (contd.)								
1970	Total population	25+	381 540	136 215	245 325	45.3	32.1	58.6
	Urban population	25+	194 205	70 020	124 185	38.0	27.0	49.2
	Rural population	25+	187 335	66 195	121 140	56.5	40.1	72.7
Macau [42)]								
1960	Total population	15+	30 777	8 544	22 233	29.6	17.4	40.7
		10-14	2 532	1 001	1 531	11.3	8.4	14.6
		15-19	1 421	566	855	12.6	9.9	15.5
		20-24	1 522	686	836	16.2	14.3	18.2
		25-34	5 285	1 537	3 748	25.9	15.7	35.4
		35-44	6 512	1 801	4 711	31.8	18.0	44.9
		45-54	6 235	1 826	4 409	38.3	22.8	53.4
		55-64	4 973	1 185	3 788	47.1	25.8	63.5
		65+	4 829	943	3 886	31.3	15.0	42.4
1970	Total population	15+	31 917	11 894	20 023	20.6	15.2	26.1
		10-14	6 480	3 969	2 511	15.9	18.3	13.2
		15-19	5 400	2 570	2 830	13.7	12.5	14.9
		20-24	1 390	282	1 108	6.2	2.3	11.0
		25-34	3 380	1 336	2 044	16.1	12.9	19.3
		35-44	5 678	1 814	3 864	21.5	14.0	28.8
		45-54	7 102	3 093	4 009	34.5	29.5	39.7
		55-64	4 043	1 335	2 708	28.9	18.7	39.5
		65+	4 924	1 464	3 460	42.3	30.7	50.4
	Urban population	15+	31 010	11 491	19 519	20.6	15.1	26.2
		10-14	6 375	3 920	2 455	16.1	18.5	13.3
		15-19	5 335	2 543	2 792	13.8	12.6	15.0
		20-24	1 361	267	1 094	6.3	2.2	11.2
		25-34	3 324	1 305	2 019	16.5	13.1	19.7
		35-44	5 530	1 754	3 776	21.6	14.0	29.0
		45-54	6 900	2 987	3 913	34.8	29.6	40.2
		55-64	3 877	1 264	2 613	29.0	18.6	39.8
		65+	4 683	1 371	3 312	42.4	30.4	50.7
	Rural population	15+	907	403	504	18.6	16.1	21.2
		10-14	105	49	56	9.7	9.7	9.7
		15-19	65	27	38	9.8	7.6	12.3
		20-24	29	15	14	4.6	4.6	4.6
		25-34	56	31	25	7.4	7.7	7.1
		35-44	148	60	88	18.5	14.6	22.7
		45-54	202	106	96	26.2	26.2	26.2
		55-64	166	71	95	25.7	20.8	31.1
		65+	241	93	148	40.0	35.8	43.3
Malaysia [43)]								
1960	Total population	15+	520 810	231 116	289 694	77.7	67.7	88.1
		10-14	74 832	35 341	39 491	60.9	54.6	67.8
		15-19	65 138	25 559	39 579	61.9	49.7	73.6
		20-24	62 515	24 737	37 778	68.2	55.3	80.4
		25-34	135 702	57 602	78 100	79.1	68.0	89.9
		35-44	110 550	51 217	59 333	83.5	74.3	93.3
		45+	146 905	72 001	74 904	86.9	78.7	96.6
1970	Total population	10+	2 971 540	1 094 296	1 877 244	42.0	30.9	53.2
	Urban population	10+	647 439	220 634	426 805	32.0	21.8	42.3
	Rural population	10+	2 324 101	873 662	1 450 439	46.1	34.6	57.6
1980	Total population	15+	2 399 790	791 000	1 608 790	30.4	20.4	40.3
		10-14	236 460	113 100	123 360	15.0	14.0	15.0
		15-19	156 100	62 300	93 800	11.0	9.0	12.0
		20-29	351 100	116 300	234 800	15.0	11.0	20.0
		30-39	415 900	123 100	292 800	27.0	16.0	38.0
		40-49	503 070	150 300	352 770	46.0	28.0	65.0
		50-59	426 820	135 900	290 920	58.0	38.0	79.0
		60+	546 800	203 100	343 700	74.0	56.0	91.0
1980	Total population	10+	2 641 250	904 100	1 732 150	28.0	20.0	36.0
	Urban population	10+	638 200	190 600	447 600	19.0	12.0	26.0
	Rural population	10+	1 998 050	713 500	1 284 550	32.0	24.0	41.0

Table 7

country (or territory) and year of census or survey	age group	illiterate population total	male	female	percentage of illiterates total	male	female
Maldives							
1977 Total population	15+	13 814	7 378	6 436	17.6	17.5	17.7
	15-19	2 531	1 458	1 073	15.6	17.8	13.4
	20-24	1 471	772	699	12.6	13.0	12.2
	25-34	1 827	905	922	12.4	11.9	12.9
	35-44	3 190	1 579	1 611	19.8	18.4	21.4
	45-54	2 595	1 446	1 149	24.3	23.1	26.0
	55-64	1 339	692	647	23.7	20.6	28.4
	65+	861	526	335	26.5	24.2	31.2
1985 Total population	15+	8 568	4 565	4 003	8.7	8.8	8.5
	10-14	2 265	1 241	924	10.2	10.6	8.7
	15-19	1 133	737	396	5.4	7.1	3.8
	20-24	1 022	515	507	5.8	5.9	5.7
	20-34	1 353	661	692	6.5	6.2	6.9
	35-44	1 210	593	617	9.1	8.5	9.8
	45-54	1 893	997	896	13.7	13.1	14.5
	55-64	1 214	640	574	15.0	13.5	17.3
	65+	743	422	321	16.2	14.6	19.0
Myanmar							
1973 Total population	15+	4 761 785	1 286 314	3 475 471	29.0	15.9	41.7
	10-14	781 005	321 817	459 188	22.4	18.3	26.7
	15-19	547 314	182 507	364 807	18.7	12.6	24.5
	20-24	465 463	135 544	329 919	20.2	11.9	28.1
	25-34	904 163	247 517	656 646	26.1	14.6	37.3
	35-44	1 013 343	260 285	753 058	33.1	17.1	48.9
	45-54	787 560	209 697	577 863	35.8	19.1	52.3
	55-64	583 818	144 320	439 498	40.4	20.3	60.0
	65+	460 124	106 444	353 680	44.7	21.9	65.0
1983 Total population	15+	4 492 769	1 460 457	3 032 312	21.4	14.2	28.3
	10-14	622 824	270 742	352 082	14.5	12.4	16.8
	15-19	564 799	216 760	348 039	15.1	11.7	18.4
	20-24	495 692	178 241	317 451	15.1	11.1	18.9
	25-34	857 082	298 750	558 332	17.4	12.3	22.5
	35-44	719 075	223 998	495 077	22.8	14.4	31.0
	45-54	776 231	229 636	546 595	28.6	17.3	39.5
	55-64	580 851	174 523	406 328	31.8	19.6	43.4
	65+	499 039	138 549	360 490	37.2	22.3	50.1
Nepal [18)]							
1961 Total population	15+	5 159 650	2 269 643	2 890 007	91.2	83.3	98.5
	10-14	962 936	481 602	481 334	90.8	85.5	96.9
	15-19	715 926	328 223	387 703	88.6	80.5	96.9
	20-24	704 813	291 799	413 014	89.4	79.8	97.6
	25-34	1 386 509	599 945	786 564	91.2	83.1	98.6
	35-44	966 178	436 166	530 012	91.6	84.0	98.9
	45-54	685 374	312 099	373 275	92.5	85.7	99.2
	55-59	209 488	96 934	112 554	92.5	85.7	99.3
	60+	491 362	204 477	286 885	94.2	87.8	99.4
1971 Total population	10+	...	...	...	85.7	75.3	96.3
Urban population	10+	...	...	...	53.1	37.6	72.0
	10-14	...	...	...	33.0	23.9	43.5
	15-19	...	...	...	35.3	24.9	48.7
	20-24	...	...	...	44.3	28.4	66.0
	25-34	...	...	...	57.2	38.0	80.8
	35-44	...	...	...	66.5	48..	89.2
	45-54	...	...	...	70.3	52.3	92.2
	55-64	...	...	...	75.9	58.6	94.6
	65+	...	...	...	80.3	64.1	95.7
Rural population	10+	...	...	...	87.1	77.1	97.3
	10-14	...	...	...	78.0	65.8	92.4
	15-19	...	...	...	80.2	66.7	94.9
	20-24	...	...	...	85.0	71.6	97.2
	25-34	...	...	...	89.5	79.7	98.6
	35-44	...	...	...	91.7	84.5	99.1
	45-54	...	...	...	92.2	85.7	99.3
	55-64	...	...	...	93.8	87.9	99.5
	65+	...	...	...	94.5	89.2	99.5

Table 7

country (or territory) and year of census or survey		age group	illiterate population			percentage of illiterates		
			total	male	female	total	male	female
Nepal (contd.)								
1971	Total population	15+	6 019 126	2 666 036	3 353 090	87.5	77.6	97.4
		10-14	988 173	451 315	536 858	76.2	64.2	90.4
		15-19	818 164	353 698	464 466	78.1	64.6	92.9
		20-24	804 943	321 821	483 122	83.0	69.1	95.9
		25-34	1 533 140	652 502	880 638	88.0	77.5	97.9
		35-44	1 228 285	570 791	657 494	90.7	82.9	98.7
		45-54	787 368	379 271	408 097	91.3	84.3	99.0
		55-64	514 133	235 578	278 555	93.2	86.8	99.3
		65+	333 093	152 375	180 718	94.0	88.3	99.4
1975	Total population	15+	...	...	...	80.8	66.6	95.0
1981	Total population	15+	6 998 148	3 053 083	3 945 065	79.4	68.3	90.8
		10-14	1 045 467	452 238	593 229	61.2	49.2	75.3
		15-19	882 010	360 317	521 693	66.4	51.8	82.5
		20-24	981 835	371 373	610 462	73.5	58.3	87.4
		25-34	1 681 560	682 519	999 041	78.7	65.7	90.9
		35-44	1 379 493	621 745	757 748	83.8	74.1	93.8
		45-54	1 005 383	490 314	515 069	86.6	79.1	95.2
		55-64	629 830	309 991	319 839	88.3	81.6	95.9
		65+	438 037	216 824	221 213	89.5	83.6	96.1
	Urban population	15+	306 572	126 552	180 020	52.6	40.3	67.0
		10-14	35 773	15 716	20 057	32.4	26.1	39.9
		15-19	34 976	14 269	20 707	35.9	27.0	46.5
		20-24	42 064	15 484	26 580	42.5	30.1	56.0
		25-34	72 160	27 146	45 014	49.4	35.3	65.1
		35-44	61 588	25 571	36 017	59.5	45.3	76.5
		45-54	44 973	20 047	24 926	66.1	52.6	83.2
		55-64	28 494	13 429	15 065	72.4	60.5	87.8
		65+	22 317	10 606	11 711	76.3	65.7	89.3
	Rural population	15+	6 691 576	2 926 531	3 765 045	81.3	70.4	92.4
		10-14	1 009 664	436 522	573 172	63.2	50.8	77.7
		15-19	847 034	346 048	500 986	68.8	53.8	85.2
		20-24	939 771	355 889	583 882	76.0	60.8	89.7
		25-34	1 609 400	655 373	954 027	80.8	68.2	92.7
		35-44	1 317 905	596 174	721 731	85.4	76.2	94.9
		45-54	960 410	470 267	490 143	87.9	80.9	95.9
		55-64	601 336	296 562	304 774	89.2	82.9	96.3
		65+	415 720	206 218	209 502	90.3	84.8	96.5
Pakistan [44]								
1961	Total population	15+	19 207 560	9 414 923	9 792 637	84.6	76.5	94.2
		10-14	2 876 738	1 379 665	1 497 073	75.5	65.8	87.5
		15-19	2 647 456	1 213 400	1 434 056	74.9	63.3	88.7
		20-24	2 410 991	1 087 294	1 323 697	78.2	66.5	91.4
		25+	14 149 113	7 114 229	7 034 884	87.9	81.2	96.0
	Urban population	15+	3 771 546	1 835 684	1 935 862	66.7	56.2	81.0
		10-14	576 952	265 810	311 142	56.9	48.5	66.8
		15-19	531 093	244 278	286 815	55.4	45.5	68.1
		20-24	526 194	243 946	282 248	58.2	46.1	75.0
		25+	2 714 259	1 347 460	1 366 799	71.5	61.1	85.9
	Rural population	15+	15 436 014	7 579 239	7 856 775	90.5	83.8	98.2
		10-14	2 299 786	1 113 855	1 185 931	82.3	71.9	95.2
		15-19	2 116 363	969 122	1 147 241	82.2	70.2	96.0
		20-24	1 884 797	843 348	1 041 449	86.5	76.2	97.1
		25+	11 434 854	5 766 769	5 668 085	93.0	87.9	98.9
1972	Total population	15+	28 976 600	13 859 100	15 117 500	79.3	70.4	89.7
		10-14	6 177 400	3 145 700	3 031 700	75.2	68.6	83.6
		15-19	3 782 600	1 759 000	2 023 600	67.8	58.0	79.7
		20-24	3 410 500	1 457 400	1 953 100	71.6	59.7	84.3
		25-34	6 987 700	3 127 800	3 859 900	77.3	66.4	89.3
		35-44	5 486 000	2 627 500	2 858 500	82.0	73.3	92.1
		45-54	4 133 000	2 118 100	2 014 900	85.3	78.1	94.4
		55+	5 176 800	2 769 300	2 407 500	89.5	84.2	96.5
	Urban population	15+	5 632 600	2 649 500	2 983 100	59.3	49.9	71.1
		10-14	1 189 100	594 200	594 900	55.1	50.7	60.4
		15-19	727 600	331 900	395 700	45.4	38.5	53.4
		20-24	696 400	298 500	397 900	49.9	39.9	61.4
		25-34	1 389 200	616 000	773 200	57.8	46.7	71.2
		35-44	1 117 300	532 900	584 400	63.7	53.4	77.5
		45-54	804 200	409 800	394 400	68.3	58.3	83.2
		55+	897 900	460 400	437 500	76.6	67.6	89.1

Table 7

country (or territory) and year of census or survey		age group	illiterate population			percentage of illiterates		
			total	male	female	total	male	female
Pakistan (contd.)								
1972	Rural population	15+	23 344 000	11 209 600	12 134 400	86.3	78.0	95.8
		10-14	4 988 300	2 551 500	2 436 800	82.9	75.2	92.9
		15-19	3 055 000	1 427 100	1 627 900	77.5	66.1	91.3
		20-24	2 714 100	1 158 900	1 555 200	81.2	68.9	93.8
		25-34	5 598 500	2 511 800	3 086 700	84.9	74.6	95.8
		35-44	4 368 700	2 094 600	2 274 100	88.9	81.5	97.1
		45-54	3 328 800	1 708 300	1 620 500	91.0	85.5	97.8
		55+	4 278 900	2 308 900	1 970 000	92.9	88.7	98.5
1977	Total population	15+	24 211 300	10 679 389	13 531 911	76.0	64.9	87.9
		10-14	4 727 788	2 075 650	2 652 138	59.7	48.6	72.8
		15-19	3 074 768	1 277 288	1 797 480	58.0	45.2	72.7
		20-24	2 725 866	1 007 257	1 718 609	64.7	48.9	80.0
		25-34	5 415 888	2 206 278	3 209 610	75.9	62.3	89.4
		35-44	4 520 115	2 010 438	2 509 677	80.7	69.6	92.5
		45-54	3 646 879	1 761 138	1 885 741	85.3	77.1	94.8
		55-64	2 453 688	1 199 097	1 254 591	89.3	82.3	97.2
		65+	2 374 096	1 217 893	1 156 203	92.2	88.0	97.2
	Urban population	15+	4 932 193	2 041 632	2 890 561	54.6	42.8	68.1
		10-14	844 199	376 186	468 013	37.4	31.7	43.6
		15-19	605 714	255 808	349 906	35.3	28.2	43.2
		20-24	572 324	213 455	358 869	40.8	28.9	54.0
		25-34	1 028 107	398 003	630 104	52.6	38.8	67.9
		35-44	931 332	374 582	556 750	60.4	45.4	77.8
		45-54	803 243	348 803	454 440	68.6	55.2	84.4
		55-64	510 915	233 956	276 959	75.9	63.7	90.5
		65+	480 558	217 025	263 533	83.3	73.6	93.5
	Rural population	15+	19 279 107	8 637 757	10 641 350	84.6	74.1	95.5
		10-14	3 883 589	1 699 464	2 184 125	68.7	55.1	84.9
		15-19	2 469 054	1 021 480	1 447 574	68.9	53.1	87.1
		20-24	2 153 542	793 802	1 359 740	76.7	60.0	91.6
		25-34	4 387 781	1 808 275	2 579 506	84.7	71.8	96.9
		35-44	3 588 783	1 635 856	1 952 927	88.5	79.4	97.8
		45-54	2 843 636	1 412 335	1 431 301	91.6	85.4	98.6
		55-64	1 942 773	965 141	977 632	93.7	88.6	99.2
		65+	1 893 538	1 000 868	892 670	94.8	91.8	98.4
1978	Total population	15+	24 318 121	10 663 936	13 654 185	75.6	64.3	87.5
		10-14	4 783 672	2 127 432	2 656 240	59.9	49.3	72.2
		15-19	3 197 130	1 400 045	1 797 085	57.8	46.4	71.6
		20-24	2 809 978	1 036 314	1 773 664	65.3	49.5	80.2
		25-34	5 363 239	2 114 112	3 249 127	75.0	60.6	88.6
		35-44	4 374 807	1 928 798	2 446 009	80.2	68.9	92.1
		45-54	3 676 189	1 744 463	1 931 726	85.3	77.0	94.5
		55-64	2 504 618	1 242 058	1 262 560	88.6	81.4	97.0
		65+	2 392 160	1 198 146	1 194 014	91.7	86.0	98.4
	Urban population	15+	4 920 681	2 023 167	2 897 514	53.5	41.6	67.0
		10-14	855 374	373 521	481 853	37.1	31.3	43.3
		15-19	625 215	276 213	349 002	34.7	28.7	41.8
		20-24	571 422	213 493	357 929	39.9	28.2	53.1
		25-34	1 041 845	377 825	664 020	51.6	36.5	67.5
		35-44	901 652	359 695	541 957	59.7	44.8	76.7
		45-54	785 421	337 363	448 058	67.4	54.3	82.3
		55-64	512 101	236 670	275 431	74.5	62.2	89.7
		65+	483 025	221 908	261 117	83.8	73.4	95.3
	Rural population	15+	19 397 444	8 640 769	10 756 675	84.4	73.7	95.4
		10-14	3 928 298	1 753 911	2 174 387	69.1	56.3	84.8
		15-19	2 571 915	1 123 832	1 448 083	69.0	54.7	86.5
		20-24	2 238 556	822 821	1 415 735	77.9	61.6	92.1
		25-34	4 321 394	1 736 287	2 585 107	84.2	70.9	96.4
		35-44	3 473 155	1 569 103	1 904 052	88.0	78.5	97.7
		45-54	2 890 768	1 407 100	1 483 668	91.9	85.6	98.9
		55-64	1 992 517	1 005 388	987 129	93.1	87.8	99.2
		65+	1 909 139	976 238	932 901	94.0	89.5	99.2
1981	Total population	15+	33 597 018	15 511 984	18 085 034	73.8	64.0	84.8
		10-14	7 996 604	4 021 378	3 975 226	74.0	68.7	80.4
		15-19	4 925 199	2 303 788	2 621 411	63.4	55.0	73.4
		20-24	4 049 781	1 766 736	2 283 045	65.0	54.0	77.2
		25-34	7 195 519	3 145 008	4 050 511	71.3	59.6	84.1
		35-44	6 190 519	2 631 646	3 558 873	76.8	64.9	88.9
		45-54	4 892 509	2 335 328	2 557 181	81.0	71.9	91.5
		55-59	1 332 384	626 449	705 935	82.7	72.9	94.0
		60+	5 011 107	2 703 029	2 308 078	87.4	81.6	95.4

Table 7

country (or territory) and year of census or survey		age group	illiterate population			percentage of illiterates		
			total	male	female	total	male	female
Pakistan (contd.)								
1981	Urban population	15+	7 216 000	3 214 000	4 002 000	53.1	43.1	65.3
		10-14	1 693 000	859 000	834 000	54.3	52.0	56.9
		15-19	1 040 000	501 000	539 000	40.9	36.7	45.9
		20-24	896 000	402 000	494 000	42.5	34.7	52.0
		25-34	1 525 000	647 000	878 000	49.0	38.0	62.3
		35-44	1 366 000	553 000	813 000	56.7	43.4	71.7
		45-54	1 131 000	490 000	641 000	67.4	51.6	87.9
		55-59	273 000	123 000	150 000	64.4	50.8	82.4
		60+	985 000	498 000	487 000	74.5	64.4	88.5
	Rural population	15+	26 382 000	12 298 000	14 084 000	82.6	73.4	92.7
		10-14	6 305 000	3 163 000	3 142 000	82.1	75.2	90.3
		15-19	3 886 000	1 804 000	2 082 000	74.4	63.8	86.9
		20-24	3 154 000	1 365 000	1 789 000	76.6	64.7	89.1
		25-34	5 672 000	2 499 000	3 173 000	81.2	69.8	93.1
		35-44	4 824 000	2 077 000	2 747 000	85.3	74.6	95.7
		45-54	3 761 000	1 845 000	1 916 000	86.2	80.2	92.8
		55-59	1 060 000	504 000	556 000	89.3	81.6	97.7
		60+	4 025 000	2 204 000	1 821 000	91.3	86.8	97.4
Philippines [45)								
1960	Total population	15+	4 139 908	1 877 317	2 262 591	28.1	25.8	30.5
		10-14	932 216	517 439	414 777	27.1	29.3	24.8
		15-19	414 047	220 000	194 047	14.7	15.9	13.6
		20-24	379 613	176 024	203 589	15.4	14.7	16.1
		25-34	813 949	357 383	456 566	23.2	20.8	25.5
		35-44	845 361	374 535	470 826	33.4	30.0	36.8
		45-54	700 760	310 318	390 442	40.2	34.9	45.8
		55-64	478 113	214 910	263 203	52.0	44.4	60.6
		65+	508 065	224 147	283 918	68.8	60.8	76.8
1970	Total population	15+	3 646 423	1 595 768	2 050 655	17.4	15.7	19.1
		10-14	547 759	312 523	235 236	12.7	14.3	11.1
		15-19	267 582	134 741	132 841	7.3	7.7	6.8
		20-24	286 024	131 866	154 158	8.5	8.3	8.6
		25-34	614 684	291 102	323 582	11.9	11.2	12.5
		35-44	617 882	273 537	344 345	18.4	16.2	20.7
		45-54	651 866	263 718	388 148	27.7	23.7	31.2
		55-64	578 386	239 613	338 773	34.8	29.9	39.3
		65+	629 999	261 191	368 808	49.2	41.5	56.6
	Urban population	15+	528 763	199 870	328 893	7.5	6.1	8.7
		10-14	79 795	43 317	36 478	6.2	6.8	5.6
		15-19	40 876	17 497	23 379	3.2	3.1	3.2
		20-24	38 863	16 007	22 856	3.1	2.9	3.3
		25-34	77 462	34 238	43 224	4.3	3.9	4.7
		35-44	79 420	31 558	47 862	7.1	5.7	8.5
		45-54	88 681	31 646	57 035	11.9	9.2	14.3
		55-64	88 272	31 222	57 050	17.0	12.9	20.6
		65+	115 189	37 702	77 487	29.6	21.2	36.7
	Rural population	15+	3 117 660	1 395 898	1 721 762	22.6	20.4	24.7
		10-14	467 964	269 206	198 758	15.5	17.3	13.6
		15-19	226 706	117 244	109 462	9.5	9.9	9.0
		20-24	247 161	115 859	131 302	11.5	11.2	11.9
		25-34	537 222	256 864	280 358	15.9	15.0	16.8
		35-44	538 462	241 979	296 483	24.1	21.3	26.9
		45-54	563 185	232 072	331 113	35.0	30.2	39.3
		55-64	490 114	208 391	281 723	42.9	37.3	48.1
		65+	514 810	223 489	291 321	57.7	49.5	66.0
1980	Total population	15+	4 626 922	2 200 485	2 426 437	16.7	16.1	17.2
		10-14	1 193 311	669 133	524 178	20.1	22.1	18.0
		15-19	411 567	222 412	189 155	7.9	8.7	7.1
		20-24	391 090	200 206	190 884	8.6	9.2	8.1
		25-34	749 296	381 964	367 332	11.0	11.2	10.8
		35-44	753 538	371 678	381 860	16.8	16.4	17.2
		45-54	772 292	350 816	421 476	25.4	23.3	27.4
		55-64	743 571	324 292	419 279	37.2	33.5	40.7
		65+	805 568	349 117	456 451	49.3	44.0	54.3
	Urban population	15+	753 247	310 429	442 818	6.9	6.0	7.7
		10-14	226 353	124 075	102 278	10.9	11.9	9.9
		15-19	62 287	29 740	32 547	3.0	3.2	2.9
		20-24	57 132	26 368	30 764	3.0	3.0	3.0
		25-34	102 888	48 178	54 710	3.6	3.4	3.7
		35-44	106 103	46 675	59 428	6.2	5.5	6.9
		45-54	121 318	47 963	73 355	10.8	8.8	12.6
		55-64	128 382	47 629	80 753	18.3	14.6	21.5
		65+	175 137	63 876	111 261	29.8	23.8	34.8

Table 7

country (or territory) and year of census or survey	age group	illiterate population total	male	female	percentage of illiterates total	male	female
Philippines (contd.)							
1980 Rural population	15+	3 873 675	1 890 056	1 983 619	23.1	22.4	23.9
	10-14	966 958	545 058	421 900	25.0	27.3	22.5
	15-19	349 280	192 672	156 608	11.0	12.0	10.1
	20-24	333 958	173 838	160 120	12.7	13.3	12.1
	25-34	646 408	333 786	312 622	16.4	16.6	16.2
	35-44	647 435	325 003	322 432	23.4	23.0	23.8
	45-54	650 974	302 853	348 121	34.0	31.7	36.4
	55-64	615 189	276 663	338 526	47.5	43.1	51.7
	65+	630 431	285 241	345 190	60.3	54.3	66.3
Qatar							
1981 Total population	10+	92 375	62 057	30 318	48.9	48.8	49.1
1986 Total population	15+	64 891	45 253	19 638	24.3	23.2	27.5
	10-14	771	295	476	2.9	2.1	3.7
	15-19	1 258	630	628	5.6	5.1	6.1
	20-24	4 484	3 314	1 170	13.8	15.0	11.2
	25-34	20 896	15 969	4 927	19.5	19.3	19.9
	35-44	18 744	12 945	5 799	28.8	26.2	37.0
	45-54	11 549	7 740	3 809	43.4	37.9	61.6
	55-64	5 027	3 142	1 885	59.6	52.2	78.0
	65+	2 933	1 513	1 420	71.9	62.1	86.4
Saudi Arabia							
1982 Total population	15+	...	...	...	48.9	28.9	69.2
Singapore [46)							
1970 Total population	15+	394 543	110 544	283 999	31.1	17.0	45.7
	10-14	38 451	18 307	20 144	13.3	12.3	14.4
	15-19	24 443	9 767	14 676	9.9	7.7	12.2
	20-24	28 323	8 780	19 543	13.9	8.5	19.4
	25-34	71 988	17 789	54 199	26.7	13.2	40.4
	35-44	83 893	21 716	62 177	39.2	19.3	61.4
	45-54	69 061	17 724	51 337	45.1	21.6	72.3
	55-64	66 400	19 659	46 741	58.1	33.3	84.6
	65+	50 435	15 109	35 326	72.7	49.4	90.8
1980 Total population	15+	300 994	75 422	225 572	17.1	8.4	26.0
	15-19	9 640	5 276	4 364	3.4	3.6	3.1
	20-24	12 023	5 536	6 487	4.1	3.6	4.5
	25-34	32 370	8 956	23 414	7.0	3.8	10.3
	35-44	50 773	9 804	40 969	19.0	7.2	31.1
	45-54	68 124	14 584	53 540	34.0	14.1	55.0
	55-64	57 249	13 271	43 978	43.7	19.9	68.4
	65+	70 815	17 995	52 820	62.2	35.1	84.2
Sri Lanka							
1963 Total population	15+	1 541 090	477 870	1 063 220	24.9	14.6	36.3
	10-14	203 700	91 100	112 600	15.3	13.4	17.3
	15-19	139 610	50 460	89 150	13.7	9.7	17.8
	20-24	139 850	39 760	100 090	15.8	9.0	22.5
	25-34	298 030	79 250	218 780	21.0	10.8	31.8
	35-44	300 280	81 260	219 020	26.8	13.6	42.0
	45-54	254 900	80 020	174 880	32.3	18.2	49.9
	55-64	196 920	70 370	126 550	38.3	23.7	58.2
	65+	211 500	76 750	134 750	47.1	31.6	65.5
1969 Total population	15+	1 425 000	397 600	1 027 400	19.1	10.6	27.6
	10-14	158 000	74 200	83 800	9.6	8.7	10.6
	15-24	216 200	70 100	146 100	8.3	5.6	10.7
	25-34	205 400	45 800	159 600	13.7	6.3	20.5
	35-44	273 700	67 600	206 100	22.3	11.1	33.5
	45-54	270 400	64 800	205 600	27.9	12.6	45.2
	55-64	202 800	63 300	139 500	33.1	18.8	50.3
	65+	256 500	86 000	170 500	46.8	27.9	71.2
Urban population	15+	159 900	...	...	11.7	...	...
	10-14	27 300	...	...	9.8	...	...
	15-24	26 400	...	...	5.3	...	...
	25-34	17 300	...	...	6.4	...	...
	35-44	26 400	...	...	11.7	...	...
	45-54	29 800	...	...	17.3	...	...
	55-64	25 100	...	...	23.1	...	...
	65+	34 600	...	...	38.1	...	...
Rural population	15+	1 265 500	...	...	20.7	...	...
	10-14	130 600	...	...	9.6	...	...
	15-24	189 800	...	...	9.0	...	...
	25-34	188 200	...	...	15.3	...	...
	35-44	247 300	...	...	24.8	...	...
	45-54	240 600	...	...	30.2	...	...
	55-64	177 700	...	...	35.2	...	...
	65+	221 900	...	...	48.6	...	...

Table 7

country (or territory) and year of census or survey	age group	illiterate population total	male	female	percentage of illiterates total	male	female
Sri Lanka (contd.)							
1971 Total population	15+	1 736 396	561 727	1 174 669	22.4	14.0	31.5
	10-14	273 376	134 038	139 338	17.0	16.3	17.7
	15-19	180 681	80 453	100 228	13.3	11.7	14.9
	20-24	163 865	57 307	106 558	12.9	9.0	16.9
	25-34	274 670	79 599	195 071	16.3	9.3	23.6
	35-44	331 994	92 204	239 790	25.3	13.5	38.0
	45-54	293 591	84 268	209 323	30.5	16.3	46.9
	55-64	232 294	76 895	155 399	37.6	22.4	56.6
	65+	259 301	91 001	168 300	48.1	31.1	68.4
1971 Urban population	15+	258 074	93 213	164 861	14.1	9.4	19.7
	10-14	41 163	20 469	20 694	12.0	11.6	12.4
	15-19	25 775	12 601	13 174	8.3	7.6	9.0
	20-24	22 692	9 386	13 306	7.2	5.4	9.5
	25-34	38 627	13 916	24 701	9.2	6.0	13.0
	35-44	47 658	16 096	31 562	15.5	9.6	22.6
	45-54	44 180	14 531	29 649	19.7	11.7	29.4
	55-64	36 465	12 213	24 252	26.4	16.2	38.5
	65+	42 677	14 460	28 217	37.3	24.8	50.3
Rural population	15+	1 478 322	468 514	1 009 808	25.0	15.5	34.9
	10-14	232 213	113 569	118 644	18.3	17.6	19.1
	15-19	154 906	67 852	87 054	14.8	13.0	16.6
	20-24	141 173	47 921	93 252	14.8	10.3	19.0
	25-34	236 043	65 673	170 370	18.7	10.5	26.7
	35-44	284 336	76 108	208 228	28.3	14.8	42.4
	45-54	249 411	69 737	179 674	33.8	17.7	52.0
	55-64	195 829	64 682	131 147	40.9	24.2	61.9
	65+	216 624	76 541	140 083	51.1	32.7	73.7
1981 Total population	15+	1 271 984	424 424	847 560	13.2	8.7	18.0
	10-14	171 994	86 378	85 616	10.2	10.0	10.4
	15-19	153 889	74 994	78 895	9.6	9.2	10.0
	20-24	126 423	53 177	73 246	8.3	6.9	9.6
	25-34	199 104	69 163	129 941	8.3	5.7	10.9
	35-44	201 214	56 206	145 008	13.1	7.2	19.2
	45-54	222 710	60 603	162 107	19.4	10.2	29.2
	55-64	175 347	50 048	125 299	23.0	12.3	35.1
	65+	193 297	60 233	133 064	30.1	17.8	44.0
Urban population	15+	143 572	51 543	92 029	6.6	4.4	8.9
	10-14	22 997	11 278	11 719	6.6	6.3	6.9
	15-19	18 778	9 220	9 558	5.2	4.8	5.6
	20-24	14 380	6 419	7 961	4.0	3.3	4.8
	25-34	21 074	8 246	12 828	3.8	2.8	4.9
	35-44	20 948	6 847	14 101	6.0	3.7	8.7
	45-54	23 728	7 305	16 423	9.3	5.4	13.7
	55-64	20 163	6 128	14 035	11.8	6.8	17.4
	65+	24 501	7 378	17 123	17.6	10.7	24.3
Rural population	15+	1 128 412	372 881	755 531	15.2	10.0	20.5
	10-14	148 997	75 100	73 897	11.1	11.0	11.3
	15-19	135 111	65 774	69 337	10.9	10.6	11.2
	20-24	112 043	46 758	65 285	9.6	8.1	11.0
	25-34	178 030	60 917	117 113	9.7	6.7	12.6
	35-44	180 266	49 359	130 907	15.2	8.3	22.1
	45-54	198 982	53 298	145 684	22.3	11.7	33.5
	55-64	155 184	43 920	111 264	26.2	13.9	40.3
	65+	168 796	52 855	115 941	33.6	19.6	50.0
Syrian Arab Republic [47)							
1960 Total population	15+	1 657 238	629 248	1 027 990	70.5	53.3	87.9
	10-14	239 692	80 541	159 151	49.4	31.4	69.3
	15-19	191 772	59 603	132 169	53.2	32.9	73.6
	20-24	189 387	57 390	131 997	59.1	36.4	81.0
	25-34	399 019	141 733	257 286	68.7	49.1	88.1
	35-44	289 397	116 235	173 162	73.5	56.6	91.7
	45-54	227 576	94 346	133 230	81.8	68.4	94.7
	55-64	174 989	74 717	100 272	85.7	74.4	96.6
	65+	185 098	85 224	99 874	87.6	77.9	98.2
1970 Total population	15+	1 851 949	629 904	1 222 045	60.0	40.4	80.0
	10-14	260 719	65 537	195 182	32.1	15.3	50.8
	15-19	237 396	60 893	176 503	40.8	20.5	61.9
	20-24	200 406	54 782	145 624	45.2	23.8	68.1
	25-34	358 338	95 123	263 215	55.4	30.7	78.1
	35-44	376 735	134 583	242 152	67.1	46.9	88.1
	45-54	250 430	98 223	152 207	72.5	54.6	91.9
	55-64	195 114	82 746	112 368	81.6	68.3	95.2
	65+	233 530	103 554	129 976	87.1	76.9	97.5

Table 7

country (or territory) and year of census or survey	age group	illiterate population total	male	female	percentage of illiterates total	male	female
Thailand 11) 45)							
1960 Total population	15+	4 828 856	1 540 882	3 287 974	32.3	20.7	43.9
	10-14	441 198	209 940	231 258	14.3	13.4	15.2
	15-19	288 496	113 528	174 968	11.5	9.0	14.1
	20-24	387 171	138 615	248 556	16.0	11.4	20.6
	25-34	790 228	270 051	520 177	20.7	14.1	27.1
	35-44	992 389	286 590	705 799	39.6	22.7	56.7
	45-54	1 014 393	298 880	715 513	56.7	33.4	80.1
	55-64	773 954	247 753	526 201	68.8	45.0	91.7
	65+	582 225	185 465	396 760	74.6	52.7	92.5
1970 Total population	15+	4 039 468	1 187 461	2 852 007	21.4	12.8	29.7
	10-14	225 956	94 419	131 537	5.0	4.1	5.8
	15-19	210 117	76 370	133 747	5.7	4.2	7.1
	20-24	190 746	64 214	126 532	7.1	4.9	9.3
	25-34	546 873	174 813	372 060	12.5	8.1	16.8
	35-44	661 146	206 317	454 829	19.2	11.9	26.4
	45-54	854 929	224 925	630 004	39.6	21.0	57.9
	55-64	796 936	217 521	579 415	56.3	31.6	79.8
	65+	778 721	223 301	555 420	70.8	46.0	90.4
Urban population	15+	342 322	85 050	257 272	12.3	6.3	18.1
	10-14	15 923	5 769	10 154	2.6	1.9	3.4
	15-19	14 856	4 251	10 605	2.6	1.5	3.6
	20-24	13 447	3 594	9 853	3.0	1.7	4.3
	25-34	44 272	11 237	33 035	6.6	3.4	9.8
	35-44	54 212	15 210	39 002	11.5	6.4	16.6
	45-54	66 930	15 862	51 068	23.5	11.2	35.6
	55-64	71 715	16 934	54 781	39.0	19.3	57.1
	65+	76 890	17 962	58 928	54.6	30.6	71.8
Rural population	15+	3 697 146	1 102 411	2 594 735	22.9	13.9	31.6
	10-14	210 033	88 650	121 383	5.3	4.4	6.2
	15-19	195 261	72 119	123 142	6.2	4.7	7.8
	20-24	177 299	60 620	116 679	7.9	5.5	10.3
	25-34	502 601	163 576	339 025	13.6	9.0	18.0
	35-44	606 934	191 107	415 827	20.4	12.8	27.9
	45-54	787 999	209 063	578 936	42.1	22.5	61.3
	55-64	725 221	200 587	524 634	58.9	33.4	83.3
	65+	701 831	205 339	496 492	73.2	48.1	93.3
1975 Total population	10+	5 033 983	...	...	18.5	...	...
1980 Total population	15+	3 296 606	1 049 664	2 246 942	12.0	7.7	16.0
	10-14	184 177	87 979	96 198	3.2	3.0	3.4
	15-19	155 746	63 602	92 144	2.9	2.4	3.4
	20-24	154 209	55 859	98 350	3.4	2.5	4.3
	25-34	308 632	105 643	202 989	4.9	3.4	6.4
	35-44	451 448	148 534	302 914	10.1	6.7	13.4
	45-54	567 786	178 305	389 481	16.7	10.8	22.7
	55-64	715 645	209 740	505 905	37.2	22.3	51.5
	65+	943 140	287 981	655 159	61.9	42.2	77.9
Turkey 48)							
1960 Total population	15+	10 100 972	3 714 290	6 386 682	61.9	45.2	78.9
	10-14	1 422 601	587 638	834 963	44.8	34.8	56.2
	15-19	1 036 854	407 633	629 221	45.0	32.7	59.5
	20-24	1 129 150	352 818	776 332	49.1	30.0	69.0
	25-34	2 462 326	809 985	1 652 341	56.7	37.2	76.5
	35-44	1 588 632	575 504	1 013 128	63.7	46.0	81.7
	45-54	1 638 840	674 217	964 623	73.3	58.3	89.4
	55-64	1 346 022	573 600	772 422	83.0	72.4	93.2
	65+	899 148	320 533	578 615	88.0	77.6	95.0
1965 Total population	15+	9 870 898	3 245 613	6 625 285	54.0	35.5	72.6
	10-14	1 218 827	436 571	782 256	31.7	21.4	43.4
	15-19	967 949	303 805	664 144	33.2	19.6	48.5
	20-24	916 231	231 045	685 186	38.7	19.1	59.3
	25-34	2 209 200	596 620	1 612 580	49.0	27.1	69.9
	35-44	1 825 949	593 310	1 232 639	55.6	35.4	76.9
	45-54	1 396 995	525 551	871 444	67.1	49.5	85.4
	55-64	1 442 742	582 474	860 268	78.4	64.2	92.1
	65+	1 111 832	412 808	699 024	86.9	76.7	94.2
1970 Total population	15+	10 100 903	3 209 715	6 891 188	48.7	30.9	66.4
	10-14	1 069 686	369 635	700 051	23.3	15.3	32.2
	15-19	968 290	262 861	705 429	26.2	13.9	39.1
	20-24	882 744	187 907	694 837	30.5	12.3	51.0
	25-34	1 920 196	459 764	1 460 432	43.7	21.9	63.7
	35-44	2 164 386	684 655	1 479 731	53.8	33.6	74.3
	45-54	1 362 492	477 534	884 958	62.1	43.3	81.1
	55-64	1 475 327	595 160	880 167	74.7	59.8	89.8
	65+	1 327 468	541 834	785 634	84.0	74.0	92.7

Table 7

country (or territory) and year of census or survey		age group	illiterate population			percentage of illiterates		
			total	male	female	total	male	female
Turkey (contd.)								
1975	Total population	15+	9 545 916	2 755 548	6 790 368	39.8	22.8	56.9
		10-14	947 951	350 419	597 532	18.2	12.9	24.0
		15-19	823 245	217 412	605 833	18.5	9.4	28.1
		20-24	807 144	162 008	645 136	22.8	8.9	37.8
		25-34	1 616 887	329 018	1 287 869	32.2	13.0	51.8
		35-44	2 010 208	527 628	1 482 580	46.5	24.9	67.4
		45-54	1 619 687	524 228	1 095 459	53.7	33.8	74.7
		55-64	1 228 367	439 524	788 843	66.6	48.7	83.8
		65+	1 440 378	555 730	884 648	79.5	66.3	90.8
1980	Total population	15+	9 384 000	2 559 295	6 824 705	34.4	18.7	50.2
		10-14	790 505	263 414	527 091	14.4	9.2	20.0
		15-19	685 959	168 553	517 406	13.8	6.6	21.5
		20-24	694 073	127 088	566 985	17.1	6.1	28.7
		25-34	1 515 354	253 160	1 262 994	25.0	8.2	42.4
		35-44	1 712 752	387 993	1 324 759	40.3	18.8	60.6
		45-54	1 910 635	597 141	1 313 494	51.1	31.3	71.7
		55-64	1 168 180	403 809	764 371	60.1	41.8	78.4
		65+	1 697 047	621 551	1 075 496	74.5	59.8	86.9
1985	Total population	15+	7 579 671	1 959 483	5 620 188	24.0	12.4	35.7
		10-14	484 202	167 565	316 637	7.8	5.2	10.6
		15-19	446 076	118 215	327 861	8.2	4.3	12.3
		20-24	480 472	105 109	375 363	10.0	4.3	16.0
		25-34	1 008 377	167 504	840 873	13.6	4.4	23.1
		35-44	1 186 619	225 189	961 430	23.8	9.0	38.7
		45-54	1 581 366	422 168	1 159 198	39.0	20.8	57.4
		55-64	1 407 737	430 737	976 973	50.7	31.2	69.8
		65+	1 469 024	490 534	978 490	69.1	51.4	83.6
United Arab Emirates								
1968	Total population	15+	96 698	59 046	37 652	79.1	73.0	91.1
		15-20	15 294	8 698	6 596	72.3	65.5	83.8
		21-30	32 757	20 901	11 856	75.0	69.1	88.2
		31-40	24 316	15 447	8 869	81.4	75.6	94.1
		41-50	13 396	8 180	5 216	85.6	79.8	96.6
		51-60	6 467	3 535	2 932	90.1	84.4	98.1
		61+	4 468	2 285	2 183	94.7	90.6	99.5
1975	Total population	15+	186 058	126 586	59 472	46.5	41.6	61.9
		10-14	5 095	2 154	2 941	13.8	10.5	17.8
		15-19	13 948	7 804	6 144	34.3	30.1	41.6
		20-24	28 092	20 963	7 129	38.4	36.4	45.7
		25-34	59 806	44 823	14 983	40.5	37.6	52.7
		35-44	39 016	26 543	12 473	50.7	44.1	74.6
		45-54	22 619	13 934	8 685	64.6	55.6	87.0
		55-64	12 040	6 786	5 254	80.2	72.6	92.7
		65+	10 537	5 733	4 804	89.9	85.4	95.9
Viet Nam								
1979	Total population	15+	4 846 849	1 340 445	3 506 404	16.0	9.5	21.7
		10-14	532 964	262 345	270 619	7.6	7.2	7.9
		15-19	298 845	124 120	174 725	5.0	4.2	5.7
		20-24	245 802	79 032	166 770	5.0	3.5	6.4
		25-34	414 989	129 467	285 522	6.7	4.4	8.7
		35-45	525 882	141 731	384 151	11.7	6.8	15.9
		46-50	365 314	92 783	272 531	17.4	9.3	24.9
		51+	2 996 017	773 312	2 222 705	45.7	27.3	59.7
EUROPE								
Bulgaria								
1965	Total population	15+	586 148	140 592	445 556	9.4	4.5	14.1
		10-14	4 277	2 088	2 189	0.6	0.6	0.7
		15-19	7 724	2 991	4 733	1.1	0.8	1.4
		20-24	9 419	3 200	6 219	1.6	1.1	2.1
		25-34	35 560	10 555	25 005	2.9	1.7	4.1
		35-44	52 072	16 930	35 142	4.0	2.6	5.4
		45-54	74 995	22 709	52 286	8.4	5.1	11.8
		55-64	153 909	39 541	114 368	18.0	9.4	26.5
		65+	252 469	44 666	207 803	35.7	14.1	53.3
	Urban population	15+	147 283	35 774	111 509	5.0	2.4	7.5
		10-14	1 940	914	1 026	0.6	0.6	0.7
		15-19	3 519	1 301	2 218	0.8	0.6	1.0
		20-24	3 913	1 314	2 599	1.3	0.9	1.6
		25-34	12 375	3 759	8 616	1.9	1.2	2.7
		35-44	15 980	5 436	10 544	2.5	1.6	3.4
		45-54	17 988	5 635	12 353	5.0	3.0	7.0
		55-64	32 853	8 475	24 378	10.9	5.7	16.0
		65+	60 655	9 854	50 801	24.6	9.2	36.2

Table 7

country (or territory) and year of census or survey		age group	illiterate population			percentage of illiterates		
			total	male	female	total	male	female
Bulgaria (contd.)								
1965	Rural population	15+	438 865	104 818	334 047	13.2	6.4	19.9
		10-14	2 337	1 174	1 163	0.6	0.6	0.7
		15-19	4 205	1 690	2 515	1.6	1.2	2.0
		20-24	5 506	1 886	3 620	2.0	1.3	2.7
		25-34	23 185	6 796	16 389	3.9	2.3	5.7
		35-44	36 092	11 494	24 598	5.5	3.5	7.3
		45-54	57 007	17 074	39 933	10.9	6.5	15.1
		55-64	121 056	31 066	89 990	21.9	11.3	32.4
		65+	191 814	34 812	157 002	41.7	16.5	62.9
Greece [49]								
1961	Total Population	15+	1 205 850	244 002	961 848	19.6	8.3	30.0
		10-14	16 631	7 471	9 160	2.3	2.0	2.6
		15-19	22 041	8 059	13 982	3.5	2.6	4.5
		20-24	50 647	13 043	37 604	7.0	3.7	10.2
		25-29	80 891	20 143	60 748	11.2	5.8	16.3
		30-44	193 352	39 430	153 922	11.5	4.9	17.5
		45-64	506 907	90 787	416 120	29.8	11.1	47.1
		65+	352 012	72 540	279 472	51.2	24.5	71.4
1971	Total population	15+	1 030 040	217 480	812 560	15.6	6.7	23.7
		10-14	9 960	5 220	4 740	1.4	1.4	1.4
		15-19	11 680	5 560	6 120	1.8	1.7	1.9
		20-24	13 300	5 620	7 680	2.1	1.7	2.5
		25-29	18 320	5 680	12 640	3.7	2.3	4.9
		30-44	193 000	47 320	145 680	10.0	5.1	14.6
		45-64	389 380	78 600	310 780	20.5	8.7	31.3
		65+	404 360	74 700	329 660	41.4	17.5	60.0
	Urban & semi-urban population	15+	486 140	108 980	377 160	11.2	5.2	16.8
		10-14	5 900	3 120	2 780	1.4	1.4	1.3
		15-19	6 140	2 740	3 400	1.4	1.2	1.6
		20-24	7 660	3 380	4 280	1.6	1.3	1.9
		25-29	9 340	3 140	6 200	2.6	1.8	3.4
		30-44	92 820	25 180	67 640	7.1	4.0	10.0
		45-64	184 760	41 020	143 740	15.4	7.2	22.7
		65+	185 420	33 520	151 900	33.3	14.0	47.9
	Rural population	15+	543 900	108 500	435 400	24.2	10.2	37.0
		10-14	4 060	2 100	1 960	1.4	1.4	1.4
		15-19	5 540	2 820	2 720	2.6	2.7	2.5
		20-24	5 640	2 240	3 400	3.6	3.0	4.1
		25-29	8 980	2 540	6 440	6.5	3.9	8.8
		30-44	100 180	22 140	78 040	16.2	7.5	24.2
		45-64	204 620	37 580	167 040	29.3	11.1	46.6
		65+	218 940	41 180	177 760	52.1	21.9	76.5
1981	Total population	15+	701 056	140 544	560 512	9.5	3.9	14.7
		10-14	5 665	2 722	2 943	0.7	0.7	0.8
		15-19	7 281	3 507	3 774	1.0	1.0	1.1
		20-24	7 390	3 319	4 071	1.0	0.9	1.2
		25-34	18 426	7 629	10 797	1.4	1.2	1.6
		35-44	52 544	12 425	40 119	4.4	2.1	6.4
		45-54	121 528	29 147	92 381	9.2	4.5	13.7
		55-64	108 678	19 001	89 677	12.2	4.5	18.9
		65+	385 209	65 516	319 693	31.2	12.0	46.6
	Urban population	15+	340 243	73 623	266 620	6.6	3.0	10.0
		10-14	4 062	1 926	2 136	0.8	0.7	0.8
		15-19	5 213	2 430	2 783	1.0	0.9	1.1
		20-24	5 226	2 419	2 807	1.0	0.9	1.0
		25-34	11 319	4 692	6 627	1.1	1.0	1.3
		35-44	26 455	6 663	19 792	3.0	1.6	4.4
		45-54	59 716	16 030	43 686	6.6	3.6	9.5
		55-64	53 128	10 364	42 764	9.1	3.8	13.6
		65+	179 186	31 025	148 161	24.7	9.9	35.6
	Rural population	15+	360 813	66 921	293 892	16.0	6.0	25.6
		10-14	1 603	796	807	0.7	0.6	0.7
		15-19	2 068	1 077	991	1.0	1.0	1.0
		20-24	2 164	900	1 264	1.3	1.0	1.6
		25-34	7 107	2 937	4 170	2.3	1.8	2.8
		35-44	26 089	5 762	20 327	7.8	3.5	12.0
		45-54	61 812	13 117	48 695	14.5	6.1	22.9
		55-64	55 550	8 637	46 913	18.1	5.8	29.5
		65+	206 023	34 491	171 532	40.6	14.8	62.4

Table 7

country (or territory) and year of census or survey			age group	illiterate population			percentage of illiterates		
				total	male	female	total	male	female
Hungary									
	1960	Total population	15+	231 910	89 043	142 867	3.1	2.5	3.6
			10-14	11 791	5 886	5 905	1.5	1.5	1.5
			15-19	10 158	4 819	5 339	1.3	1.3	1.4
			20-24	12 473	5 613	6 860	1.8	1.7	2.0
			25-34	24 203	10 604	13 599	1.6	1.5	1.8
			35-44	17 328	7 124	10 204	1.4	1.2	1.6
			45-54	53 704	21 494	32 210	3.9	3.3	4.5
			55-64	43 428	16 617	26 811	4.1	3.4	4.7
			65+	70 616	22 772	47 844	7.9	6.1	9.2
		Urban population	7+	81 300	...	...	2.3	...	...
		Rural population	7+	252 000	...	...	4.8	...	...
	1963	Total population	15+	201 300	75 850	125 450	2.6	2.1	3.1
			10-14	10 100	6 000	4 100	1.2	1.4	1.0
			15-19	8 000	3 600	4 400	1.1	0.9	1.2
			20-24	8 800	3 900	4 900	1.2	1.1	1.4
			25-34	20 650	8 550	12 100	1.5	1.2	1.7
			35-44	17 450	7 700	9 750	1.2	1.2	1.3
			45-54	36 800	14 050	22 750	3.0	2.4	3.5
			55-64	45 300	17 200	28 100	4.1	3.3	4.7
			65+	64 300	20 850	43 450	6.6	5.2	7.7
	1970	Total population	15+	163 768	61 165	102 603	2.0	1.6	2.4
			10-14	7 590	3 971	3 619	0.9	0.9	0.9
			15-19	5 938	2 851	3 087	0.6	0.6	0.7
			20-24	6 224	2 713	3 511	0.8	0.7	0.9
			25-34	17 412	7 225	10 187	1.2	1.0	1.4
			35-44	20 134	8 313	11 821	1.4	1.2	1.6
			45-54	14 625	5 660	8 965	1.3	1.0	1.5
			55-64	44 337	16 347	27 990	3.6	2.9	4.2
			65+	55 098	18 056	37 042	4.7	3.7	5.4
		Urban population	15+	41 643	13 796	27 847	1.1	0.8	1.4
			10-14	2 242	1 188	1 054	0.7	0.7	0.7
			15-19	1 815	881	934	0.4	0.4	0.5
			20-24	1 546	705	841	0.4	0.4	0.4
			25-34	3 778	1 672	2 106	0.6	0.5	0.6
			35-44	4 301	1 815	2 486	0.6	0.6	0.7
			45-54	3 310	1 252	2 058	0.6	0.5	0.7
			55-64	10 973	3 525	7 448	1.9	1.4	2.4
			65+	15 920	3 946	11 974	3.0	1.9	3.7
		Rural population	15+	122 125	47 369	74 756	2.8	2.2	3.4
			10-14	5 348	2 783	2 565	1.1	1.1	1.0
			15-19	4 123	1 970	2 153	0.8	0.8	0.9
			20-24	4 678	2 008	2 670	1.2	1.0	1.4
			25-34	13 634	5 553	8 081	1.9	1.5	2.2
			35-44	15 833	6 498	9 335	2.0	1.7	2.4
			45-54	11 315	4 408	6 907	1.8	1.5	2.1
			55-64	33 364	12 822	20 542	5.0	4.1	5.8
			65+	39 178	14 110	25 068	6.0	4.9	6.9
	1980	Total population	15+	95 542	27 756	67 786	1.1	0.7	1.5
			15-19	4 510	2 204	2 306	0.7	0.7	0.7
			20-24	4 699	2 133	2 566	0.6	0.5	0.6
			25-34	9 162	3 603	5 559	0.6	0.4	0.7
			35-44	12 387	4 206	8 181	0.9	0.6	1.2
			45-54	14 163	4 446	9 717	1.0	0.7	1.4
			55-64	9 976	2 791	7 185	0.9	0.6	1.2
			65+	40 645	8 373	32 272	2.8	1.4	3.7
Italy									
	1961	Total population	15+	3 648 644	1 379 541	2 269 103	9.3	7.3	11.2
			10-14	43 730	22 870	20 860	1.3	1.3	1.3
			15-18	65 515	34 508	31 007	2.1	2.1	2.0
			19-21	58 946	29 360	29 586	2.6	2.5	2.6
			22-25	113 421	50 950	62 471	3.5	3.1	3.9
			26-35	429 574	179 263	250 311	5.6	4.7	6.5
			36-45	402 481	157 922	244 559	6.2	5.0	7.3
			46-55	635 498	243 576	391 922	9.8	7.7	11.8
			56-65	697 362	263 423	433 939	14.3	11.6	16.7
			66+	1 245 847	420 539	825 308	25.8	20.6	29.6

Table 7

country (or territory) and year of census or survey	age group	illiterate population total	male	female	percentage of illiterates total	male	female
Italy (contd.)							
1971 Total population	15+	2 487 142	928 403	1 558 739	6.1	4.7	7.4
	15-19	35 680	19 994	15 686	0.9	1.1	0.8
	20-24	49 723	25 491	24 232	1.2	1.2	1.2
	25-34	152 122	66 271	85 851	2.1	1.8	2.3
	35-44	334 172	134 527	199 645	4.5	3.7	5.4
	45-54	335 569	126 420	209 149	5.4	4.2	6.5
	55-64	549 530	204 580	344 950	9.3	7.3	11.1
	65+	1 030 346	351 120	679 226	16.9	13.8	19.1
1981 Total population	15+	1 572 556	539 781	1 032 775	3.5	2.5	4.5
	11-14	11 073	6 206	4 867	0.3	0.3	0.3
	15-19	14 797	6 715	8 082	0.3	0.3	0.4
	20-24	16 702	6 845	9 857	0.4	0.3	0.5
	25-44	151 731	55 259	96 472	1.0	0.7	1.3
	45-54	284 741	103 065	181 676	4.0	3.0	5.0
	55+	297 696	105 308	192 388	5.1	3.9	6.2
	65+	806 889	262 589	544 300	10.8	8.6	12.3
Liechtenstein							
1981 Total population	10+	68	33	35	*0.3	*0.3	*0.3
Poland [50]							
1960 Total population	14+	927 597	267 178	660 419	4.7	2.9	6.2
	14-17	5 120	2 741	2 379	0.3	0.3	0.3
	18-24	10 159	5 367	4 792	0.3	0.4	0.3
	25-34	29 326	13 753	15 573	0.7	0.6	0.7
	35-44	32 193	13 436	18 757	0.9	0.8	1.1
	45-54	123 652	41 952	81 700	3.7	2.7	4.6
	55-59	118 949	36 303	82 646	8.4	5.6	10.9
	60+	608 198	153 626	454 572	21.4	13.6	26.6
1970 Total population	15+	537 149	144 767	392 382	2.2	1.3	3.1
	15-19	7 281	3 951	3 330	0.2	0.2	0.1
	20-24	6 750	3 601	3 149	0.2	0.2	0.2
	25-34	10 724	5 526	5 198	0.3	0.3	0.3
	35-44	23 575	10 514	13 061	0.6	0.5	0.6
	45-54	26 207	10 064	16 143	0.8	0.7	0.9
	55-64	102 279	30 730	71 549	3.4	2.3	4.4
	65+	360 333	80 381	279 952	13.3	7.6	17.0
Urban population	15+	156 581	34 445	122 136	1.2	0.6	1.8
	15-19	2 729	1 373	1 356	0.1	0.1	0.1
	20-24	2 287	1 112	1 175	0.1	0.1	0.1
	25-34	3 226	1 563	1 663	0.1	0.1	0.1
	35-44	6 190	2 519	3 671	0.2	0.2	0.3
	45-54	6 822	2 302	4 520	0.4	0.3	0.5
	55-64	26 626	6 676	19 950	1.8	1.1	2.4
	65+	108 701	18 900	89 801	8.4	4.1	10.8
Rural population	15+	380 568	110 322	270 246	3.5	2.1	4.8
	15-19	4 552	2 578	1 974	0.3	0.3	0.3
	20-24	4 463	2 489	1 974	0.4	0.4	0.3
	25-34	7 498	3 963	3 535	0.5	0.5	0.4
	35-44	17 385	7 995	9 390	0.9	0.8	0.9
	45-54	19 385	7 762	11 623	1.2	1.1	1.4
	55-64	75 653	24 054	51 599	5.0	3.4	6.4
	65+	251 632	61 481	190 151	17.9	10.3	23.5
1978 Total population	15+	334 586	92 609	241 977	1.2	0.7	1.7
	15-19	5 557	3 176	2 381	0.2	0.2	0.2
	20-24	7 273	3 978	3 295	0.2	0.2	0.2
	25-34	11 781	6 145	5 636	0.2	0.2	0.2
	35-44	11 148	5 498	5 650	0.3	0.3	0.3
	45-54	21 832	9 115	12 717	0.5	0.5	0.6
	55-64	27 562	8 985	18 577	1.0	0.7	1.2
	65+	249 433	55 712	193 721	7.0	4.0	8.9
Urban population	15+	103 253	24 694	78 559	0.7	0.3	0.9
	15-19	2 160	1 262	898	0.1	0.1	0.1
	20-24	2 827	1 598	1 229	0.1	0.2	0.1
	25-34	4 316	2 183	2 133	0.1	0.1	0.1
	35-44	3 386	1 559	1 827	0.1	0.1	0.1
	45-54	5 943	2 241	3 702	0.2	0.2	0.3
	55-64	7 738	2 174	5 564	0.5	0.3	0.7
	65+	76 883	13 677	63 206	4.2	2.1	5.4

Table 7

country (or territory) and year of census or survey			age group	illiterate population			percentage of illiterates		
				total	male	female	total	male	female
Poland (contd.)									
	1978	Rural population	15+	231 333	67 915	163 418	2.1	1.3	2.9
			15-19	3 397	1 914	1 483	0.3	0.3	0.3
			20-24	4 446	2 380	2 066	0.3	0.3	0.3
			25-34	7 465	3 962	3 503	0.4	0.4	0.4
			35-44	7 762	3 939	3 823	0.5	0.5	0.5
			45-54	15 889	6 874	9 015	0.9	0.8	1.0
			55-64	19 824	6 811	13 013	1.5	1.2	1.9
			65+	172 550	42 035	130 515	9.9	5.7	13.0
Portugal [51]									
	1960	Total population	15+	2 397 487	897 939	1 499 548	38.1	30.6	44.6
			10-14	24 344	11 518	12 826	2.9	2.7	3.1
			15-19	70 433	30 329	40 104	9.4	8.3	10.5
			20-24	144 312	55 638	88 674	20.5	16.5	24.1
			25-34	394 577	153 863	240 714	30.1	24.4	35.4
			35-44	430 621	163 627	266 994	39.5	31.2	47.2
			45-54	504 169	197 817	306 352	50.8	42.3	58.4
			55-64	407 660	150 167	257 493	54.9	45.5	62.3
			65+	445 715	146 498	299 217	62.9	52.2	69.9
		Urban population	15+	305 205	...	...	19.7	...	...
			15-59	219 849	...	...	16.8	...	...
			60+	85 356	...	...	35.0	...	...
		Rural population	15+	2 034 311	...	...	42.9	...	...
			15-59	1 485 797	...	...	37.6	...	...
			60+	548 514	...	...	68.7	...	...
	1970	Total population	15+	1 786 170	636 530	1 149 640	29.0	22.4	34.7
			10-14	9 040	4 460	4 580	1.1	1.1	1.1
			15-19	21 845	11 255	10 590	3.0	3.2	2.8
			20-24	26 110	10 565	15 545	4.2	3.5	4.7
			25-34	150 510	51 940	98 570	14.3	10.6	17.6
			34-44	314 250	114 060	200 190	28.4	21.8	34.3
			45-54	362 375	130 375	232 000	37.8	28.8	45.9
			55-64	431 315	161 895	269 420	50.7	41.5	58.6
			65+	479 765	156 440	323 325	57.6	47.0	64.6
	1981	Total population	15+	1 506 206	524 461	981 745	20.6	15.2	25.4
			10-14	14 268	8 243	6 025	1.7	1.9	1.4
			15-19	16 704	9 895	6 809	1.9	2.3	1.6
			20-24	16 812	9 245	7 567	2.2	2.4	2.0
			25-34	39 323	17 479	21 844	3.0	2.7	3.3
			35-44	144 913	48 854	96 059	12.7	9.0	16.1
			45-54	318 764	111 132	207 632	27.5	20.3	34.0
			55-64	366 996	128 626	238 370	38.1	28.7	46.2
			65+	602 694	199 230	403 464	53.6	43.6	60.3
San Marino									
	1976	Total population	10+	640	260	380	3.9	3.2	4.7
Spain [52]									
	1960	Total population	15+	2 939 388	883 306	2 056 082	13.3	8.4	17.7
			10-14	219 462	109 632	109 830	8.3	8.2	8.4
			15-19	157 297	68 420	88 877	6.5	5.8	7.2
			20-24	151 636	52 928	98 708	6.8	4.7	9.0
			25-34	396 718	123 931	272 787	8.3	5.2	11.2
			35-44	380 035	110 724	269 311	9.4	5.7	12.7
			45-54	471 295	124 328	346 967	13.8	7.7	19.2
			55-64	557 493	163 555	393 938	20.5	12.9	27.1
			65+	824 914	239 420	585 494	32.8	23.0	39.7
	1970	Total population	15+	2 413 209	671 470	1 741 739	9.8	5.7	13.6
			10-14	15 924	8 343	7 581	0.5	0.5	0.5
			15-19	48 460	23 887	24 573	1.8	1.8	1.8
			20-24	55 238	21 716	33 522	2.2	1.7	2.7
			25-34	188 114	55 342	132 772	4.4	2.6	6.1
			35-44	343 548	103 003	240 545	7.3	4.4	10.1
			45-54	352 435	100 687	251 748	9.1	5.4	12.6
			55-64	499 171	124 408	374 763	15.9	8.6	22.1
			65+	926 243	242 427	683 816	28.1	17.9	35.4
		Urban population	15+	1 005 499	244 910	760 589	7.5	3.9	10.7
			10-14	7 697	3 893	3 804	0.5	0.5	0.5
			15-19	22 046	10 028	12 018	1.5	1.4	1.7
			20-24	26 213	9 246	16 967	1.8	1.3	2.3
			25-34	88 464	23 699	64 765	3.5	1.9	5.0
			35-44	155 412	42 050	113 362	5.9	3.3	8.4
			45-54	154 912	38 535	116 377	7.4	3.9	10.4
			55-64	206 004	43 755	162 249	12.7	6.0	18.0
			65+	352 448	77 597	274 851	22.3	12.8	28.2

Table 7

country (or territory) and year of census or survey		age group	illiterate population			percentage of illiterates		
			total	male	female	total	male	female
Spain (contd.)								
1970	Rural population	15+	1 407 710	426 560	981 150	12.5	7.7	17.2
		10-14	8 227	4 450	3 777	0.6	0.6	0.6
		15-19	26 414	13 859	12 555	2.1	2.2	2.1
		20-24	29 025	12 470	16 555	2.6	2.1	3.1
		25-34	99 650	31 643	68 007	5.5	3.4	7.7
		35-44	188 136	60 953	127 183	9.0	5.7	12.3
		45-54	197 523	62 152	135 371	11.3	7.2	15.4
		55-64	293 167	80 653	212 514	19.4	11.3	26.6
		65+	573 795	164 830	408 965	33.6	22.0	42.7
1975	**Total population**	**15+**	**1 997 328**	**572 447**	**1 424 881**	**7.6**	**4.5**	**10.5**
1981	**Total population**	**15+**	**1 971 695**	**541 480**	**1 430 215**	**7.1**	**4.0**	**9.9**
		10-14	19 886	10 337	9 549	0.6	0.6	0.6
		15-19	27 377	14 280	13 097	0.8	0.9	0.8
		20-24	32 069	14 652	17 417	1.1	1.0	1.2
		25-34	86 653	32 884	53 769	1.7	1.3	2.2
		35-44	187 373	54 891	132 482	4.4	2.6	6.2
		45-54	363 885	110 240	253 645	7.9	4.9	10.8
		55-64	368 460	104 050	264 410	10.2	6.1	13.7
		65+	905 878	210 483	695 395	21.4	12.2	27.7
	Urban population	15+	1 456 008	388 365	1 067 643	6.6	3.7	9.3
		10-14	15 692	8 021	7 672	0.6	0.6	0.6
		15-19	21 278	10 846	10 432	0.8	0.8	0.8
		20-24	24 987	11 210	13 777	1.1	1.0	1.2
		25-34	69 093	25 051	44 042	1.7	1.2	2.1
		35-44	150 983	42 669	108 314	4.3	2.4	6.1
		45-54	286 213	84 081	202 132	7.9	4.8	11.0
		55-64	277 354	75 729	201 625	10.1	5.9	13.7
		65+	626 100	138 779	487 321	20.5	11.5	26.4
	Rural population	15+	515 687	153 115	362 572	8.7	5.2	12.2
		10-14	4 194	2 316	1 877	0.7	0.7	0.6
		15-19	6 099	3 434	2 665	0.9	1.0	0.9
		20-24	7 082	3 442	3 640	1.2	1.1	1.3
		25-34	17 560	7 833	9 727	2.1	1.7	2.5
		35-44	36 390	12 222	24 168	4.7	3.1	6.3
		45-54	77 672	26 159	51 513	7.6	5.1	10.2
		55-64	91 106	28 321	62 785	10.4	6.6	13.9
		65+	279 778	71 704	208 074	23.7	13.9	31.4
1986	**Total population**	**15+**	**1 260 789**	**360 483**	**900 306**	**4.2**	**2.5**	**5.8**
		10-14	29 529	15 478	14 051	0.9	0.9	0.9
		15-19	20 176	10 649	9 527	0.6	0.6	0.6
		20-24	22 601	11 294	11 307	0.7	0.7	0.7
		25-34	52 972	23 983	28 989	1.0	0.9	1.1
		35-44	86 996	30 277	56 719	1.9	1.3	2.4
		45-54	205 743	62 616	143 127	4.7	2.9	6.5
		55-64	265 741	84 371	181 370	6.4	4.2	8.4
		65+	606 560	137 293	469 267	12.9	7.2	16.8
Yugoslavia [18)] [53)]								
1961	**Total population**	**15+**	**2 985 700**	**748 600**	**2 237 100**	**23.5**	**12.4**	**33.6**
		10-14	79 000	27 000	52 000	4.3	2.9	5.9
		15-19	89 000	22 000	67 000	6.4	3.2	9.8
		20-34	659 000	120 000	539 000	13.9	5.1	22.5
		35-49	698 000	144 000	554 000	24.0	10.8	35.2
		50-64	986 000	303 000	683 000	39.0	25.2	51.4
		65+	553 700	159 600	394 100	48.6	34.2	58.5
1971	**Total population**	**15+**	**2 478 207**	**590 215**	**1 887 992**	**16.5**	**8.1**	**24.3**
		10-14	71 364	29 646	41 718	3.8	3.1	4.6
		15-19	48 489	15 377	33 112	2.4	1.5	3.4
		20-29	236 761	43 371	193 390	5.2	1.9	8.6
		30-64	1 462 960	312 622	1 150 338	21.6	9.8	32.3
		65+	729 997	218 845	511 152	42.8	29.7	52.7
	Urban population	15+	461 816	98 904	362 912	7.7	3.4	11.6
		10-14	18 265	7 925	10 340	2.9	2.5	3.3
		15-19	10 917	4 044	6 873	1.5	1.1	1.9
		20-29	44 170	9 048	35 122	2.2	0.9	3.4
		30-64	255 341	45 988	209 353	9.5	3.6	15.1
		65+	151 388	39 824	111 564	28.0	18.2	34.8
	Rural population	15+	2 016 391	491 311	1 525 080	22.3	11.2	32.8
		10-14	53 099	21 721	31 378	4.3	3.4	5.2
		15-19	37 572	11 333	26 239	3.0	1.8	4.4
		20-29	192 591	34 323	158 268	7.6	2.6	13.0
		30-64	1 207 619	266 634	940 985	29.6	13.9	43.3
		65+	578 609	179 021	399 588	49.6	34.6	61.5

Table 7

country (or territory) and year of census or survey	age group	illiterate population total	male	female	percentage of illiterates total	male	female
Yugoslavia (contd.)							
1981 Total population	15+	1 764 042	370 558	1 393 484	10.4	4.5	16.1
	10-14	16 860	6 515	10 345	0.9	0.7	1.2
	15-19	22 836	7 443	15 393	1.2	0.8	1.7
	20-24	28 758	8 367	20 391	1.5	0.9	2.2
	25-34	72 165	16 864	55 301	2.0	0.9	3.2
	35-44	156 651	24 179	132 472	5.7	1.8	9.6
	45-54	389 603	60 674	328 929	13.1	4.1	21.7
	55-64	356 605	58 091	298 514	20.1	7.5	29.8
	65+	737 424	194 940	542 484	34.6	21.5	44.2
Urban population	15+	377 921	68 227	309 694	4.8	1.8	7.5
	10-14	6 678	2 597	4 081	0.9	0.7	1.1
	15-19	7 922	2 534	5 388	1.0	0.7	1.4
	20-24	9 205	2 638	6 567	1.1	0.6	1.5
	25-34	18 882	4 700	14 182	1.0	0.5	1.5
	35-44	32 434	4 882	27 552	2.2	0.7	3.8
	45-54	78 992	10 533	68 459	5.7	1.5	9.7
	55-64	73 527	10 381	63 146	9.6	3.1	14.8
	65+	156 959	32 559	124 400	19.4	9.9	25.8
Rural population	15+	1 386 121	302 331	1 083 790	15.4	6.8	23.9
	10-14	10 182	3 918	6 264	1.0	0.7	1.3
	15-19	14 914	4 909	10 005	1.4	0.9	1.9
	20-24	19 553	5 729	13 824	2.0	1.1	3.0
	25-34	53 283	12 164	41 119	3.2	1.4	5.3
	35-44	124 217	19 297	104 920	9.3	2.8	15.9
	45-54	310 611	50 141	260 470	19.6	6.5	32.2
	55-64	283 078	47 710	235 368	28.1	11.0	41.1
	65+	580 465	162 381	418 084	44.0	28.2	56.2
OCEANIA							
Fiji							
1976 Total population	15+	65 957	24 305	41 652	21.0	16.0	26.0
	15-19	2 501	909	1 592	6.0	4.0	7.0
	20-24	5 066	1 920	3 146	9.0	7.0	11.0
	25-29	5 635	2 016	3 619	13.0	9.0	16.0
	30-39	12 808	4 158	8 650	19.0	12.0	25.0
	40-49	14 461	5 278	9 183	31.0	22.0	40.0
	50+	25 486	10 024	15 462	47.0	36.0	59.0
French Polynesia							
1962 Total population	15+	2 577	1 291	1 286	5.5	5.3	5.7
Guam							
1980 Total population	15+	2 470	1 317	1 153	3.6	3.6	3.5
	15-19	514	272	242	4.7	4.7	4.7
	20-24	456	279	177	4.1	4.6	3.5
	25-34	504	286	218	2.6	2.8	2.3
	35-44	284	170	114	2.5	2.8	2.2
	45-54	240	135	105	2.9	3.1	2.8
	55-64	196	88	108	4.0	3.3	4.9
	65+	276	87	189	9.2	6.2	12.0
New Caledonia [54]							
1963 Total population	15+	8 546	3 983	4 563	16.2	14.1	18.7
	15-19	301	145	156	3.8	3.4	4.2
	20-29	1 163	427	736	8.7	6.1	11.7
	30-39	1 463	603	860	12.9	9.8	16.6
	40-49	2 236	1 125	1 111	25.0	22.4	28.3
	50-59	1 742	930	812	27.9	26.7	29.3
	60+	1 641	753	888	32.9	31.2	34.6
1976 Total population	15+	7 133	3 370	3 763	8.7	7.8	9.7
	15-19	300	180	120	2.2	2.6	1.8
	20-24	328	205	123	3.0	3.5	2.4
	25-34	759	341	418	3.8	3.2	4.5
	35-39	577	254	323	6.9	5.7	8.1
	40-49	1 285	562	723	10.0	8.1	12.2
	50-59	1 434	636	798	17.9	14.7	21.6
	60+	2 450	1 192	1 258	30.2	29.0	31.3
Papua New Guinea [55]							
1966 Total population	10+	288 485	141 130	147 355	70.6	65.6	76.0
1971 Total population	10+	1 106 880	512 713	594 167	67.9	60.7	75.6

Table 7

country (or territory) and year of census or survey		age group	illiterate population			percentage of illiterates		
			total	male	female	total	male	female
Samoa								
1966	Total population	15+	1 648	856	792	2.6	2.6	2.5
		10-14	458	278	180	2.5	2.9	2.1
		15-19	214	148	66	1.5	2.0	1.0
		20-24	136	89	47	1.5	1.8	1.1
		25-34	276	168	108	1.9	2.3	1.5
		35-44	237	128	109	2.2	2.3	2.0
		45-54	233	109	124	3.2	2.9	3.5
		55-64	192	81	111	4.7	3.8	5.5
		65+	360	133	227	9.9	8.0	11.6
1971	Total population	15+	1 581	819	762	2.2	2.2	2.1
		10-14	–	–	–	–	–	–
		15-19	–	–	–	–	–	–
		20-24	–	–	–	–	–	–
		25-34	15	8	7	0.1	0.1	0.1
		35-44	56	29	27	0.5	0.5	0.4
		45-54	147	77	70	1.7	1.7	1.6
		55-64	297	155	142	6.0	6.1	5.9
		65+	1 066	550	516	26.4	29.6	23.7
	Urban population	15+	212	111	101	1.3	1.3	1.2
		10-14	–	–	–	–	–	–
		15-19	–	–	–	–	–	–
		20-24	–	–	–	–	–	–
		25-34	2	2	–	0.1	0.1	–
		35-44	8	5	3	0.3	0.4	0.3
		45-54	20	10	10	1.1	1.2	1.1
		55-64	40	21	19	3.6	3.7	3.4
		65+	142	73	69	17.3	22.0	14.1
	Rural population	15+	1 369	708	661	2.5	2.5	2.4
		10-14	–	–	–	–	–	–
		15-19	–	–	–	–	–	–
		20-24	–	–	–	–	–	–
		25-34	13	6	7	0.1	0.1	0.1
		35-44	48	24	24	0.5	0.5	0.5
		45-54	127	67	60	1.8	1.8	1.8
		55-64	257	134	123	6.7	6.8	6.6
		65+	924	477	447	28.7	31.2	26.4
Tonga [3]								
1976	Total population	15+	193	81	112	0.4	0.3	0.5
		10-14	48	30	18	0.4	0.5	0.3
		15-19	22	10	12	0.2	0.2	0.2
		20-24	9	4	5	0.1	0.1	0.1
		25-34	22	9	13	0.2	0.2	0.3
		35-44	24	9	15	0.3	0.2	0.4
		45-54	24	12	12	0.4	0.4	0.4
		55-64	20	11	9	0.6	0.6	0.5
		65+	72	26	46	2.6	2.0	3.2
Vanuatu								
1979	Total population	15+	28 647	13 823	14 824	47.1	42.7	52.2
		10-14	5 004	2 538	2 466	34.7	33.1	36.4
		15-19	3 125	1 431	1 694	25.7	22.6	29.0
		20-24	3 157	1 364	1 793	31.1	26.2	36.3
		25-34	6 243	2 700	3 543	42.3	35.9	49.0
		35-44	6 018	2 793	3 225	59.0	50.8	68.6
		45-54	4 327	2 264	2 063	69.3	63.8	76.5
		55-64	3 059	1 679	1 380	75.8	71.6	81.8
		65+	2 718	1 592	1 126	83.9	81.8	87.0
U.S.S.R.								
1970	Total population	9-49	439 000	170 000	269 000	0.3	0.2	0.3
	Urban population	9-49	...	...	...	0.2	0.1	0.2
	Rural population	9-49	...	...	...	0.5	0.4	0.6
1979	Total population	9-49	...	...	...	0.2	0.2	0.2
	Urban population	9-49	...	...	...	0.1	0.1	0.1
	Rural population	9-49	...	...	...	0.3	0.3	0.3

Table 7 : Explanatory notes **Tableau 7 : Notes explicatives** **Tableau 7 : Notas explicativas**

1) For 1961, estimates for African population based on a sample survey.

   Pour 1961, estimations pour la population africaine établies d'après une enquête par sondage.

   Para 1961, estimaciones para la población africana basadas en una encuesta por sondeo.

2) For 1971, *de jure* population excluding 24,012 residents absent for less than one year and nomad population estimated at 10,550.

   Pour 1971, population de droit, non compris 24 012 résidents hors du pays pour moins d'une année et la population nomade estimée à 10 550.

   Para 1971, población *de jure*, excluídas 24 012 personas residentes fuera del país por un período inferior a un año y la población nómade que se estima a 10 550.

3) *De jure* population.

   Population de droit.

   Población *de jure*.

4) Data exclude adjustment for under-enumeration estimated at 7.42%.

   Les données n'ont pas été ajustées pour tenir compte des lacunes du dénombrement estimées à 7,42%.

   Los datos no han sido ajustados para tener en cuenta omisiones en la enumeración estimadas en un 7,42%.

5) Illiteracy defined as inability to read or write either French or Arabic; estimates for *de jure* population based on the results of a sample survey.

   Analphabétisme défini comme l'inaptitude à lire ou écrire le français ou l'arabe; l'estimation de la population de droit est basée sur les résultats d'une enquête par sondage.

   Analfabetismo definido como la incapacidad de leer o escribir en francés o en árabe; la estimación de la población *de jure* se funda en los resultados de una encuesta por sondeo.

6) Illiteracy defined as inability to read and write French.

   Analphabétisme défini comme l'inaptitude à lire et écrire le français.

   Analfabetismo definido como la incapacidad de leer y escribir en francés.

7) Data exclude absentee workers accounting for 12% of total population at time of census.

   Les données n'incluent pas les travailleurs absents qui représentaient 12% au moment du recensement.

   Los datos no incluyen los trabajadores ausentes, que representaban el 12% en el momento del censo.

8) For 1960, not including nomad population; literate population includes persons who can only read.

   Pour 1960, les données n'incluent pas la population nomade et les personnes sachant seulement lire sont comprises parmi les alphabètes.

   Para 1960, los datos excluyen la población nómade y las personas que sólo saben leer se consideran como alfabetas.

9) For 1971, *de jure* population, based on a 10% sample of census returns.

   Pour 1971, population de droit, d'après un sondage portant sur 10% des feuilles de recensement.

   Para 1971, población *de jure*, según un muestreo referente al 10% de los boletines del censo.

10) Based on a sample survey.

    D'après une enquête par sondage.

    Según una encuesta por sondeo.

11) For 1970 *de jure* population.

    Pour 1970 population de droit.

    Para 1970 población *de jure*.

12) For 1978, illiterates in Kishahili.

    Pour 1978, analphabètes en Kiswahili.

    Para 1978, analfabetos en Kiswahili.

13) For 1970, persons with no schooling are defined as illiterates.

    Pour 1970, les personnes sans scolarité ont été considérées comme étant analphabètes.

    Para 1970, las personas sin escolaridad han sido consideradas como analfabetas.

14) For 1963, based on a 5% sample. For 1973 *de jure* population.

    Pour 1963, d'après un sondage à 5%. Pour 1973, population de droit.

Para 1963, según un muestreo que abarcó el 5%. Para 1973, población *de jure*.

15) For 1981, not including functionally and physically handicapped.

Pour 1981, non compris les handicapés physiques et fonctionnels.

Para 1981, excluídos los incapacitados funcionales y físicos.

16) For 1961, including persons whose ability to read and write is unknown.

Pour 1961, y compris les personnes dont l'aptitude à lire et écrire est inconnue.

Para 1961, incluídas las personas cuya capacidad para leer y escribir se desconoce.

17) Data are based on a 5% sample. For 1973, *de jure* population.

Les données sont établies d'après un sondage à 5%. Pour 1973, population de droit.

Los datos están basados según un muestreo que abarcó el 5%. Para 1973, población *de jure*.

18) For 1971 *de jure* population.

Pour 1971 population de droit.

Para 1971 población *de jure*.

19) For 1974 *de jure* population.

Pour 1974 population de droit.

Para 1974 población *de jure*.

20) For 1963, based on a sample tabulation of census returns. For 1971, *de jure* population. In 1980, after the National Literacy Campaign, the Ministry of Education estimated that of the 722,431 illiterates identified in the Census of October 1979, 130,372 were *analfabetos inaptos*, and 406,056 were made literate, leaving only 186,003 *analfabetos aptos* (or 12.96% of the population aged 10 years and over).

Pour 1963, d'après une exploitation par sondage des feuilles de recensement. Pour 1971, population de droit. En 1980, à la fin de la Campagne Nationale d'Alphabétisation, le Ministère de l'Education a estimé que parmi les 722 431 analphabètes recensés en octobre 1979, 130 372 étaient *analfabetos inaptos*, que 406 056 étaient devenus alphabètes, laissant seulement 186 003 *analfabetos aptos* (ou 12,96% de la population 10 ans et plus).

Para 1963, según una explotación por muestreo de los boletines de censo. Para 1971, población *de jure*. En 1980, después de la Cruzada Nacional de Alfabetización, el Ministerio de Educación estimó que de los 722 431 analfabetos, según el Censo de octubre de 1979, 130 372 eran analfabetos inaptos, 406 056 fueron alfabetizados, quedando solamente 186 003 analfabetos aptos, (o sea 12,96% de la población de 10 años y más).

21) For 1960 based on a 5% sample.

Pour 1960 d'après un sondage à 5%.

Para 1960 según un muestreo que abarcó el 5%.

22) For 1970 and 1980, *de jure* population but not including armed forces stationed in this area.

Pour 1970 et 1980, population de droit mais non compris les militaires en garnison sur le territoire.

Para 1970 y 1980, población *de jure*, pero excluyendo los militares destacados en la zona.

23) For 1970, *de jure* population but excluding persons residing in institutions.

Pour 1970, population de droit ne comprenant pas les personnes vivant dans des institutions.

Para 1970, población *de jure* que no incluye las personas residentes en instituciones.

24) For 1970, based on a sample tabulation of census returns.

Pour 1970, d'après une exploitation par sondage des feuilles de recensement.

Para 1970, según una explotación por muestreo de los boletines de censo.

25) Data exclude adjustment for under-enumeration estimated at 6.99%.

Les données n'ont pas été ajustées pour tenir compte des lacunes du dénombrement estimées à 6,99%.

Los datos no han sido ajustados para tener en cuenta omisiones en la enumeración estimadas en un 6,99%.

26) For 1973, based on a 4% sample.

Pour 1973, d'après un sondage à 4%.

Para 1973, según un muestreo que abarcó el 4%.

27) Excluding nomadic Indian tribes.

Non compris les tribus indiennes nomades.

Excluídas las tribus indias nómades.

28) Persons with no schooling are defined as illiterates.

Les personnes sans scolarité ont été considérées comme étant analphabètes.

Las personas sin escolaridad han sido consideradas como analfabetas.

29) Excluding Indian jungle population. For 1961, based on an approximately 15% sample of census returns. For 1972 and 1981, data exclude adjustment for under-enumeration estimated at 3.86% and 6.99% respectively.

Non compris les indiens de la jungle. Pour 1961, d'après une exploitation par sondage portant sur approximativement 15% des feuilles de recensement. Les données pour 1972 et 1971 n'ont pas été ajustées pour tenir compte des lacunes du dénombrement estimées à 3,86% et 6,99% respectivement.

Excluídos los indios de la selva. Para 1961, según una explotación por muestreo que representa aproximadamente el 15% de los boletines de censo. Los datos para 1972 y 1981 no han sido ajustados para tener en cuenta las omisiones en la enumeración estimadas en un 3,86% y 6,99% respectivamente.

30) For 1975, based on a sample tabulation of census returns.

Pour 1975, d'après une exploitation par sondage des feuilles de recensement.

Para 1975 según una explotación por muestreo de los boletines de censo.

31) Pour 1971, excluding Indian jungle population.

Pour 1971, non compris les indiens de la jungle.

Para 1971, excluídos los indios de la selva.

32) For 1979, excluding nomad population.

Pour 1979, non compris la population nomade.

Para 1979, excluída la población nómade.

33) Data for 1974 exclude adjustment for under-enumeration estimated at 6.99%.

Les données pour 1974 n'ont pas été ajustées pour tenir compte des lacunes du dénombrement estimées à 6,99%.

Los datos para 1974 no han sido ajustados para tener en cuenta omisiones en la enumeración estimadas en un 6,99%.

34) Data are based on a 10% sample of census returns.

Les données ont été établies d'après un sondage portant sur 10% des feuilles de recensement.

Los datos se han establecido según un muestreo referente al 10% de los boletines de censo.

35) For 1966 and 1971, persons with no schooling are defined as illiterates.

Pour 1966 et 1971, les personnes sans scolarité ont été considérées comme étant analphabètes.

Para 1966 y 1971, las personas sin escolaridad han sido consideradas como analfabetas.

36) For 1961, excluding Sikkim and North-East Frontier Agency. Including Kashmir-Jammu and Goa, Daman and Diu. For 1981, based on a 5% sample.

Pour 1961, non compris le Sikkim et la *North-East Frontier Agency* mais y compris le Cachemire-Jammu et Goa, Daman et Diu. Pour 1981, d'après un sondage à 5%.

Para 1961, excluídos Sikkim y la *North-East Frontier Agency,* pero incluídos Cachemira-Jammu y Goa, Daman y Diu. Para 1981, según un muestreo que abarcó el 5%.

37) For 1961, excluding West Irian; data are based on a 1% sample.

Pour 1961, non compris l'Irian Occidental; d'après un sondage à 1%.

Para 1961, excluído el Irian Occidental; según un muestreo que abarcó el 1%.

38) For 1983, persons with no schooling are defined as illiterates.

Pour 1983, les personnes sans scolarité ont été considérées comme étant analphabètes.

Para 1983, las personas sin escolaridad han sido consideradas como analfabetas.

39) For 1976, data taken from the results of the multi-purpose household sample survey.

Pour 1976, les données ont été extraites des résultats de l'enquête par sondage à fins multiples effectuée auprès des ménages.

Para 1976, los datos provienen de los resultados de la encuesta por sondeo a fines múltiples de hogares.

40) Excluding alien armed forces, civilian aliens employed by armed forces and foreign diplomatic personnel and their dependents.

Non compris les militaires étrangers, les civils étrangers employés par les forces armées et le personnel diplomatique étranger et les membres de leur famille les accompagnant.

Excluídos los militares extranjeros, los civiles extranjeros empleados por las fuerzas armadas y los diplomáticos extranjeros y los miembros de sus familias que les acompañan.

41) For 1961, based on a sample survey and excluding bedouin population numbering 17,747 persons.

Pour 1961, d'après une enquête par sondage et non compris la population bédouine dénombrée à 17 747 personnes.

Para 1961, según una encuesta por sondeo y excluída la población beduina que ascendía a 17 747 personas.

42) For 1960, not including semi-literate persons.

Pour 1960, non compris les personnes semi-alphabétisées.

Para 1960, excluídas las personas semi-alfabetas.

43) For 1960, data refer to Sabah and Sarawak only. For 1970, excluding persons in institutions and transients afloat.

Pour 1960, les données se réfèrent à Sabah et Sarawak seulement. Pour 1970, non compris les personnes vivant dans des institutions et les personnes de passage se trouvant à bord des navires.

Para 1960, los datos se refieren a Sabah y Sarawak exclusivamente. Para 1970, excluídas las personas residentes en instituciones y las personas en tránsito a bordo de navíos.

44) For 1977 and 1978, based on a sample survey.

Pour 1977 et 1978, d'après une enquête par sondage.

Para 1977 y 1988, según una encuesta por sondeo.

45) For 1980 based on a 20% sample.

Pour 1970 d'après un sondage à 20%.

Para 1980 según un muestreo que abarcó el 20%.

46) For 1970, excluding transients afloat.

Pour 1970, non compris les personnes de passage se trouvant à bord des navires.

Para 1970, excluídas las personas en tránsito a bordo de navíos.

47) National population only.

Population nationale seulement.

Población nacional solamente.

48) For 1965 and 1970, based on a 1% sample.

Pour 1965 et 1970, d'après un sondage à 1%.

Para 1965 y 1970, según un muestreo que abarcó el 1%.

49) For 1971, based on a 5% sample. Including armed forces stationed outside the country but excluding alien armed forces stationed in the area.

Pour 1971, d'après un sondage à 5%. Y compris les forces armées en garnison à l'étranger mais non compris les militaires étrangers cantonnés sur le territoire.

Para 1971, según un muestreo que abarcó el 5%. Incluídas las fuerzas armadas que se encuentran fuera del país pero excluídos los militares extranjeros estacionados en el territorio.

50) For 1970 and 1978, excluding civilian aliens within the country and including civilian nationals temporarily outside the country.

Pour 1970 et 1978, non compris les civils étrangers dans le pays mais y compris les civils nationaux temporairement hors du pays.

Para 1970 y 1978, excluídos los civiles extranjeros que se encuentran en el país pero incluídos los civiles nacionales temporalmente fuera del país.

51) For 1970, *de jure* population, based on a sample tabulation of census returns.

Pour 1970, population de droit, d'après une exploitation par sondage des feuilles de recensement.

Para 1970, población *de jure*, según una explotación por muestreo de los boletines de censo.

52) For 1960, based on a 1% sample. For 1970, based on a 25% sample of census returns.

Pour 1960, d'après un sondage à 1%. Pour 1970, d'après un sondage portant sur 25% des feuilles de recensement.

Para 1960, según un muestreo que abarcó el 1%. Para 1970, según un muestreo referente al 25% de los boletines de censo.

53) For 1961, based on a 5% sample.

Pour 1961, d'après un sondage à 5%.

Para 1961, según un muestreo que abarcó el 5%.

54) Not including semi-literate persons.

Non compris les personnes semi-alphabétisées.

Excluídas las personas semi-alfabetas.

55) Data for 1966 refer to former Papua only.

Les données pour 1966 se réfèrent à l'ancienne Papouasie seulement.

Los datos para 1966 se refieren a ex-Papua exclusivamente.

ALBANIA 'Ndermarrja e perhapjes se librit', TIRANA.

ALGERIA: Entreprise nationale du livre (ENAL), 3, boulevard Zirout Youcef, ALGER; *Periodicals only*: Entreprise nationale de messagerie et de presse (ENAMEP), 20, rue de la Liberté, ALGER.

ANGOLA: Distribuidora Livros e Publicaçoes, Caixa Postal 2848, LUANDA.

ARGENTINA: Librería el Correo de la Unesco, EDILYR, S.R.L., Tucumán 1685, 1050 BUENOS AIRES.

AUSTRALIA: *Publications*: Educational Supplies Pty. Ltd., P.O. Box 33, Brookvale 2100, N.S.W.; Dominie Pty., P.O. Box 33, BROOKVALE 2100, N.S.W. *Sub-agents*: United Nations Association of Australia, Victorian Division, 328 Flinders Street, MELBOURNE 3000; Hunter Publications, 58A Gipps Street, Collingwood, VICTORIA 3066.

AUSTRIA: Gerold & Co., Graben 31, A-1011 WIEN.

BAHRAIN: United Schools International, P.O. Box 726, BAHRAIN; The Arabian Agencies & Distributing Co., Al Mutanabi Street, P.O. Box 156, MANAMA.

BANGLADESH: Karim International, G.P.O. Box No. 2141, 64/1 Manipuri Para, Tejgaon, Farmgate, DHAKA.

BARBADOS: University of the West Indies Bookshop, Cave Hill Campus, P.O. Box 64, BRIDGETOWN.

BELGIUM: Jean De Lannoy, 202 Avenue du Roi, 1060 BRUXELLES.

BENIN (Rep. Pop.): Librairie nationale, B.P. 294, Porto Novo; Librairie Notre Dame, BP 307, Cotonou; Ets. Koudjo G. Joseph, B.P. 1530 COTONOU.

BOLIVIA: Los Amigos del Libro, casilla postal 4415, Mercado 1315, La Paz; Avenida de las Heroinas 3712, Casilla 450, COCHABAMBA.

BOTSWANA: Botswana Book Centre, P.O. Box 91, GABORONE.

BRAZIL: Fundaçao Getúlio Vargas, Serviço del Publicaçoes, caixa postal 9.052-ZC-05, Praia de Botafogo 188, RIO DE JANEIRO (RJ) 2000; Imagem Latinoamericana, Av. Paulista 750, 1 andar, Caixa postal 30455, SÃO PAULO, CEP 01051.

BULGARIA: Hemus, Kantora Literatura, boulevard Rousky 6, SOFIJA.

BURKINA: Librairie Attie, B.P. 64, OUAGADOUGOU; Librairie Catholique 'Jeunesse d'Afrique', OUAGADOUGOU.

BURMA: Trade Corporation no. (9), 550-552 Merchant Street, RANGOON.

CAMEROON: Burma Kor & Co., Bilingual Bookshop, Mvog-Ada, B.P. 727, YAOUNDÉ; Le Secrétaire général de la Commission nationale de la République Unie du Cameroun pour l'Unesco, B.P. 1600 YAOUNDÉ; Librairie des Editions Clé, B.P. 1501, YAOUNDÉ; Librairie St. Paul, B.P. 763, YAOUNDÉ; Centre de diffusion du livre camerounais, B.P. 338, Douala; Librairie Hermès Memento, Face CHU Melen, B.P. 2537, YAOUNDÉ.

CANADA: Renouf Publishing Company Ltd./Editions Renouf Ltée, 1294 Algoma Road, Ottawa, Ont. K1B 3W8 (shops: 61 Sparks St., OTTAWA, and 211 Yonge St., TORONTO. *Sales office*: 7575 Trans Canada Hwy, Ste. 305, ST. LAURENT, Quebec H4T 1V6).

CAPE VERDE: Instituto Caboverdiano do Livro, Caixa postal 158, PRAIA.

CHAD: Librairie Abssounout, 24 ave. Ch.-de-Gaulle, B.P. 388, N'DJAMENA.

CHILE: Editorial Universitaria S.A., Departamento de Importaciones, M. Luisa Santander 0447, casilla 10220, SANTIAGO; Editorial 'Andrés Bello', Av. R. Lyon 946, Casillo 4256, SANTIAGO DE CHILE; Dipublic, Antonio Varas 671, 2 piso, casilla 14364, Correo 21, SANTIAGO.

CHINA: China National Publications Import and Export Corporation, P.O. Box 88, BEIJING.

COLOMBIA: Instituto Colombiano de Cultura (Colcultura), Carrera 3A, no. 18/24, BOGOTA.

COMOROS: Librairie Masiwa, 4 rue Ahmed-Djoumoi B.P. 124, MORONI.

CONGO: Commission Nationale Congolaise pour l'Unesco, B.P. 493, Brazzaville; Librairie Maison de la presse, B.P. 2150, BRAZZAVILLE; Librairie Populaire, B.P. 577, BRAZZAVILLE.

COSTA RICA: Cooperativa del libro, Universidad de Costa Rica, Ciudad Universitaria Rodrigo Facio, San Pedro Montes de Oca, SAN JOSÉ.

CÔTE D'IVOIRE: Librairie des Presses de l'Unesco, Commission nationale Ivoirienne pour l'Unesco, 01 B.P. V297 ABIDJAN 01; Le Centre d'Edition et de Diffusion Africaines (CEDA), 04 B.P. 541, ABIDJAN 04 Plateau.

CUBA: Ediciones Cubanas, O'Reilly No. 407, LA HABANA.

CYPRUS: 'MAM', Archbishop Makarios 3rd Avenue, P.O. Box 1722, NICOSIA.

CZECHOSLOVAKIA: SNTL, Spalena 51, 113-02 Praha 1; Artia, Ve Smeckach 30, P.O. Box 790, 111-27 PRAHA 1; *For Slovakia only*: Alfa Verlag Publishers, Hurbanovo nam. 6, 893 31 BRATISLAVA.

DEMOCRATIC YEMEN: 14th October Corporation, P.O. Box 4227, ADEN.

DENMARK: Munksgaard Export and Subscription Service, 35 Nørre Søgade, DK 1370, KØBENHAVN K.

DOMINICAN REPUBLIC: Librería Blasco, Avenida Bolívar, No. 402, esq. Hermanos Deligne, SANTO DOMINGO.

ECUADOR: Dinacur Cia Ltda, Santa Priscano 296 y Pasaje San Luis, Oficina 101-102, Casilla 112-B, QUITO; Nueva Imagen, 12 de Octubre 959 y Roca, Edificio Mariano de Jesús, QUITO.

EGYPT: Unesco Publications Centre, 1 Talaat Harb Street, CAIRO.

ETHIOPIA: Ethiopian National Agency for Unesco, P.O. Box 2996, ADDIS ABABA.

FINLAND: Akateeminen Kirjakauppa, Keskuskatu 1, SF-00101 Helsinki 10; Suomalainen Kirjakauppa OY, Koivuvaarankuja 2, 01640 VANTAA 64.

FRANCE: Librairie de l'Unesco, 7 place de Fontenoy, 75700 PARIS; University bookshops.

GABON: Librairie Sogalivre (Libreville, Port Gentil and Franceville); Librairie Hachette, B.P. 3923, LIBREVILLE.

GERMAN DEMOCRATIC REPUBLIC: Buchexport, Postfach 140, Leninstrasse 16, 7010 LEIPZIG.

GERMANY, FEDERAL REPUBLIC OF: UNO-Verlag, Simrockstrasse 23, D-5300 BONN 1; S. Karger GmbH, Verlag, Angerhofstrasse 9, Postfach 2, D-8034 GERMERING/MÜNCHEN. *For scientific maps only*: Geo Center, Postfach 800830, 7000 STUTTGART 80. *For 'The Courier'*: Mr Herbert Baum, Deutscher Unesco Kurier Vertrieb, Besaltstrasse 57, BONN 3.

GHANA: Presbyterian Bookshop Depot Ltd., P.O. Box 195, Accra; Ghana Book Suppliers Ltd., P.O. Box 7869, ACCRA; The University Bookshop of Ghana, ACCRA; The University Bookshop of Cape Coast; The University Bookshop of Legon, P.O. Box 1, LEGON.

GREECE: Eleftheroudakis, Nikkis Street 4, ATHENS; H. Kauffmann, 28 rue du Stade, ATHENS; Greek National Commission for Unesco, 3 Akadimias Street, ATHENS; John Mihalopoulos and Son S.A., 75 Hermou Street, P.O. Box 73, THESSALONIKI.

GUADELOUPE: Librairie Carnot, 59, rue Barbès, 97100 POINTE-A-PITRE.

GUATEMALA: Comisión Guatemalteca de Cooperación con la Unesco, 3a Avenida 13-30, Zona 1, apartado postal 244, GUATEMALA.

GUINEA: Commission nationale guinéenne pour l'Unesco, B.P. 964, CONAKRY.

GUINEA-BISSAU: Instituto Nacional do Livro e do Disco, Conselho Nacional da Cultura, Avenida Domingos Ramos No. 10-A, B.P. 104, BISSAU.

HAITI: Librairie 'A la Caravelle', 26, rue Roux, B.P. 111, PORT-AU-PRINCE.

HONDURAS: Librería Navarro, 2a Avenida No. 201, Comayagüela, TEGUCIGALPA.

HONG KONG: Swindon Book Co., 13-15 Lock Road, KOWLOON; Federal Publications (HK) Ltd., 2d Freder Centre, 68 Sung Wong Toi Road, Tokwawan, KOWLOON; Hong Kong Government Information Services, Publication (Sales) Office, Information Services Dept., No. 1, Battery Path, Central, HONG KONG.

HUNGARY: Kultura-Buchimport-Abt., P.O.B. 149-H-1389, BUDAPEST 62.

ICELAND: Snaebjörn Jonsson & Co., The English Bookshop, Hafnarstraeti 9, REYKJAVIK.

INDIA: Orient Longman Ltd., Kamani Marg, Ballard Estate, BOMBAY 400038; 17 Chittaranjan Avenue, Calcutta 13; 36a Anna Salai, Mount Road, Madras 2; 80/1 Mahatma Gandhi Road, BANGALORE 56001; 5-9-41/1 Bashir Bagh, HYDERABAD 500001 (AP); 3-5-820 Hyderguda, HYDERABAD 500001. *Sub-depots*: Oxford Book & Stationery Co., 17 Park Street, CALCUTTA 700016; Scindia House, NEW DELHI 110001; Ministry of Education and Culture, Publication Unit, Ev-AFO Hutments, Dr. Rajendra Prasad Road, NEW DELHI 110001; UBS Publishers Distributors Ltd., 5 Ansari Road, P.O. Box 7015, NEW DELHI 110002.

INDONESIA: Bhratara Publishers and Booksellers, 29, Jl. Oto Iskandardinata 111, Jakarta; Indira P.T., Jl. Dr. Sam Ratulangi 37, JAKARTA PUSAT.

IRAN, ISLAMIC REPUBLIC OF: Iranian National Commission for Unesco, 1188 Enghalab Avenue, Rostam Give Building, P.O. Box 11365-4498, TEHRAN 13158.

IRELAND: TDC Publishers, 12, North Frederick Street, DUBLIN 1; Educational Company of Ireland Ltd, PO Box 43 A, Walkinstown, DUBLIN 12.

ISRAEL: Steinmatzky Ltd., Citrus House, 22 Harakevet Street, P.O. Box 628, TEL AVIV.

ITALY: Licosa (Libreria Commissionaria Sansoni S.p.A.), via Lamarmora 45, casella postale 552, 50121 FIRENZE; via Bartolini 29, 20155 MILANO; FAO Bookshop, via delle Terme di Caracalla, 00100 ROMA; ILO Bookshop, Corso Unita d'Italia, 125, TORINO.

JAMAICA: University of the West Indies Bookshop, Mona, KINGSTON 7.

JAPAN: Eastern Book Service Inc., 37-3 Hongo 3-chome, Bunkyo-ku, TOKYO 113.

JORDAN: Jordan Book Centre Co., Ltd., P.O. Box 301, Al-Jubeiha, AMMAN.

KENYA: East African Publishing House, P.O. Box 30571, NAIROBI; Africa Book Services Ltd., Quran House, Mfangano Street, P.O. Box 45245, NAIROBI.

KUWAIT: The Kuwait Bookshop Co. Ltd., P.O. Box 2942, KUWAIT.

LEBANON: Librairie Antoine A. Naufal et Frères, B.P. 656, BEIRUT.

LESOTHO: Mazenod Book Centre, P.O. Mazenod, MASERU.

LIBERIA: National Bookstore, Mechlin and Carey Streets, P.O. Box 590, MONROVIA; Cole & Yancy Bookshops, Ltd., P.O. Box 286, MONROVIA.

LIBYAN ARAB JAMAHIRIYA: General Establishment for Publishing, Distribution and Advertising, Souf Al Mahmoudi St., P.O. Box 959, TRIPOLI.

LUXEMBOURG: Librairie Paul Bruck, 22, Grande-Rue, LUXEMBOURG. *Periodicals*: Messageries Paul Kraus, B.P. 1022 LUXEMBOURG.

MADAGASCAR: Commission nationale de la République Démocratique de Madagascar pour l'Unesco, Boite postale 331, ANTANANARIVO.

MALAWI: Malawi Book Service, Head Office, P.O. Box 30044, Chichiri, BLANTYRE 3.

MALAYSIA: University of Malaya Co-operative Bookshop, KUALA LUMPUR 22-11.

MALI: Librairie populaire du Mali, B.P. 28, BAMAKO.

MALDIVES: Novelty Printers & Publishers, MALE.

MALTA: Sapienzas, 26 Republic Street, VALLETTA.

MARTINIQUE: Hatier Martinique, 32, rue Schoelcher, B.P. 188, 97202 FORT-DE-FRANCE.

MAURITANIA: GRA.LI.CO.MA., 1 rue du Souk X, Avenue Kennedy, NOUAKCHOTT; Société nouvelle de diffusion (SONODI), B.P. 55, NOUAKCHOTT.

MAURITIUS: Nalanda Co. Ltd., 30 Bourbon Street, PORT-LOUIS.

MEXICO: Librería El Correo de la Unesco, Actipán 66 (Insurgentes/Manacar), Colonia del Valle, Apartado postal 61-164, O6600 MÉXICO D.F.; DILITSA (Distribuidora Literaria S.A.), Pomona 30, Apartado postal 24-448, MÉXICO D.F. 06700.

MONACO: British Library, 30 boulevard des Moulins, MONTE CARLO.

MOROCCO: Librarie 'Aux belles images', 282, avenue Mohammed-V, Rabat; Librairie des écoles, 12, avenue Hassan-II, CASABLANCA; Société chérifienne de distribution et de presse, SOCHEPRESS, angle rues de Dinant et St. Saens, BP 13683, CASABLANCA 05.

MOZAMBIQUE: Instituto National do Livro do Disco (INLD), Avenida 24 de Julho, 1921 r/d 1. andar, MAPUTO.

NEPAL: Sajha Prakashan, Polchowk, KATHMANDU.

NETHERLANDS: Keesing Boeken B.V., Hogehilweg 13, Postbus 1118, 1000 BC AMSTERDAM. *Periodicals*: Faxon-Europe, Postbus 197, 1000 AD AMSTERDAM.

NETHERLANDS ANTILLES: Van Dorp-Eddine N.V., P.O. Box 200, Willemstad, CURAÇAO, N.A.

NEW ZEALAND: Government Publishing, P.O. Box 14277, Kilbirnie, Wellington. *Retail bookshops*: 25 Rutland Street; *Mail orders*: 85 Beach Road, Private Bag C.P.O., AUCKLAND; Ward Street; *Mail orders*: P.O. Box 857, HAMILTON; 159 Hereford Street; *Mail orders*: Private Bag, CHRISTCHURCH; Princes Street; *Mail Orders*, P.O. Box 1104, DUNEDIN.

NICARAGUA: Libreria de la Universidad Centroamericana, Apartado 69, MANAGUA.

NIGER: Librairie Mauclert, B.P. 868, NIAMEY.

NIGERIA: The University Bookshop of Ife, The University Bookshop of Ibadan, P.O. Box 286; The University Bookshop of Nsukka, The University Bookshop of Lagos, The Ahmadu Bello University Bookshop of Zaria.

NORWAY: Johan Grundt Tanum, Bokhandel, P.O. Box 1177 Sentrum, OSLO 1; Akademika A/S, Universitetsbokhandel, P.O. Box 84, Blindern, 0314, OSLO 3; A/S Narvesens Litteraturtjeneste, Box 6125, Etterstad N 0602, OSLO 6.

PAKISTAN: Mirza Book Agency, 65 Shahrah Quaid-i-Azam, P.O. Box 729, LAHORE 3; Unesco Publications Centre, Regional Office for Book Development in Asia and the Pacific, P.O. Box 8950, KARACHI 29.

PANAMA: Distribuidora Cultura Internacional, Apartado 7571, Zona 5, PANAMA.

PERU: Libreria Studium, Plaza Francia 1164, Apartado 2139, LIMA; Libreria La Familia, Pasaje Peñaloza 112, Apartado 4199, LIMA.

PHILIPPINES: National Book Store Inc., 701, Rizal Avenue, MANILA.

POLAND: ORPAN-Import, Palac Kultury, 00-901 WARSZAWA; Ars Polona-Ruch, Krakowskie Przedmiescie no. 7,00-068 WARSZAWA.

PORTUGAL: Dias & Andrade Ltda., Livraria Portugal, rua do Carmo 70-74, 1117 LISBOA.

REPUBLIC OF KOREA: Korean National Commission for Unesco, P.O. Box Central 64, SEOUL.

ROMANIA: ARTEXIM Export-Import, Piata Scienteii, no. 1, P.O. Box 33-16, 70005 BUCAREST.

SAINT VINCENT AND THE GRENADINES: Young Workers' Creative Organization, Blue Caribbean Building, 2nd floor, room 12, KINGSTON.

SAUDI ARABIA: Dar Al-Watan for Publishing and Information, Olaya Main Street, Ibrahim Bin Sulaym Building, P.O. Box 3310, RIYADH.

SENEGAL: Unesco, Bureau régional pour l'Afrique (BREDA), 11, avenue du Roume, B.P. 3311, DAKAR; Librairie Clairafrique, B.P. 2005, DAKAR; Librairie des 4 vents, 91 rue Blanchot, B.P. 1820, DAKAR; Les Nouvelles Editions Africaines, 10 rue Amadou Hassan Ndoye, B.P. 260, DAKAR.

SEYCHELLES: New Service Ltd., Kingsgate House, P.O. Box 131, MAHÉ; National Bookshop, P.O. Box 48, MAHÉ.

SIERRA LEONE: Fourah Bay College, Njala University and Sierra Leone Diocesan Bookshops, FREETOWN.

SINGAPORE: Chopmen Publishers, 865, Mountbatten Road #05-28/29, Katong Shopping Centre, SINGAPORE 1543; *For periodicals*: Righteous Enterprises, P.O. Box 562, Kallang Basin Post Office, SINGAPORE 9133.

SOMALIA: Modern Book Shop and General, P.O. Box 951, MOGADISCIO.

SPAIN: Mundi-Prensa Libros S.A., apartado 1223, Castelló 37, MADRID 1; Ediciones Liber, Apartado 17, Magdalena 8, ONDÁRROA (Vizcaya); Donaire, Ronda de Outeiro, 20, apartado de correos 341, LA CORUÑA; Librería Al-Andalus, Roldana, 1 y 3, SEVILLA 4; Librería Castells, Ronda Universidad 13 y 15, BARCELONA 7; Librería de la Generalitat de Catalunya, Palan Moja, Rambla de los Estudios 118, 08 002 BARCELONA.

SRI LANKA: Lake House Bookshop, Sir Chittampalam Gardiner Mawata, P.O. Box 244, COLOMBO 2.

SUDAN: Al Bashir Bookshop, P.O. Box 1118, KHARTOUM.

SURINAME: Suriname National Commission for Unesco, P.O. Box 2943, PARAMARIBO.

SWEDEN: A/B C.E. Fritzes Kungl. Hovbokhandel, Regeringsgatan 12, Box 16356, S-103 27 STOCKHOLM 16. *For 'The Courier'*: Svenska FN-Förbundet, Skolgränd 2, Box 150 50, S-104 65 STOCKHOLM. *For periodicals only*: Wennergren-Williams AB, Nordenflychtsvagen 70, S-104 25 STOCKHOLM; Esselte Tidskriftscentralen, Gamla Brogatan 26, Box 62, 10120 STOCKHOLM.

SWITZERLAND: Europa Verlag, Rämistrasse 5, CH 8024 Zürich; Librairies Payot in Geneva, Lausanne, Basle, Berne, Vevey, Montreux, Neufchâtel, Zürich; United Nations Bookshop, Palais des Nations, CH-1211 GENÈVE.

SYRIAN ARAB REPUBLIC: Librairie Sayegh, Immeuble Diab, rue du Parlement, B.P. 704, DAMASCUS.

THAILAND: Suksapan Panit, Mansion 9, Rajdamnern Avenue, BANGKOK; Nibondh & Co. Ltd., 40-42 Charoen Krung Road, Siyaeg Phaya Sri, P.O. Box 402, BANGKOK; Suksit Siam Company, 1715 Rama IV Road, BANGKOK; Roeap, P.O. Box 1425, BANGKOK.

TOGO: Librairie Evangélique, B.P. 378, LOMÉ; Librairie du Bon Pasteur, B.P. 1164, LOMÉ; Librairie universitaire, B.P. 3481, LOMÉ; Les Nouvelles Editions Africaines, 239, boulevard Circulaire, B.P. 4862, LOMÉ.

TRINIDAD AND TOBAGO: Trinidad and Tobago National Commission for Unesco, 18 Alexandra Street, St. Clair, PORT OF SPAIN.

TUNISIA: Société tunisienne de diffusion, 5, avenue de Carthage, TUNIS.

TURKEY: Haset Kitapevi A.S., Istiklâl Caddesi no. 469, Posta Kutusu 219, Beyoglu, ISTANBUL.

UGANDA: Uganda Bookshop, P.O. Box 7145, KAMPALA.

USSR: Mezhdunarodnaja Kniga, Ul. Dimitrova 39, MOSKVA, 113095.

UNITED ARAB EMIRATES: Maktabat al Maktaba, P.O. Box 15408, Al Ain, ABU DHABI.

UNITED KINGDOM: HMSO, P.O. Box 276, LONDON SW8 5DT; Government Bookshops: London, Belfast, Birmingham, Bristol, Edinburgh, Manchester; Third World Publications, 151 Stratford Road, BIRMINGHAM B11 1RD; *For scientific maps*: McCarta Ltd., 122 King's Cross Road, LONDON WC1X 9DS.

UNITED REPUBLIC OF TANZANIA: Dar es Salaam Bookshop, P.O. Box 9030, DAR ES SALAAM.

UNITED STATES OF AMERICA: UNIPUB, 4611-F Assembly Drive, LANHAM, MD 20706-4391; United Nations Bookshop, NEW YORK, NY 10017.

URUGUAY: *Books and scientific maps only*: Libreria Tecnica Uruguaya, Colonia no. 1543, Piso 7, Oficina 702, Casilla de Correos 1518, MONTEVIDEO; *All publications*: Ediciones Trecho S.A., Maldonado 1090, MONTEVIDEO.

VENEZUELA: Librería del Este, Av. Francisco de Miranda, 52, Edificio Galipán, apartado 60337, CARACAS 1060-A; DILAE C.A., Alfadil Ediciones S.A., Avenidas Los Mangos, Las Delicias, Apartado 50304, Sabana Grande, CARACAS; CRESALC, apartado postal 62090, Edificio Asovincar, Av. Los Chorros cruce calle Acueducto, Altos de Sebucan, CARACAS 1060 A; Unesco Coordinacion Regional para América Latina y el Caribe, quinta 'ISA', 7a av. de Altamira entre 7a y 8a Transversal, Apartado 68394 Altamira, CARACAS 1062-2.

YUGOSLAVIA: Nolit Terazije 13/VIII, 11000 BEOGRAD; Cancarjeva Zalozba, Zopitarjeva No. 2, 61001 Ljubljana; Mladost, Ilica 30/II, ZAGREB.

ZAIRE: Librairie du CIDEP, B.P. 2307, Kinshasa; Commission nationale zaïroise pour l'Unesco, Commissariat d'Etat chargé de l'Education nationale, B.P. 32, KINSHASA.

ZAMBIA: National Educational Distribution Co. of Zambia Ltd., P.O. Box 2664, LUSAKA.

ZIMBABWE: Textbook Sales (PVT) Ltd., 67 Union Avenue, HARARE.

UNESCO BOOK COUPONS

Unesco Book Coupons can be used to purchase all books and periodicals of an educational, scientific or cultural character. For full information please write to: Unesco Coupon Office, 7 place de Fontenoy, 75700 Paris (France). [1]

Agents de vente des publications de l'Unesco

ALBANIE : « Ndermarrja e perhapjes se librit », TIRANA.

ALGÉRIE : ENAL 3, bd Zirout-Youcef, ALGER. *Périodiques seulement :* ENAMEP, 20, rue de la Liberté, ALGER.

ALLEMAGNE (Rép. féd. d') : UNO-Verlag, Simrockstrasse 23, D-5300 BONN 1; S. Karger GmbH, Verlag Angerhofstrasse 9, Postfach 2, D-8034 Germering/MÜNCHEN. *Pour « Le Courrier de l'Unesco »* (éditions allemande, anglaise, espagnole et française) : M. Herbert Baum, Deutscher Unesco-Kurier Vertrieb, Besalstrasse 57, 5300 BONN 3. *Pour les cartes scientifiques seulement :* GEO Center, Postfach 800830, 7000 STUTTGART 80.

ANGOLA : Distribuidora Livros e Publicações, CP 2848, LUANDA.

ANTILLES NÉERLANDAISES : Van Dorp-Eddine N.V., P.O. Box 200, WILLEMSTAD (Curaçao, N.A.).

ARABIE SAOUDITE : Dar Al-Watan for Publishing and Information, Olaya Main Street, Ibrahim Ben Sulaym Building, P.O. Box 3310, RIYADH.

ARGENTINE : Librería El Correo de la Unesco, Edilyr, S.R.L., Tucumán 1685, 1050 BUENOS AIRES.

AUSTRALIE : Educational Supplies Pty. Ltd, P.O. Box 33, BROOKVALE 2100, N.S.W. *Sous-agents :* United Nations Association of Australia, Victorian Division, 328 Flinders Street, MELBOURNE 3000; Hunter Publications, 58A Gipps Street, COLLINGWOOD, Victoria 3066.

AUTRICHE : Gerold an Co., Graben 31, A-1011 WIEN.

BAHREIN : The Arabian Agencies and Distributing Co., Al Mutanabi Street, P.O. Box 156, Manama; United Schools International, P.O. Box 726, BAHREIN.

BANGLADESH : Karim International, G.P.O. Box 2141, 64/1 Manipuri Para, Tejgaon, Farmgate, DHAKA.

BARBADE : University of the West Indies Bookshop, Cave Hill Campus, P.O. Box 64, BRIDGETOWN.

BELGIQUE : Jean De Lannoy, 202, avenue du Roi, 1060 BRUXELLES.

BÉNIN : Librairie nationale, B.P. 294, PORTO NOVO; Ets Koudjo G. Joseph, B.P. 1530, COTONOU; Librairie Notre-Dame, B.P. 307, COTONOU.

BOLIVIE : Los Amigos del Libro, Mercado 1315, Casilla postal 4415, LA PAZ; Av. de las Heroínas 3712, Casilla postal 450, COCHABAMBA.

BOTSWANA : Botswana Book Centre, P.O. Box 91, GABORONE.

BRÉSIL : Fundação Getúlio Vargas, Serviço de Publicações, CP 9.052-ZC-05, Praia de Botafogo 188, RIO DE JANEIRO (RJ); Imagem Latinoamericana, Av. Paulista 750, 1 andar, Caixa postal 30455; SÃO PAULO, CEP 01051.

BULGARIE : Hemus, Kantora Literatura, bd Rousky 6, SOFIJA.

BURKINA FASO : Librairie Attie, B.P. 64, OUAGADOUGOU; Librairie catholique « Jeunesse d'Afrique », OUAGADOUGOU.

CAMEROUN : Librairie des éditions Clé, B.P. 1501, YAOUNDÉ; Librairie Saint-Paul, B.P. 763, YAOUNDÉ; Commission nationale de la République du Cameroun pour l'Unesco, B.P. 1600, YAOUNDÉ; Centre de diffusion du livre camerounais, B.P. 338, DOUALA; Buma Kor and Co., Bilingual Bookshop, Mvog-Ada, B.P. 727, YAOUNDÉ; Librairie Hermes Memento, Face CHU Melen, B.P. 2537, YAOUNDÉ.

CANADA : Renouf Publishing Company Ltd/Editions Renouf Ltée, 1294 Algoma Road, OTTAWA, Ont. K1B 3W8. *Magasins :* 61, rue Sparks, OTTAWA, et 211, rue Yonge, TORONTO. *Bureau de vente :* 7575 Trans Canada Hwy Ste. 305, St. Laurent, QUEBEC H4T 1V6.

CAP-VERT : Instituto Caboverdiano do Livro, Caixa postal 158, PRAIA.

CHILI : Editorial Universitaria S.A., Departamento de Importaciones, M. Luisa Santander 0447, Casilla 10220, SANTIAGO; Editorial Andrés Bello, Av. R. Lyon 946, Casilla 4256, SANTIAGO; Dipublic, Antonio Varas 671, 2.° piso, Casilla 14364, Correo 21, SANTIAGO.

CHINE : China National Publications Import and Export Corporation, P.O. Box 88, BEIJING.

CHYPRE : « MAM », Archbishop Makarios 3rd Avenue, P.O. Box 1722, NICOSIA.

COLOMBIE : Asociación Clubes Unesco, Calle 19, n.° 4-20, Oficina 102, BOGOTÁ.

COMORES : Librairie Masiwa, 4, rue Ahmed-Djoumoi, P.B. 124, MORONI.

CONGO : Commission nationale congolaise pour l'Unesco, B.P. 493, BRAZZAVILLE; Librairie Maison de la Presse, B.P. 2150, BRAZZAVILLE; Librairie populaire, B.P. 577, BRAZZAVILLE; Librairie Raoul, B.P. 100, BRAZZAVILLE.

COSTA RICA : Cooperativa del Libro, Universidad de Costa Rica, Ciudad Universitaria Rodrigo Facio, San Pedro Montes de Oca, SAN JOSÉ.

CÔTE D'IVOIRE : Librairie des Presses de l'Unesco, 7, place de Fontenoy, 75700 Paris; Commission nationale ivoirienne pour l'Unesco, 01 B.P. V 297, ABIDJAN 01; Centre d'édition et de diffusion africaines (CEDA), 04 B.P. 541, ABIDJAN 04 Plateau.

CUBA : Ediciones Cubanas, O'Reilly n.° 407, LA HABANA.

DANEMARK : Munksgaard, Book and Subscription Service, P.O. Box 2148, DK-1016 København K.

ÉGYPTE : Unesco Publications Centre, 1 Talaat Harb Street, CAIRO.

ÉMIRATS ARABES UNIS : Maktabat al-Maktaba, P.O. Box 15408, Al-Ain, ABU DHABI.

ÉQUATEUR : Dinacur Cia Ltda, Santa Prisca n.° 296 y Pasaje San Luis, Ofic. 101-102, Casilla 112-B, QUITO; Nueva Imagen, 12 de Octubre 959 y Roca, Edificio Mariano de Jesús, QUITO.

ESPAGNE : Mundi-Prenza Libros S.A., Apartado 1223, Castelló 37, 28001 MADRID; Ediciones Liber, Apartado 17, Magdalena 8, ONDÁRROA (Vizcaya); Donaire, Ronda de Outero 20, Apartado de correos 341, LA CORUÑA; Librería Al-Andalus, Roldana, 1 y 3, SEVILLA 4; Librería Castells, Ronda Universidad 13 y 15, BARCELONA 7; Librería de la Generalitat de Catalunya, Palau Moja, Rambla de los Estudios 118, 08002 BARCELONA.

ÉTATS-UNIS D'AMÉRIQUE : UNIPUB, 4611-F Assembly Drive, Lanham, MD 20706-4391; United Nations Bookshop, NEW YORK, NY 10017.

ÉTHIOPIE : Ethiopian National Agency for Unesco, P.O. Box 2996, ADDIS ABABA.

FINLANDE : Akateeminen Kirjakauppa, Keskuskatu 1, SF-00101 HELSINKI 10; Suomalainen Kirjakauppa Oy, Koivuvaarankuja 2, 01640 VANTAA 64.

FRANCE : Grandes librairies universitaires; Librairie de l'Unesco, 7, place de Fontenoy, 75700 PARIS.

GABON : Librairie Sogalivre, à LIBREVILLE, PORT-GENTIL et FRANCEVILLE; Librairie Hachette, B.P. 3923, LIBREVILLE.

GHANA : Presbyterian Bookshop Depot Ltd, P.O. Box 195, ACCRA; Ghana Book Suppliers Ltd, P.O. Box 7869, ACCRA; The University Bookshop of Ghana, ACCRA; The University Bookshop of Cape Coast; The University Bookshop of Legon, P.O. Box 1, LEGON.

GRÈCE : Librairie H. Kauffmann, 28, rue du Stade, ATHÈNES; Librairie Eleftheroudakis, Nikkis 4, ATHÈNES; Commission nationale hellénique pour l'Unesco, 3, rue Akadimias, ATHÈNES; John Mihalopoulos and Son, 75 Hermou Street, P.O. Box 73, THESSALONIQUE.

GUATEMALA : Comisión Guatemalteca de Cooperación con la Unesco, 3.° Avenida 13-30, Zona 1, Apartado postal 244, GUATEMALA.

GUINÉE : Commission nationale guinéenne pour l'Unesco, B.P. 964, CONAKRY.

GUINÉE-BISSAU : Instituto Nacional do Livro e do Disco, Conselho Nacional da Cultura, Avenida Domingos Ramos n.° 10 - A, B.P. 104, BISSAU.

HAÏTI : Librairie « A la Caravelle », 26, rue Roux, B.P. 111, PORT-AU-PRINCE.

HONDURAS : Librería Navarro, 2.ª Avenida n.° 201, Comayagüela, TEGUCIGALPA.

HONG KONG : Swindon Book Co., 13-15 Lock Road, Kowloon; Federal Publications (HK) Ltd, 2d Freder Centre, 68 Sung Wong Toi Road, Tokwawan, Kowloon; Hong Kong Government Information Services, Publication (Sales) Office, Information Services Dept., No. 1 Battery Path, Central, HONG KONG.

HONGRIE : Kultura-Buchimport-Abt., P.O.B. 149, H-1389 Budapest 62.

INDE : Orient Longman Ltd, Kamani Marg, Ballard Estate, BOMBAY 400038; 17 Chittaranjan Avenue, CALCUTTA 700013; 36A Anna Salai, Mount Road, MADRAS 600002; 80/1 Mahatma Gandhi Road, BANGALORE 560001; 5-9-41/1 Bashir Bagh, Hyderabad 500001 (AP); 3-5-820 Hyderguda, Hyderabad 500001. Oxford Book & Stationery Co., 17 Park Street, CALCUTA 700016; Scindia House, NEW DELHI 110001; UBS Publishers Distributors Ltd, 5 Ansari Road, P.O. Box 7015, NEW DELHI 110002; T. R. Publications Private Ltd, PMG Complex, II Floor, 57 South Usman Road, T. Nagar, MADRAS 600017.

INDONÉSIE : Bhratara Publishers and Booksellers, 29, Jl. Oto Iskandardinata III, JAKARTA; Indira P.T., Jl. Dr. Sam Ratulangi 37, JAKARTA PUSAT.

IRAN : Commission nationale iranienne pour l'Unesco, 1188 Enghelab Avenue, Rostam Give Building, P.O. Box 11365-4498, 13158 TÉHÉRAN.

IRLANDE : TDC Publishers, 12 North Frederick Street, DUBLIN; Educational Company of Ireland Ltd, P.O. Box 43A, Walkinstown, DUBLIN 12.

ISLANDE : Snaebjörn Jonsson & Co., H.F., The English Bookshop, Hafnarstraeti 9, REYKJAVIK.

ISRAËL : Literary Transactions Inc., c/o Steimatzky Ltd, 11 Hakishon Street, P.O. Box 1444, BNEIBRAK 51114.

ITALIE : Licosa (Libreria Commissionaria Sansoni S.p.A.), Via Benedetto Fortini 120/10, (Ang. Via Chiantigiana), 50125 FIRENZE, et via Bartolini 29, 20155 MILANO; FAO Bookshop, Via delle Terme di Caracalla, 00100 ROMA; ILO Bookshop, Corso Unità d'Italia 125, TORINO.

JAMAÏQUE : University of the West Indies Bookshop, Mona, KINGSTON 7.

JAPON : Eastern Book Service Inc., 37-3 Hongo 3-chome, Bunkyo-ku, TOKYO 113.

JORDANIE : Jordan Distribution Agency, P.O. Box 375, AMMAN.

KENYA : East African Publishing House, P.O. Box 30571, NAIROBI; Africa Book Service Ltd, Quran House, Mfangano Street, P.O. Box 45245, NAIROBI.

KOWEÏT : The Kuwait Bookshop Co. Ltd, P.O. Box 2942, KUWAIT.

LESOTHO : Mazenod Book Centre, P.O. Mazenod, MASERU.

LIBAN : Librairie Antoine A. Naufal et Frères, B.P. 656, BEYROUTH.

LIBÉRIA : National Bookstore, Mechlin and Carey Streets, P.O. Box 590, MONROVIA; Cole & Yancy Bookshops Ltd, P.O. Box 286, MONROVIA.

LUXEMBOURG : Librairie Paul Bruck, 22, Grande-Rue, LUXEMBOURG. *Périodiques :* Messageries Paul Kraus, B.P. 1022, LUXEMBOURG.

MADAGASCAR : Commission nationale de la République démocratique de Madagascar pour l'Unesco, B.P. 331, ANTANANARIVO.

MALAISIE : University of Malaya Co-operative Bookshop, P.O. Box 1127, 59700 KUALA LUMPUR.

MALAWI : Malawi Book Service, Head Office, P.O. Box 30044, Chichiri, BLANTYRE 3.

MALDIVES : Novelty Printers & Publishers, MALE; Asrafee Bookshop, 1/49 Orchid Magu, MALÉ.

MALI : Librairie populaire du Mali, B.P. 28, BAMAKO.

MALTE : Sapienzas, 26 Republic Street, VALLETTA.

MAROC : Librairie « Aux belles images », 282, av. Mohammed-V, RABAT; Librairie des Écoles, 12, av. Hassan-II, CASABLANCA; Société chérifienne de distribution et de presse, SOCHEPRESS, angle rues de Dinant et St-Saëns, B.P. 13683, CASABLANCA 05.

MAURICE : Nalanda Co. Ltd, 30 Bourbon Street, PORT-LOUIS.

MAURITANIE : GRALICOMA, 1, rue du Souk-X, av. Kennedy, NOUAKCHOTT; Société nouvelle de diffusion (SONODI), B.P. 55, NOUAKCHOTT.

MEXIQUE : Librería « El Correo de la Unesco », Actipán 66 (Insurgentes/Manacar), Colonia del Valle, Apartado postal 61-164, 06600 MÉXICO D.F.; Distribuidora Literaria S.A., Pomona 30, Apartado postal 24-448, 06700 MÉXICO D.F.; Librería Secur, Local 2, Zona CICOM, Apartado Postal n.° 422, 86000 Villahermosa, TABASCO.

MOZAMBIQUE : Instituto Nacional do Disco e do Livro (INDL), Av. 24 de Julho n.° 1927, r/c, e n.° 1921, 1.° andar, MAPUTO.

MYANMAR : Trade Corporation no. (9), 550-552 Merchant Street, RANGOON.

NÉPAL : Sajha Prakashan, Polchowk, KATHMANDU.

NICARAGUA : Librería de la Universidad Centroamericana, Apartado 69, MANAGUA.

NIGER : Librairie Mauclert, B.P. 868, NIAMEY.

NIGERIA : The University Bookshop of Ife; The University Bookshop of Ibadan, P.O. Box 286, IBADAN; The University Bookshop of Nsukka; The University Bookshop of Lagos; The Ahmadu Bello University Bookshop of Zaria.

NORVÈGE : Tanum-Karl Johan, P.O. Box 1177, Sentrum 0107, OSLO 1; Akademika A/S, Universitetsbokhandel, P.O. Box 84, Blindern 0314, OSLO 3; Narvesen Info Center, P.O. Box 6125, Etterstad N 0602, OSLO 6.

NOUVELLE-ZÉLANDE : Government Printing Office, P.O. Box 14277, Kilbirnie, WELLINGTON. *Retail bookshop,* 25 Rutland Street, (*Mail Orders,* 85 Beach Road, Private Bag C.P.O.), AUCKLAND; *Retail,* Ward Street (*Mail orders,* P.O. Box 857), HAMILTON; *Retail,* 159 Hereford Street (*Mail orders,* Private Bag), CHRISTCHURCH; *Retail,* Princes Street (*Mail orders,* P.O. Box 1104), DUNEDIN.

OUGANDA : Uganda Bookshop, P.O. Box 7145, KAMPALA.

PAKISTAN : Mirza Book Agency, 65 Shahrah Quaid-i-Azam, P.O. Box 729, LAHORE 3; Unesco Publications Centre, Regional Office for Book Development in Asia and the Pacific, P.O. Box 8950, KARACHI 29; Tayyab M. S. Commercial Services, P.O. Box 16006, A-2/3 Usman Ghani Road, Man Zoor Colony, KARACHI 75460.

PANAMA : Distribuidora Cultura Internacional, Apartado 7571, Zona 5, PANAMA.

PAYS-BAS : Keesing Boeken B.V., Hogehilweg 13, P.O. Box 1118, 1000 BC, AMSTERDAM. *Périodiques :* Faxon-Europe, Postbus 197, 1000 AD AMSTERDAM.

PHILIPPINES : National Book Store Inc., 701, Rizal Avenue, MANILA. *Sous-agent :* International Book Center (Philippines), 5th floor, Filipinas Life Building, Ayola Ave., Makati, METRO MANILA.

POLOGNE : Ars Polona-Ruch, Krakowskie Przedmiescie 7, 00-068 WARSZAWA; ORPAN-Import, Palac Kultury, 00-901 WARSZAWA.

PORTUGAL : Dias & Antrade Ltda., Livraria Portugal, rua do Carmo 70-74, 1117 LISBOA.

RÉPUBLIQUE ARABE SYRIENNE : Librairie Sayegh, Immeuble Diab, rue du Parlement, B.P. 704, DAMAS.

RÉPUBLIQUE DE CORÉE : Korean National Commission for Unesco, P.O. Box Central 64, SÉOUL.

RÉPUBLIQUE DÉMOCRATIQUE ALLEMANDE : Buchexport, Leninstrasse 16, 7010 LEIPZIG.

RÉPUBLIQUE-UNIE DE TANZANIE : Dar es Salaam Bookshop, P.O. Box 9030, DAR ES SALAAM.

ROUMANIE : Artexim-Export/Import, Piata Scienteii, no. 1, P.O. Box 33-16, 70005 BUCURESTI.

ROYAUME-UNI : HMSO, P.O. Box 276, LONDON SW8 5DT. *Government Bookshops :* LONDON, BELFAST, BIRMINGHAM, BRISTOL, EDINBURGH, MANCHESTER; 151 Stratford Road, BIRMINGHAM B11 1RD. *Pour les cartes scientifiques :* McCarta Ltd, 122 King's Cross Road, LONDON WCIX 9DS.

SAINT-VINCENT-ET-GRENADINES : Young Workers' Creative Organization, Blue Caribbean Building, 2nd floor, room 12, KINGSTON.

SÉNÉGAL : Unesco, Bureau régional d'éducation pour l'Afrique (BREDA), 12, avenue Roume, B.P. 3311, DAKAR; Librairie Clairafrique, B.P. 2005, DAKAR; Librairie des Quatre-Vents, 91, rue Blanchot, B.P. 1820, DAKAR; Les Nouvelles Editions africaines, 10, rue Amadou-Hassan Ndoye, B.P. 260, DAKAR.

SEYCHELLES : Kingsgate House, P.O. Box 131, MAHÉ; National Bookshop, P.O. Box 48, MAHÉ.

SINGAPOUR : Chopmen Publishers, 865 Mountbatten Road #05-28/29, Katong Shopping Centre, SINGAPORE 1543. *Périodiques :* Righteous Enterprises, P.O. Box 562, Kallang Basin Post Office, SINGAPORE 9133.

SOMALIE : Modern Book Shop and General, P.O. Box 951, MOGADISCIO.

SOUDAN : Al-Bashir Bookshop, P.O. Box 1118, KHARTOUM.

SRI LANKA : Lake House Bookshop, 100 Sir Chittampalam Gardiner Mawata, P.O. Box 244, COLOMBO 2.

SUÈDE : A/B C.E. Fritzes Kungl. Hovbokhandel, Regeringsgatan 12, Box 16356, S-103 27 STOCKHOLM 16. *Pour « Le Courrier de l'Unesco » seulement :* Svenska FN-Förbundet, Skolgränd 2, Box 150 50, S-104 65 STOCKHOLM. *Tous les périodiques :* Wennergren-Williams AB, Nordenflychtsvagen 70, S-104 25 STOCKHOLM; Esselte Tidskriftscentralen, Gamla Brogatan 26, Box 62, 10120 STOCKHOLM.

SUISSE : Librairie Payot à GENÈVE, LAUSANNE, BÂLE, BERNE, VEVEY, MONTREUX, NEUCHÂTEL, ZÜRICH; Europa Verlag, Ramistrasse 5, CH 8024 ZÜRICH. Librairie des Nations Unies, Palais des Nations, CH. 1211 Genève 10.

SURINAME : Suriname National Commission for Unesco, P.O. Box 2943, PARAMARIBO.

TCHAD : Librairie Abssounout, 24 av. Charles-de-Gaulle, B.P. 388, N'DJAMÉNA.

TCHÉCOSLOVAQUIE : SNTL, Spalena 51, 113-02 Praha 1; Artia, Ve Smeckach 30, P.O. Box 790, 111-27 PRAHA. *Pour la Slovaquie seulement :* Alfa Verlag, Hurbanovo nam 6, 893-31 BRATISLAVA.

TOGO : Librairie évangélique, B.P. 378, LOMÉ; Librairie du Bon-Pasteur, B.P. 1164, LOMÉ; Librairie universitaire, B.P. 3481, LOMÉ; Les Nouvelles Éditions africaines, 239, bd Circulaire, B.P. 4862, LOMÉ.

TRINITÉ-ET-TOBAGO : National Commission for Unesco, 18 Alexandra Street, St. Clair, Port of Spain (TRINIDAD).

TUNISIE : Société tunisienne de diffusion, 5, avenue de Carthage, TUNIS.

TURQUIE : Haset Kitapevi A.S., Istiklâl Caddesi n° 469, Posta Kutusu 219, Beyoglu, ISTANBUL.

URSS : Mezhdunarodnaya Kniga, ul. Dimitrova 39, MOSKVA 113095.

URUGUAY : *Toutes les publications :* Ediciones Trecho S.A., Maldonado 1090, MONTEVIDEO. *Livres et cartes scientifiques seulement :* Librería Técnica Uruguaya, Colonia n.° 1543, Piso 7, Oficina 702, Casilla de correos 1518, MONTEVIDEO; Instituto Nacional del Libro, Ministerio de Educación y Cultura, San José 1116, MONTEVIDEO. Librairies de l'Institut : Guayabo 1860, MONTEVIDEO; San José 1118, MONTEVIDEO, 18 de Julho n.° 1222, PAYSANDÚ; Amorim 37, SALTO.

VENEZUELA : Librería del Este, Av. Francisco de Miranda 52, Edificio Galipán, Apartado 60337, CARACAS 1060-A; Oficina de Coordinación Regional de la Unesco para América Latina y el Caribe, Quinta « ISA », 7.ª Av. de Altamira entre 7.ª y 8.ª Transversal, Apartado 68394, Altamira, CARACAS 1062-A.

YÉMEN DÉMOCRATIQUE : 14th October Corporation, P.O. Box 4227, ADEN.

YOUGOSLAVIE : Nolit, Terazije 13/VIII, 11000 BEOGRAD; Cancarjeva Zalozba, Zopitarjeva n° 2, 61001 LJUBLJANA; Mladost, Ilica 30/11, ZAGREB.

ZAÏRE : SOCEDI (Société d'Études et d'Édition), 3440, Avenue du Ring-Joli Parc, B.P. 165699, Kiushasa.

ZAMBIE : National Educational Distribution Co. of Zambia Ltd, P.O. Box 2664, LUSAKA.

ZIMBABWE : Textbook Sales (PVT) Ltd, 67 Union Avenue, HARARE.

[PL6]

Publicaciones de la Unesco: agentes de venta

ALBANIA: "Ndermarrja e perhapjes se librit", TIRANA.
ALEMANIA (Rep. Fed. de): UNO-Verlag, Simrockstrasse 23, D-5300 Bonn 1. S. Karger GmbH, Karger Buchhandlung, Angerhofstrasse 9, Postfach 2, D-8034 GERMERING/MÜNCHEN. *"El Correo" (ediciones alemana, inglesa, española y francesa)*: M. Herbert Baum, Deutscher Unesco-Kurier Vertrieb, Besaltstrasse 57, 5300 Bonn 3. *Para los mapas científicos*: Geo Center, Postfach 800830, 7000 STUTTGART 80, Honigwiecenstrasse 25.
ANGOLA: Casa Progresso/Seccao Angola Media, Calçada de Gregorio Ferreira 30, C.P. 10510, LUANDA BG; Distribuidora Livros e Publicações, Caixa Postal 2848, LUANDA.
ANTILLAS NEERLANDESAS: Van Dorp Eddine N.V., P.O. Box 200, WILLEMSTAD (Curaçao, N.A.).
ARABIA SAUDITA: Dar Al-Watan for Publishing and Information, Olaya Main Street, Ibrahim Bin Sulaym Building, P.O. Box 3310, RIYADH.
ARGELIA: ENAL, 3 Bd Zirout Youcef, ALGER. *Revistas solamente*: ENAMEP, 20, rue de la Liberté, ALGER.
ARGENTINA: Librería El Correo de la Unesco, EDILYR S.R.L., Tucumán 1685, 1050 BUENOS AIRES.
AUSTRALIA: *Libros*: Educational Supplies Pty., Ltd., P.O. Box 33, BROOKVALE 2100, N.S.W. *Publicaciones periódicas*: Dominie Pty., Ltd., Subscriptions Dept., P.O. Box 33, BROOKVALE 2100, N.S.W. *Subdepósito*: United Nations Association of Australia, Victorian Division, 328 Flinders Street, MELBOURNE 3000. Hunter Publications, 58A Gripps Street, Collingwood, VICTORIA 3066.
AUSTRIA: Gerold and Co., Graben 31, A-1011 WIEN.
BAHRAIN: United Schools International, P.O. Box 726, BAHRAIN; The Arabian Agencies & Distributing Co., Al Mutanabi Street, P.O. Box 156, MANAMA.
BANGLADESH: Karim International, B.P.O. Box n.° 2141, 64/1 Manipuri Para, Tejgaon, Farmgate, DHAKA.
BARBADOS: University of the West Indies Bookshop, Cave Hill Campus, P.O. Box 64, BRIDGETOWN.
BÉLGICA: Jean De Lannoy, 202, avenue du Roi, 1060 BRUXELLES.
BENIN: (Rep. Pop.): Librairie Nationale, B.P. 294, PORTO NOVO. ETS. Koudjo G.-Joseph, B.P. 1530, COTONOU. Librairie Notre-Dame, B.P. 307, COTONOU.
BIRMANIA: Trade Corporation n.° (9), 550-552 Merchant-Street, RANGOON.
BOLIVIA: Los Amigos del Libro, casilla postal 4415, Mercado 1315, LA PAZ. Av. de las Heroínas 3712, casilla postal 450, COCHABAMBA.
BOTSWANA: Botswana Book Centre, P.O. Box 91, GABORONE.
BRASIL: Fundação Getúlio Vargas, Serviço de Publicações, caixa postal 9.052-ZC-05, Praia de Botafogo 188, RIO DE JANEIRO (RJ) 2000. *Libros*: Imagen Latinoamericana, Av. Paulista 750, 1 andar, Caixa postal 30455, SÃO PAULO CEP 01051.
BULGARIA: Hemus, Kantora Literatura, bd. Rousky 6, SOFIA.
BURKINA FASO: Librairie Attie, B.P. 64, OUAGADOUGOU; Librairie catholique «Jeunesse d'Afrique», OUAGADOUGOU.
CABO VERDE: Instituto Caboverdiano do Livro, Caixa postal 158, PRAIA.
CANADÁ: Renouf Publishing Company Ltd./Editions Renouf Ltée, 1294 Algoma Road, OTTAWA, Ont. K1B 3W8 (Librerías: 61 rue Sparks St., OTTAWA y 211 rue Yonge St., TORONTO. Oficina de ventas: 7575 Trans Canada Hwy. Ste. 305, St. Laurent QUEBEC H4T 1V6.)
COLOMBIA: Instituto Colombiano de Cultura (Colcultura), Carrera 3A, n.° 18-24, BOGOTÁ; *Libros*: Librería Buchholz Galería, Calle 59, n.° 13-13, apartado aéreo 53750, BOGOTÁ.
COMORES: (República Federal Islámica): Librairie Masiwa, 4, rue Ahmed Djoumoi, B.P. 124, MORONI.
CONGO: Librairie Maison de la Presse, B.P. 2150 BRAZZAVILLE, Les Librairies Populaires, B.P. 577, BRAZZAVILLE; Commission nationale congolaise pour l'Unesco, B.P. 493, BRAZZAVILLE.
COSTA DE MARFIL: Librairies des Presses de l'Unesco, Commission nationale ivoirienne pour l'Unesco, B.P. 2871, ABIDJAN; Le Centre d'Edition et de Diffusion Africaines (CEDA), 04 B.P. 541, ABIDJAN 04 Plateau.
COSTA RICA: *Libros*: Cooperativa del libro, Universidad de Costa Rica, Ciudad Universitaria Rodrigo Facio, San Pedro Montes de Oca, SAN JOSÉ. *Revistas*: Librería Tresos S.A., apartado 1313, SAN JOSÉ.
CUBA: Ediciones Cubanas, O'Reilly n.° 407, LA HABANA.
CHECOSLOVAQUIA: SNTL, Spalena 51, 113-2, PRAHA 1, *(Exposición permanente)*; Artia, Ve Smeckach 30, P.O. Box 790, 111-27 PRAHA 1. *Unicamente para Eslovaquia*: Alfa Verlag, Publishers, Hurbanovo, nam. 6, 893 31, BRATISLAVA. Para *El Correo*: PNS-UED, Jindrisska 14 PRAHA 1.
CHILE: Editorial Universitaria S.A., Departamento de Importaciones, M. Luisa Santander 0447, casilla 10220, SANTIAGO; Editorial "Andrés Bello", Av. R. Lyon 946, casilla 4256, SANTIAGO. DIPUBLIC, Antonio Varas 671, 2° Piso, Casilla 14364, Correo 21, SANTIAGO.
CHINA: China National Publications Import and Export Corporation, P.O. Box 88, BEIJING.
CHIPRE: "MAM" Archbishop Makarios 3rd Avenue, P.O. Box 1722, NICOSIA.
DINAMARCA: Munskgaard Export and Subscription Service, 35 Nørre Søgade, DK-1370 KØBENHAVN K.
ECUADOR: *Libros*: Nueva Imagen, 12 de Octubre 959 y Roca, Edificio Mariano de Jesús, QUITO. *Revistas*: Dinacur Cía. Ltda, Santa Prisca n.° 296 y Pasaje San Luis, Ofic. 101-102, Casilla 112-B, QUITO.
EGIPTO: Unesco Publications Centre, 1 Talaat Harb Street, CAIRO.
EMIRATOS ÁRABES UNIDOS: Maktabat al Maktaba, P.O. Box 15408, AL AIN, ABU DHABI.
ESPAÑA: Mundi Prensa Libros, S.A., Castelló 37, apartado 1223, Madrid-1; Ediciones Liber, apartado 17, Magdalena 8, ONDARROA (Vizcaya); Donaire, Ronda de Outeiro 20, apartado de correos 341, LA CORUÑA; Librería Castells, Ronda Universidad 13 y 15, BARCELONA 7.
ESTADOS UNIDOS DE AMÉRICA: Bernan-Unipub, 4611-F Assembly Drive, LANHAM, MD 20706-4391.
ETIOPÍA: Ethiopian National Agency for Unesco, P.O. Box 2996, ADDIS ABEBA.
FILIPINAS: National Book Store Inc., 701 Rizal Avenue, MANILA.
FINLANDIA: Akateeminen Kirjakauppa, Keskuskatu 1, 00101 HELSINKI 10; Suomalainen Kirjakauppa Oy, Koivuvaarankuja 2, 01640 VANTAA 64.
FRANCIA: Librairie de l'Unesco, 7, place de Fontenoy, 75700 PARÍS. *Revistas*: Unesco, CPD/V, 1 rue Miollis, 75015 PARÍS.
GABÓN: Librairies Sogalivre, LIBREVILLE, PORT-GENTIL y FRANCEVILLE; Librairie Hachette, B.P. 3923, LIBREVILLE.
GHANA: *Libros*: Presbyterian Bookshop Depot Ltd., P.O. Box 195, ACCRA; Ghana Book Suppliers Ltd., P.O. Box 7869, ACCRA. The University Bookshop of Cape Coast; The University Bookshop of Legon, P.O. Box 1, LEGON. *Revistas*: Fides Enterprises, P.O. Box 14129, ACCRA.
GRECIA: Librairies H. Kauffmann, 28, rue du Stade, ATHENS; Librairie Eleftheroudakis, Nikkis 4, ATHENS; John Mihalopoulos & Son S.A., 75, Hermou Street, P.O. Box 73, THESSALONIKI; Greek National Commission for Unesco, 3, rue Akadimias, ATHENS.
GUADALUPE: Librairies Carnot, 59, rue Barbès, 97100 POINTE-A-PITRE.
GUATEMALA: Comisión Guatemalteca de Cooperación con la Unesco, 3.ª avenida 13-30, zona 1, apartado postal 244, GUATEMALA.
GUINEA: Commission nationale guinéenne pour l'Unesco, B.P. 964, CONAKRY.
GUINEA-BISSAU: Instituto Nacional do Livro e o Disco, Conselho Nacional da Cultura, Avenida Domingos Ramos n.° 10-A, B.P. 104, BISSAU.
HAITÍ: Librairie «A la Caravelle», 26, rue Roux, B.P. 111, PORT-AU-PRINCE.
HONDURAS: Librería Navarro, 2.ª avenida n.° 201, Gomayagüela, TEGUCIGALPA.
HONG KONG: Federal Publications (HK) Ltd., 2D Freder Centre, 68 Sung Wong Toi Road, Tokwawan KOWLOON. Swindon Book Co., 13-15, Lock Road, KOWLOON. Hong Kong Government Information Services, Publication Section, Baskerville House, 22 Ice House Street, HONG KONG.
HUNGRÍA: Kultura-Buchimport-Abt, P.O.B. 149-H-1389, BUDAPEST 62.
INDIA: Orient Longman Ltd.: Kamani Marg, Ballard Estate, BOMBAY 400038; 17 Chittarajan Avenue, CALCUTTA 13; 36a Anna Salai, Mount Road, MADRAS 2; 5-9-41/1 Bashir Bagh, HYDERABAD 500001 (AP); 80/1 Mahatma Gandhi Road, BANGALORE 560001; 3-5-820 Hyderguda, HYDERABAD 500001. *Subdepósitos*: Oxford Book and Stationery Co., 17 Park Street, CALCUTTA 700016 y Scindia House, NEW DELHI 110001; Publications Unit, Ministry of Education and Culture, Ex. AFO Hutments, Dr. Rajendra Prasad Road, NEW DELHI 110001; UBS Publishers' Distributors Ltd, 5 Ansari Road, P.O. Box 7015, NEW DELHI 110002.
INDONESIA: Bhratara Publishers and Booksellers, 29 Jl. Oto Iskandardinata III, YAKARTA; Indira P.T., 37 Jl Dr. Sam Ratulangi, YAKARTA PUSAT.
IRÁN: Commission nationale iranienne pour l'Unesco, 1188 Enghelab Avenue, Rostam Give Building, P.O. Box 11365-4498, 13158 TEHERAN.
IRLANDA: *Libros*: TDC Publishers, 11 North Frederick Street, DUBLIN 7. *Revistas*: Educational Co. of Ireland, P.O. Box 43A, Walkinstown, DUBLIN 12.
ISLANDIA: Snaebjörn Jonsson & Co., H.F. Hafnarstraeti 9, REYKJAVIK.
ISRAEL: A.B.C. Bookstore Ltd., P.O. Box 1283, 71 Allenby Road, TEL AVIV 61000. ABC Bookstore Ltd., P.O. Box 1283, 71 Allenby Rd., TEL AVIV 61000.
ITALIA: LICOSA (Libreria Commissionaria Sansoni S.p.A.), via Lamarmora 45, casella postale 552, 50121 FIRENZE y Via Bartolini 29, 20155 MILANO; FAO Bookshop, Via delle Terme di Caracalla, 00100 ROMA.
JAMAHIRIYA ÁRABE LIBIA: General Establishment for Publishing Distribution and Advertising, Souf Al Mahmoudi Street, P.O. Box 959, TRIPOLI.
JAMAICA: Univerity of the West Indies Bookshop, Mona, KINGSTON 7. *Revistas*: Sangster's Book Stores, P.O. Box 366, KINGSTON.
JAPÓN: Eastern Book Service Inc., 37-3 Hongo 3-chome, Bunkyo-ku, TOKYO 113.
JORDANIA: Jordan Distribution Agency, P.O. Box 375, AMMAN.
KENYA: East African Publishing House, P.O. Box 30571, NAIROBI; Africa Book Services Ltd., Quran House, Mfangano Street, P.O. Box 45245, NAIROBI.
KUWAIT: The Kuwait Bookshop, P.O. Box 2942, Thunayan Al Ghanem Building, KUWAIT. *Revistas*: Farajalla Press Agency, Box Safat 4541, KUWAIT.
LESOTHO: Mazenod Book Centre, P.O. 39, MAZENOD.
LÍBANO: Librairies Antoine, A. Naufal et Frères, B.P. 656, BEYROUTH.
LIBERIA: Cole & Yancy Bookshops, P.O. Box 286, MONROVIA; National Bookstore, Mechlin and Carey Streets, P.O. Box 590, MONROVIA.
LUXEMBURGO: *Libros*: Librairie Paul Bruck, 22, Grand-Rue, LUXEMBOURG. *Revistas*: Messageries Paul Kraus, B.P. 2022, LUXEMBOURG.
MADAGASCAR: Commission nationale de la République démocratique de Madagascar pour l'Unesco, B.P. 331, ANTANANARIVO.
MALASIA: University of Malaya Co-operative Bookshop, KUALA LUMPUR 22-11.
MALAWI: Malawi Book Serivce, Head Office, P.O. Box 30044, Chichiri, BLANTYRE 3.
MALÍ: Librairie populaire du Mali, B.P. 28, BAMAKO.
MALTA: Sapienzas, 26 Republic Street, VALLETTA.
MARRUECOS: Librairie "Aux belles images", 281 Ave. Mohammed V, RABAT; Librairie des Écoles, 12 av. Hassan-II, CASABLANCA; Société chérifienne de distribution et de presse SOCHEPRESS, angle rues de Dinant et St-Saëns, B.P. 13683, CASABLANCA 05.
MARTINICA: Hatier Martinique, 32, rue Schoelcher, B.P. 188, 97202 FORT-DE-FRANCE.
MAURICIO: Nalanda Co. Ltd., 30 Bourbon Street, PORT-LOUIS.
MAURITANIA: GRA.LI.CO.MA, 1, rue du Souk X, avenue Kennedy, NOUAKCHOTT.
MÉXICO: Librería «El Correo de la Unesco», Actipán 66 (Insurgentes/Manacar), Colonia del Valle, MÉXICO 12, D.F., Apartado postal 61-164, 06600 MÉXICO D.F.
MÓNACO: British Library, 30, boulevard des Moulins, MONTE-CARLO.
MOZAMBIQUE: Instituto Nacional do Livro e do Disco (INLD), avenida 24 de Julho, 1921, r/d 1.° andar, MAPUTO.
NEPAL: Sajha Prakashan, Polchowk, KATHMANDU.
NICARAGUA: Librería Cultural Nicaragüense, calle 15 de Septiembre y avenida Bolívar, apartado 807, MANAGUA; Librería de la Universidad Centroamericana, apartado 69, MANAGUA.
NÍGER: Librairie Mauclert, B.P. 868, NIAMEY.
NIGERIA: The University Bookshop of Ife; The University Bookshop of Ibadan, P.O. Box 286, IBADAN. The University Bookshop of Nsuka. The University Bookshop of Lagos. The Ahmadu Bello University Bookshop of Zaria.
NORUEGA: Tanum-Karl Johan, P.O. Box 1177 Sentrum-0107 OSLO 1. Akademika A/S, Universitetsbokhandel, P.O.Box 84, Blinderm, 0314 OSLO 3. A/S Narvesens Litteraturjeneste, Box 6125, Etterstad N0602, OSLO 6.
NUEVA ZELANDIA: Government Printing Office bookshops: P.O. Box 14277, Kilbirnie, WELLINGTON.
PAÍSES BAJOS: *Libros*: Keesing Boeken B.V., Hogehilweg 13, 1101 CB AMSTERDAM, Postbus 1118, 1000 BC, AMSTERDAM. *Revistas*: Faxon-Europe, P.O. Box 197, 1000 AD AMSTERDAM.
PAKISTÁN: Mirza Book Agency, 65 Shahrah Quaid-i-Azam, P.O. Box 729, LAHORE 3. Unesco Publications Centre, Regional Office for Book Development in Asia and the Pacific (ROBDAP), 39 Delhi Housing Society, P.O. Box 8950, KARACHI 29.
PANAMÁ: Distribuidora Cultura Internacional, Apartado 7571, Zona 5, PANAMÁ.
PERÚ: Librería Studium, Plaza Francia 1164, Apartado 2139, LIMA; Librería La Familia, Pasaje Peñaloza 112, apartado 4199, LIMA.
POLONIA: Ars Polona-Ruch, Krakowskie Przedmiescie 7, 00-068 WARSZAWA Orpan-Import, Palac Kultury, 00-901 WARSZAWA.
PORTUGAL: Dias & Andrade Ltda., Livraria Portugal, rua do Carmo 70-74, 1117 LISBOA CEDEX.
REINO UNIDO: HMSO, P.O. Box 276, LONDON SW8 5DT; Government bookshops; LONDON, BELFAST, BIRMINGHAM, BRISTOL, EDINBURGH, MANCHESTER; Third World Publications, 151 Stratford Road, BIRMINGHAM B11 1RD. *Para los mapas científicos*: McCarta Ltd., 122 Kings Cross Road, LONDON WC1X 9 DS.
REPÚBLICA ÁRABE SIRIA: Librairie Sayegh, immeuble Diab, rue du Parlement, B.P. 704, DAMAS.
REPÚBLICA DE COREA: Korean National Commission for Unesco, P.O. Box Central 64, SEOUL.
REPÚBLICA DEMOCRÁTICA ALEMANA: Librerías internacionales o Buchexport, Leninstrasse 16, 7010 LEIPZIG.
REPÚBLICA DEMOCRÁTICA POPULAR DEL YEMEN: 14th October Corporation, P.O. Box 4227, ADEN.
REPÚBLICA DOMINICANA: Librería Blasco, avenida Bolívar n.° 402, esq. Hermanos Deligne, SANTO DOMINGO.
REPÚBLICA UNIDA DEL CAMERÚN: Le secrétaire général de la Commission nationale de la République fédérale du Cameroun pour l'Unesco, B.P. 1600, YAOUNDÉ; Centre de diffusion du livre camerounais, B.P. 338, DOUALA; Librairie des éditions Clé, B.P. 1600, YAOUNDÉ; Librairie Saint-Paul, B.P. 763, YAOUNDÉ; Buma Kor & Co., Librairie Bilingue, Mvog-Ada, B.P. 727, YAOUNDÉ. Librairie Hermès Memento, Face CHU Melen, B.P. 2537, YAOUNDÉ.
REPÚBLICA UNIDA DE TANZANÍA: Dar-es-Salaam Bookshop, P.O. Box 9030, DAR-ES-SALAAM.
RUMANIA: ARTEXIM, Export/Import, Piata Scienteii n 1, P.O. Box 33-16, 70005 BUCARESTI.
SENEGAL: Unesco, Bureau régional pour l'Afrique (BREDA), 12, avenue du Roume, B.P. 3311, DAKAR. Librairie des 4 vents, 91, rue Blanchot, av. Georges-Pompidou, B.P. 1820, DAKAR; Librairie Clairafrique, B.P. 2005, DAKAR, Les Nouvelles Éditions Africaines, 10 rue Amadou-Hassan-Ndoye, B.P. 260, DAKAR.
SEYCHELLES: New Service Ltd., Kingstate House, P.O. Box 131, MAHÉ; National Bookshop, P.O. Box 48, MAHÉ.
SIERRA LEONA: Fourrah Bay, Njala University and Sierra Leone Diocesan Bookshops, FREETOWN.
SINGAPUR: Righteous Enterprises, P.O. Box 652, Kallang Basin Post Office, SINGAPORE 9133.
SOMALIA: Modern Bookshop and General, P.O. Box 951, MOGADISCIO.
SRI LANKA: Lake House Bookshop, Sir Chittampalam Gardiner Mawata, P.O. Box 244, COLOMBO 2.
SUDÁN: Al Bashir Bookshop, P.O. Box 1118, KHARTOUM.
SUECIA: A/BC. E. Fritzes Hungl, Hovbokhandel, Regeringsgatan 12, Box 16356, 103 27 STOCKHOLM 16. *Publicaciones periódicas*: Wennergren-Williams AB, Box 30004, S-104 25 STOCKHOLM. Esselte Tidskriftcentralen, Gamla Brogatan 26, Box 62, 101 20 STOCKHOLM. *Para "El correo"*: Svenska FN-Forbundet, Skolgränd 2, Box 15050, 104 65 STOCKHOLM.
SUIZA: Europa Verlag, Rämistrasse 5, CH-8024 ZÜRICH; Librairies Payot en GENÈVE, LAUSANNE, BÂLE, BERNE, VEVEY, MONTREUX, NEUCHÂTEL, ZÜRICH.
SURINAME: Suriname National Commission for Unesco, P.O. Box 2943, PARAMARIBO.
TAILANDIA: Nibondh and Co. Ltd., 40-42 Charroen Krung Road, Siyaeg Phaya Sri., P.O. Box 402, BANGKOK; Suksapan Panit, Mansion 9, Rajdamnern Avenue, BANGKOK. Suksit Siam Company, 1715 Rama IV Road, BANGKOK. ROEAP, P.O. Box 1425, BANGKOK 10500.
TCHAD: Librairies Abssounout, 24, av. Ch.-de-Gaulle, B.P. 338, N'DJAMÉNA.
TOGO: Librairie évangélique, B.P. 378, LOMÉ, Librairie du Bon Pasteur, B.P. 1164, LOMÉ; Librairie universitaire, B.P. 3481, LOMÉ; Les Nouvelles Éditions Africaines, 239, boulevard Circulaire, B.P. 4862, LOMÉ.
TRINIDAD Y TABAGO: National Commission for Unesco, 18 Alexandre Street, St. Clair, TRINIDAD W.I.
TÚNEZ: Société tunisienne de diffusion, 5, avenue de Carthage, TUNIS.
TURQUÍA: Haset Kitapevi A.S., Istiklâl Caddesi, n.° 469, Posta Kutusu 219, Beyoglu, ISTANBUL.
UGANDA: Uganda Bookshop, P.O. Box 7145, KAMPALA.
URSS: v/o Mežhdunarodnaja Kniga, Ul. Dimitrova 39, MOSKVA 113095.
URUGUAY: Ediciones Trecho, S.A., Maldonado 1092, MONTEVIDEO.
VENEZUELA: Librería del Este, Av. Francisco de Miranda 52, Edif. Galipán, apartado 60337, CARACAS, 1060-A; DILAE C.A., Alfadil Ediciones S.A., Avenida Los Mangos, Las Delicias, Apartado 50304, Sabana Grande, CARACAS; Elite C.A., La Gran Avenida - Plaza Venezuela, Residencias Caroni, Locales 3 y 4, CARACAS. CRESALC, apartado postal 72090, Edificio "Asovincar", Av. Los Chorros cruce calle Acueducto Altos de Sebucán, CARACAS 1060A.
YUGOSLAVIA: Nolit, Terazije 13/VIII, 11000 BEOGRAD. Cancarjeva Zalozba, Zopitarjeva n.° 2, 6100 LJUBLJANA; Mladost, Ilica 30/II, ZAGREB. *Revistas*: Jugoslavena Kniga, P.O. Box 36, YU 11001 BEOGRAD.
ZAIRE: SOCEDI, B.P. 165-69, KINSHASA. Commission nationale zaïroise pour l'Unesco, Commissariat d'État chargé de l'éducation nationale, B.P. 32, KINSHASA.
ZAMBIA: National Educational Distribution Co. of Zambia Ltd., P.O. Box 2664, LUSAKA.
ZIMBABWE: Textbook Sales (PVT) Ltd., 67 Union Avenue, HARARE.

PREVIOUS TITLES IN THIS SERIES
OUVRAGES DÉJÀ PUBLIÉS DANS LA MÊME COLLECTION
OBRAS YA PUBLICADAS EN ESTA MISMA COLECCIÓN

No. 1 - Film and cinema statistics.
(With résumé in French and Spanish/avec un résumé en français et en espagnol/con un resumen en español y en francés.) Out of print/épuisé/agotado.

No. 2 - Book production 1937-1954 and translations 1950-1954. (Paris, 1958)
Production de livres 1937-1954 et traductions 1950-1954. (Paris, 1958)

No. 3 - Statistics on libraries. (Paris, 1959)
Statistiques sur les bibliothèques. (Paris, 1959)

No. 4 - Statistics of newspapers and other periodicals. (Paris, 1959)
Statistiques sur les journaux et autres périodiques. (Paris, 1959)

No. 5 - Statistics on special education. (Paris, 1960)
Rapport statistique sur l'enseignement spécial. (Paris, 1960)

No. 6 - Requirements and resources of scientific and technical personnel in ten Asian countries. (Paris, 1960)
Besoins et ressources de dix pays d'Asie en personnel scientifique et technique. (Paris, 1961)

No. 7 - Pre-school education. (Paris, 1963)
L'éducation préscolaire. (Paris, 1963)

No. 8 - Statistics on radio and television 1950-1960. (Paris, 1963)
Statistiques de la radiodiffusion et de la télévision 1950-1960. (Paris, 1963)

No. 9 - Methods of estimating the demand for specialists and of planning specialized training within the USSR. (Paris, 1964)
Méthodes d'évaluation des besoins en spécialistes et de planification de la formation spécialisée en URSS. (Paris, 1964)

No. 10 - Estimating future school enrolment in developing counties. A manual of methodology. (Paris, 1966)
Estimation des effectifs scolaires futurs dans les pays en voie de développement. Manuel de méthodologie. (Paris, 1967)

No. 11 - Methods of analysing educational outlay. (Paris, 1966)
Méthodes d'analyse des dépenses d'enseignement. (Paris, 1967)

No. 12 - Methods of long-term projection of requirements for and supply of qualified manpower. (Paris, 1967)
Méthodes de projection à long terme de l'offre et de la demande de main-d'œuvre qualifiée. (Paris, 1968)

No. 13 - Statistics of education in developing countries. An introduction to their collection and presentation. (Paris, 1968)
Les statistiques de l'éducation dans les pays en voie de développement. Comment les rassembler et les présenter. (Paris, 1968)

No. 14 - International developments of education expenditure 1950-1965. (Paris, 1969)
L'évolution internationale des dépenses d'éducation entre 1950-1965. (Paris, 1969)

No. 15 - The measurement of scientific and technological activities. (Paris, 1969)
La mesure des activités scientifiques et techniques. (Paris, 1969)

No. 16 - Measurement of output of research and experimental development. (Paris, 1969)
Mesure de l'*output* de la recherche et du développement expérimental. (Paris, 1970)

No. 17 - World summary of statistics on science and technology. Statistiques de la science et de la technologie : aperçu mondial. (Paris, 1970)

No. 18 - Statistics of students abroad 1962-1968.
Statistiques des étudiants à l'étranger 1962-1968. (Paris, 1972)

No. 19 - Higher education: international trends, 1960-1970. (Paris, 1975)
Enseignement supérieur : tendances internationales, 1960-1970. (Paris, 1975)

No. 20 - Statistics on science and technology in Latin America. Experience with Unesco pilot projects 1972-1974. (Paris, 1976)
Les statistiques de la science et de la technologie en Amérique latine. L'expérience des projets pilotes de l'Unesco 1972-1974. (Paris, 1976)
Las estadísticas de la ciencia y la tecnología en América Latina. La experiencia de los proyectos-piloto de la Unesco 1972-1974. (Paris, 1976)

No. 21 - Statistics of students abroad/Statistiques des étudiants à l'étranger, 1969-1973. (Paris, 1976)

No. 22 - Statistics of educational attainment and illiteracy.
Statistiques sur le niveau d'instruction et l'alphabétisme.
Estadísticas sobre el nivel de instrucción y el analfabetismo. 1945-1974. (Paris, 1977)

No. 23 - Statistics on radio and television 1960-1976. (Paris, 1979)

No. 24 - Analysing and projecting school enrolment in developing countries: A manual of methodology.
Analyse et projection des effectifs scolaires dans les pays en développement : Manuel de méthodologie.
Análisis y proyecciones de la matrícula escolar en los países en desarrollo: Manual metodológico.

No. 25 - Statistics on film and cinema 1955-1977. (Paris, 1981)

No. 26 - An international survey of book production during the last decades. (Paris, 1982)

No. 27 - Statistics of students abroad.
Statistiques des étudiants à l'étranger 1974-1978. (Paris, 1982)

No. 28 - International flows of selected cultural goods (Paris, 1986)

No. 29 - Statistics on radio and television broadcasting (Paris, 1987)

No. 30 - Compendium of statistics on illiteracy
Compendium des statistiques relatives à l'analphabétisme
Compendio de estadísticas relativas al analfabetismo.
(Paris, 1988)